LETTRES

DE LA

MARQUISE DE COIGNY

TIRAGE

5 exemplaires sur papier Whatman (n°s 1 à 5).

100 — sur papier de Hollande (6 a 105)

____

105 exemplaires, numérotés.

Exemplaire Du Dépôt

LA MARQUISE DE COIGNY

LETTRES

DE LA

MARQUISE DE COIGNY

ET DE

QUELQUES AUTRES PERSONNES

APPARTENANT

A LA SOCIÉTÉ FRANÇAISE

DE LA FIN DU XVIIIe SIÈCLE

———

PUBLIÉ SUR LES AUTOGRAPHES

AVEC

NOTES ET NOTICES EXPLICATIVES

PARIS

IMPRIMERIE JOUAUST & SIGAUX

Rue Saint-Honoré, 338

—

M DCCC LXXXIV

PRÉFACE

E recueil de Lettres que nous offrons au lecteur est destiné à mettre en lumière une femme qui s'était fait une renommée presque européenne par son esprit original, souvent mordant et redoutable, mais toujours prodigue de pensées ingénieuses, de vives reparties, de jugements exquis et de mots charmants. D'abord recherchée et admirée à Versailles, la marquise de Coigny devint ensuite la reine des salons de Paris. On répétait à l'envi ses opinions, ses boutades, ses saillies ; on ne parlait que de ses lettres étincelantes de verve et de malice. Mais, dès que la Révolution l'eut forcée d'émigrer, par bonheur pour elle, car sa terrible langue lui aurait certainement été funeste, le silence se fit sur son compte, quoiqu'elle conservât son prestige et son empire en Angleterre où elle s'était établie pour attendre la fin de la Terreur. On peut dire qu'elle avait disparu avec la Cour de Versailles et la belle Société française. Elle revint en France, sous le Consulat, mais elle avait vieilli, et sa brillante réputation d'esprit transcendant resta concentrée dans sa famille et parmi ses amis d'autrefois. Elle n'a laissé, dans l'histoire de son temps, qu'un reflet, un écho, un souvenir, qui reparaît çà et là, avec un éloge vague et insuffisant, dans les Mémoires écrits par ses contemporains. C'est toujours et partout la belle et spirituelle marquise de Coigny, mais rien de plus ; il y a contre elle une conspiration du silence : elle n'a pas d'article spécial dans les plus volumineuses biographies, et la comtesse de Genlis, qui avait vécu à côté d'elle pendant quinze ans dans l'intimité du duc d'Orléans et des habitués du Palais-Royal, ne lui a pas même accordé une mention de six lignes dans les dix tomes de Mémoires où elle ne parle que d'elle-même.

Fort heureusement, le hasard a fait tomber entre les mains d'un collectionneur d'autographes une liasse de lettres inédites de Mme de Coigny à Lauzun. Ces lettres, les premières qui fussent sorties, on ne sait comment, du mystère des correspondances intimes, étaient, en quelque sorte, des pièces justificatives, destinées à prouver la réputation de femme de tête et de cœur, que Mme de Coigny avait acquise, à si juste titre, dès sa jeunesse. Voilà pourquoi cet amateur s'est fait un devoir de les publier ou plutôt de les faire imprimer, pour les faire connaître à ses amis.

Il y a, dans ces vingt et une lettres, tout un roman d'amitié, sinon d'amour, qui se noue et se déroule à travers les sinistres préludes de la Révolution française. Le commentaire joint aux lettres a pour but d'épargner bien des enquêtes minutieuses et de faire ressortir tout ce que cette correspondance secrète renferme de détails nouveaux et imprévus. C'est, pour ainsi dire, le roman dans l'histoire.

Aux lettres de Mme de Coigny, une bonne fortune de collectionneur est venue ajouter des lettres de la même époque, écrites aussi à Lauzun, par des personnes de leur famille ou de leur société : Aimée de Coigny, duchesse de Fleury, la Jeune Captive, immortalisée par une élégie d'André Chénier; Mme de Buffon, l'impérieuse favorite de Philippe-Égalité, et cette pauvre duchesse de Biron, Amélie de Boufflers, que tous les historiens de la Révolution font mourir sur l'échafaud et qui s'est survécu à elle-même, dans la misère et dans l'oubli, jusqu'au milieu de la Restauration. Quelques recherches dans les collections d'autographes de Paris ont permis de compléter ces lettres de femmes, qu'on peut nommer « les belles et aimables amies de Lauzun », avec d'autres lettres, écrites par les mêmes plumes, dans d'autres circonstances et à des époques plus récentes. Ces lettres apportent un complément homogène, et pourtant très inattendu, à ce recueil, dans lequel Lauzun, le malheureux Lauzun, est l'unique objet de tant d'amitié et de tant d'amour, qui devaient se changer bientôt en douloureuses larmes et en longs regrets.

Nous adresserons donc nos remerciements à M. Paul Guilhiermoz, ancien élève de l'École des chartes, qui nous a communiqué quatre lettres très piquantes d'Aimée de Coigny, lesquelles composent le dernier roman amoureux, que la Jeune Captive avait ébauché avec le galant Hermite de la Chaussée-d'Antin, Étienne de Jouy.

M. Orville, propriétaire du château de Mareuil-en-Brie, lequel appartenait à la duchesse de Fleury pendant la Révolution et sous le Directoire, nous a fourni également des notes très utiles et absolument inconnues, tirées de ses archives, qui ont permis de voir clair dans les deux divorces de la charmante folle Aimée de Coigny.

M. le marquis de Rochambeau, que nous remercions de son cordial empressement, a bien voulu ouvrir aussi pour nous ses riches archives et nous confier le dossier du maréchal de Rochambeau, relatif aux premières opérations de la fatale campagne de 1792, en Flandre. Nous y avons trouvé la plupart des documents inédits qui ont enrichi l'Appendice de ce volume.

Un ouvrage en l'honneur de la célèbre marquise de Coigny ne pouvait se passer d'un portrait de cette reine de beauté et d'esprit; mais ce portrait n'avait jamais été gravé. On n'ignorait pas cependant son existence, dans plusieurs collections de famille, où il se trouvait dessiné au crayon, peint à l'huile, à l'aquarelle et en miniature. L'obligeance des personnes distinguées auxquelles nous nous étions adressé pour obtenir le droit de faire graver ce portrait ne nous a pas fait défaut; mais des retards, indépendants de leur volonté, sont venus mettre obstacle à notre projet de faire un choix entre ces différents portraits exécutés d'après nature, à diverses époques, en France et en Angleterre. Nous nous sommes arrêtés au délicieux portrait à l'aquarelle, d'après le tableau de Thomas Lawrence, que lady Manners, une des petites-filles de la marquise de Coigny, avait bien voulu nous communiquer, pour en confier la gravure à un de nos premiers peintres aqua-fortistes, M. Adrien Lalauze. Ce portrait remplit notre but, puisqu'il représente Mme de Coigny, encore parfaitement belle et charmante à l'âge de trente-cinq ou quarante ans. Nous prions lady Manners d'agréer nos respectueux remerciements.

Ce recueil n'est pas fait pour le public : imprimé à un très petit nombre d'exemplaires par un des premiers maîtres typographes de Paris, aux frais d'un honorable bibliophile étranger, qui a bien voulu prendre la peine d'annoter lui-même les lettres tirées la plupart de sa collection d'autographes, il ne sortira pas des mains privilégiées qui doivent le recevoir de la part de ce généreux anonyme; mais il a déjà produit son effet, en excitant très vivement la curiosité littéraire et en ravivant tout à coup avec éclat la réputation de Mme de Coigny. De tous côtés, on s'est déjà mis en quête pour retrouver les correspondances inédites de cette épistolaire de premier ordre.

PAUL LACROIX.

NOTICE

SUR LA

MARQUISE DE COIGNY

Louise-Marthe de Conflans, fille aînée de Louis-Gabriel, marquis de Conflans, et de Jeanne-Antoinette Portail, naquit en 1759 ou 1760. Son père, fils de Louis de Conflans, marquis d'Armentières, maréchal de France, avait épousé, à l'âge de vingt ans, en 1735, Jeanne-Antoinette Portail, âgée de dix-sept ans, issue d'une ancienne famille parlementaire. Louise-Marthe de Conflans appartenait donc, par son père, à une antique famille noble, qui s'était toujours distinguée dans la carrière des armes ; qui, du temps des croisades, avait fourni des rois de Jérusalem et des ducs d'Athènes (sous le nom de Brienne) ; qui plus tard avait donné à la royauté française un connétable et un maréchal de France, avec un grand nombre d'hommes de guerre distingués, et qui, avant la Révolution, occupait à la Cour de Versailles un rang considérable. Louise-Marthe de Conflans, d'un autre côté, se rattachait, par sa mère, à la meilleure noblesse de robe. Il faut donc rappeler que, si son grand-père, le maréchal d'Armentières, pouvait être fier de ses ancêtres illustres, il n'en avait pas moins épousé Jeanne-

Françoise de Bouteroue, qui lui avait apporté une immense fortune, comme unique héritière de son père, simple procureur au Châtelet de Paris, mais secrétaire et intendant de la princesse des Ursins, en Espagne.

La double origine nobiliaire et parlementaire de Louise-Marthe de Conflans, qui fut la célèbre marquise de Coigny, peut nous expliquer, jusqu'à un certain point, comment elle tenait à la fois de l'aristocratie et de la bourgeoisie, par ses instincts naturels, par son caractère, par son humeur et par son éducation, car elle avait été certainement élevée sous les yeux et sous l'influence de sa mère. La noblesse d'épée, comme on le sait, professait généralement un superbe dédain pour la noblesse de robe, qui ne se faisait pas faute de le lui rendre, lors même qu'un noble de vieille race condescendait à s'allier à une famille de robins pour redorer son écusson, suivant l'expression consacrée. Telle avait été la position du maréchal d'Armentières épousant la fille d'un ancien procureur au Châtelet, enrichi obscurément au service de la princesse des Ursins.

Il est plus difficile de découvrir les motifs qui déterminèrent le fils du maréchal d'Armentières, le marquis de Conflans, à se mésallier, à l'exemple de son père, en épousant une demoiselle Portail, petite-fille d'un premier président au Parlement de Paris ; mais, lors même que ce mariage, assez mal assorti, au point de vue de la condition sociale des deux familles, aurait été la conséquence d'une affection mutuelle entre les jeunes époux, on est fondé à croire qu'ils ne vécurent pas longtemps en bonne harmonie, et qu'ils se trouvèrent bientôt éloignés l'un de l'autre par une indifférence ou par une antipathie réciproque. Il est certain, en effet, que le marquis de Conflans, occupé qu'il était de ses plaisirs ou de ses devoirs de courtisan, vivait à peu près séparé de sa femme. Il avait eu d'elle, cependant, une seconde fille, Louise-Aglaé, née le 12 novembre 1763.

Louise-Marthe de Conflans voyait rarement et connaissait peu son père, quand elle fut en âge de se marier ; mais elle avait reçu, auprès de sa mère, dans l'intérieur de la maison paternelle, une éducation soignée, qui développa de bonne heure toutes les facultés de son intelligence et de son esprit. Elle était grande et bien faite; elle avait une beauté noble et imposante, avec un air de fierté dédaigneuse et de résolution arrogante, qu'elle conserva toujours. C'était bien la beauté aristocratique dans sa plus haute expression; ce qui lui manquait peut-être, c'étaient l'attrait et le charme, qui ne peuvent résulter que d'une gracieuse bienveillance pour chacun et du désir de plaire à tous. Mlle de Conflans, inspirée sans doute par sa mère qui n'allait pas à la Cour, avait adopté des préjugés hostiles contre l'aristocratie courtisanesque, et se sentait portée de préférence à sympathiser avec la grande et la bonne bourgeoisie qui composait le tiers état. C'est là l'opinion qu'on doit se faire des idées et des sentiments que la fille du marquis de Conflans avait eus à son entrée dans le monde, à la juger, du moins, d'après ses lettres intimes à Lauzun.

Son père, qui était lié de longue date avec le duc de Coigny, et peut-être depuis leur enfance, lui fit épouser, en 1775, le fils unique de son ami. Le mari avait à peine vingt ans; la femme n'en avait pas dix-sept. Leurs rapports d'âge, de naissance et de fortune pouvaient établir, de part et d'autre, une sorte d'inclination réciproque, qui ne paraît pas avoir augmenté par l'habitude du mariage et qui s'arrêta bientôt à la limite froide et polie du savoir-vivre et de l'indifférence. Leur union s'était faite sous les mêmes augures de famille, il est vrai, que celle de leurs parents, si l'on tient pour vrai un piquant détail de ménage, rapporté dans les *Anecdotes échappées à l'Observateur anglois* (t. Ier, p. 233) : « Le mariage du comte (c'est-à-dire du marquis) de Coigny avec Mlle de Conflans a donné lieu à plusieurs soupers de famille, dans lesquels nous avons vu renaître l'ancienne gaieté française. Lorsqu'il fut question de ces repas, le duc de Coigny dit à M. le marquis de Conflans : « Sais-tu que je suis fort embarrassé? — Eh! « pourquoi? — C'est que je n'ai jamais soupé de ma vie chez

« ta femme. — Ma foi! ni moi non plus. Nous irons en-
« semble, et nous nous soutiendrons. »

⽊

François de Franquetot, duc de Coigny, père du jeune
marquis de Coigny, n'était pas d'une aussi vieille noblesse que
le marquis de Conflans; néanmoins, il appartenait à la grande
noblesse militaire, puisque son aïeul avait été maréchal de
France sous le règne de Louis XIV; il n'avait pas, non plus,
une importante fortune patrimoniale, mais, comme ses deux
frères, le comte et le chevalier de Coigny, il était en grande
faveur à la Cour de Versailles, et il avait, outre son traitement
de 36,000 livres en qualité de lieutenant général, une pension
de plus de 50,000 livres sur le trésor royal. La jeune marquise de Coigny resta, toutefois, éloignée de la Cour, pendant
près de cinq ans, après son mariage. Il faut croire que sa mère,
qui n'allait pas à Versailles avec le marquis de Conflans, aura
retenu auprès d'elle le plus longtemps possible sa fille mariée,
moins pour la sauvegarder des dangers de la vie du grand
monde, que pour la préparer à devenir mère à son tour : la
marquise de Coigny, dans ces cinq années de retraite, n'eut
qu'un seul enfant, Antoinette-Françoise-Jeanne, née le
23 juin 1778, qu'elle n'appela jamais que Fanny, en lui con-
servant ce petit nom d'amitié qu'elle lui avait donné au berceau.
Cette existence, toute de famille, profita sans doute à Mme de
Coigny, qui compléta son éducation par la lecture, qu'elle
aimait beaucoup, et par la fréquentation d'une société choisie,
que sa mère avait réunie autour d'elle sans bruit et sans éclat.
On est donc autorisé à supposer que la marquise de Coigny
avait dès lors une réputation acquise d'esprit supérieur et
transcendant, et qu'elle était déjà appréciée dans les cercles du
grand monde de Paris, lorsqu'elle fut présentée à la Cour, où
elle devait être attendue avec curiosité, depuis son mariage.

La présentation se fit, comme d'habitude, un dimanche, le 11 juin 1780 [1]. Une fois introduite à la Cour, on ne parla plus que de la belle et spirituelle marquise de Coigny, qui s'y fit bientôt une place hors ligne par la domination souveraine de son jugement et de son esprit.

Ce fut peu de jours après sa présentation que la marquise de Coigny eut l'occasion de rencontrer le duc de Lauzun, qui la connaissait à peine, quoiqu'il fût depuis longtemps l'ami de la marquise de Conflans [2]. La rencontre eut lieu à Marly, où la Cour se trouvait momentanément, et cette circonstance permit à la marquise de révéler audacieusement, sous les yeux mêmes de la reine, son caractère indépendant et frondeur. Le duc de Lauzun, qui avait failli un moment devenir le favori de Marie-Antoinette, se trouvait mis à l'écart par les intrigues intéressées de la princesse de Lamballe et de la comtesse Jules de Polignac. Il eut pourtant le courage de reparaître au jeu de la reine, qui ne daigna pas même le regarder. « On n'a pas idée, dit-il dans ses *Mémoires*, de la manière dont je fus traité par la reine, et, par conséquent, de tout le reste. » On évitait de lui adresser la parole et même de le saluer. « J'eus la bêtise, dit-il, d'en être un moment embarrassé. » La marquise de Coigny fut la seule qui osa causer avec lui et qui parvint à lui rendre son assurance et son entrain habituels. « Je l'avertis, raconte-t-il dans ses *Mémoires*, qu'elle ne réussirait ni à la Cour ni dans sa famille, en me parlant autant, et qu'il fallait, pour cela, bien du courage. Elle me répondit qu'elle le savait bien. Jamais rien ne m'avait paru si charmant, si aimable ; tout le reste me devint indifférent. » De ce soir-là, Mme de Coigny se posa, pour ainsi dire, en rivale de la reine.

Lauzun, le type le plus parfait et le plus séduisant du gen-

---

1. Saint-Allais. *Nobiliaire universel de France*. Paris, 1872, t. II, p. 482.

2. *Mémoires du duc de Lauzun*, édition de Louis Lacour. Paris, Poulet-Malassis, 1858, in-12, p. 264 et suiv.

tilhomme et de l'homme à bonnes fortunes, avait eu et avait
toujours plus d'amies et plus de maîtresses qu'il n'en voulait.
Mais, depuis qu'il se fut mis en relation avec la marquise de
Coigny dans cette soirée mémorable, il n'aima qu'elle, ou du
moins il l'aima de cœur, plus que toutes les autres femmes
qui s'étaient jetées à sa tête : « Je n'avais encore, dit-il, rien
rencontré qui lui ressemblât; elle occupait mon cœur, elle
occupait mon esprit. » Il retourna en Bretagne, où son régiment de hussards tenait garnison et ne revint à Paris que pour
se préparer à partir pour l'Amérique avec le général de Rochambeau, que Louis XVI envoyait porter secours aux *Insurgents*
contre les Anglais. « Je retrouvai, raconte Lauzun, Mme de
Coigny liée avec Mme Dillon, et en ressentis une grande joie.
Je la rencontrais assez souvent chez Mme de Guéménée, qui
donnait des spectacles tous les lundis : elle me traitait assez
bien, et quand elle me parlait, elle me faisait un plaisir inexprimable! Je ne pouvais me rendre compte des sentiments
qu'elle m'inspirait. Je n'osais m'y livrer; ils n'en étaient pas
moins délicieux. Moi, de l'amour pour Mme de Coigny, jeune,
jolie, fêtée, entourée d'hommages, tous plus séduisants que les
miens! Mme de Coigny m'aimer!... J'étais bien plus certain
d'être sans espoir que sans amour! » Il faut dire aussi, que
Lauzun continuait à avoir des maîtresses et à les afficher sans
que la marquise de Coigny eût l'air d'y prendre garde.

Il partit pour l'Amérique avec M. de Rochambeau et se
distingua, par sa bravoure encore plus que par ses talents militaires, dans la guerre de l'Indépendance. Envoyé de là en
France pour demander à Louis XVI de nouveaux secours en
hommes et en argent, il passa quelques semaines à Versailles
et à Paris. « Je retrouvai Mme de Coigny plus aimable que
jamais, raconte-t-il dans ses *Mémoires;* elle me marqua de
l'intérêt, et il me fut impossible de ne pas céder au penchant
irrésistible qui m'entraînait vers elle. Je la voyais presque tous
les jours, et tous les jours je m'attachais davantage à elle. Je
n'avais jamais vu tant d'esprit, tant de grâces, qui ne ressem-

blaient pas à l'esprit et aux grâces des autres ; je me disais
qu'il n'était pas raisonnable de l'aimer, que cela me rendrait
bien malheureux, mais aucun bonheur ne me convenait autant.
On me disait sans cesse que Mme de Coigny était coquette,
qu'elle était légère, qu'elle se moquerait sans pitié de qui-
conque oserait l'aimer. » En effet, la marquise de Coigny avait
plus d'une fois posé en principe, que, pour une femme qui
voulait être respectée et qui se respectait elle-même, « prendre
un amant, c'était abdiquer ».

Lauzun ne devait repasser en Amérique, avec une frégate française, que trois mois plus tard ; son séjour à Paris lui procura
l'occasion de revoir sans cesse Mme de Coigny, et de l'aimer
de plus en plus, sans lui avoir encore déclaré la passion qu'il
avait pour elle. Cette passion, dont il gardait le secret, ne
l'empêchait pas de devenir un des adorateurs de la belle
Mme Robinson, dont les journaux avaient ébruité les amours,
sous le nom de Perdita, avec le prince de Galles, et qui vint
à Paris pour accroître sa renommée de beauté, de séduction
et de galanterie. Lauzun, comme il le dit lui-même, « fut un
objet piquant pour elle » ; il eut donc Perdita, suivant une expression familière en usage à la Cour de France, et il ne le
cacha pas à Mme de Coigny. « Qu'importent mes actions ? se
disait-il sans cesse : elle peut lire dans mon cœur. » Il accompagna même jusqu'à Calais sa maîtresse qui retournait à Londres,
et il eut l'air de lui sacrifier la marquise de Coigny, avec
laquelle il devait dîner ce jour-là. « J'écrivis à Mme de Coigny,
raconte-t-il au sujet de ce voyage, que je ne dînais pas avec
elle, et je saisis cette occasion bizarre de l'assurer que je l'ado-
rerais toute ma vie. Il n'y avait pas d'autre femme qui pût
m'entendre. Mme de Coigny me comprit parfaitement, me
crut, et m'écrivit, sans répondre à ma déclaration. Sa conduite
avec moi fut simple et sensible : elle ne montra pas de colère,
parce qu'elle n'en ressentait pas, point de doute sur ma sincérité, parce qu'elle n'en avait point ; elle ne me dit pas qu'elle
ne m'aimerait jamais. »

Il faut laisser Lauzun raconter lui-même les suites et les progrès de sa passion pour Mme de Coigny. « Je voyais beaucoup
de gens occupés d'elle : quelques-uns étaient redoutables pour
moi ; je savais tout ce que j'avais de désavantage ; je n'avais plus
ni la force ni la gaieté de la jeunesse, mais j'avais un cœur
qu'elle connaissait, qui ressemblait beaucoup au sien, et j'espé-
rais de tous deux. Je trouvais, à l'aimer sans rien prévoir, un
bonheur que ne m'avait jamais donné l'amour. Je m'efforçais
d'être prudent, patient, circonspect ; j'étais prêt à tout sacrifier,
sans balancer, à la crainte de la compromettre ; rien n'était perdu
avec cette âme céleste, rien ne lui échappait ; tout était senti
et, par conséquent, récompensé. Je n'allais pas chez Mme de
Coigny ; je ne la voyais pas seule ; je pouvais rarement lui dire
que je l'aimais, mais je pouvais le lui écrire ; je ne la rencontrais
pas sans lui donner un billet : elle le recevait avec intérêt sans
en paraître importunée. Je pouvais être beaucoup plus heureux,
mais je ne connaissais personne qui le fût autant que moi. Au
dîner de l'Hôtel-de-Ville [1], Mme de Coigny, parfaitement bien
mise, avait une grande plume de héron noir, à droite sur le
devant de son habit : voir cette plume et la désirer fut l'affaire
du même instant. J'en attendais du bonheur et du courage.

---

1. Ce dîner, offert au Roi et à la Reine par la Ville de Paris, eut lieu le
21 janvier 1782, pour clore les fêtes qui furent célébrées à l'occasion de
la naissance du Dauphin. On lit, à la date du 22 janvier, dans les *Mémoires secrets pour servir à l'histoire de la République des lettres en France* :
« La Reine est venue avec un cortège peu nombreux, mais radieuse elle-
même. Elle avait, dans son carrosse, Madame Élisabeth, Madame Adélaïde, Mme la princesse de Conti, Mme la princesse de Lamballe. Après
avoir été à Notre-Dame et à Sainte-Geneviève, elle s'est rendue à l'Hôtel-
de-Ville, où étaient rassemblés, pour la recevoir, les seigneurs et dames qui
ne l'avaient point accompagnée, et pour y attendre. » Mme de Coigny et
Lauzun devaient se trouver parmi ces seigneurs et ces dames, qui attendaient.

Jamais chevalier errant ne désira rien avec plus d'ardeur et de pureté. » Lauzun ne nous dit pas s'il demanda, ce soir-là même, cette plume qu'il convoitait comme un gage d'amour et un talisman.

Le marquis de Coigny résolut tout à coup de partir aussi pour l'Amérique et de mettre son épée au service de la république fédérative des États-Unis. Mme de Coigny fut au désespoir, ce qui prouve qu'elle était encore attachée à son mari; mais elle ne réussit pas à le faire changer de résolution, et, loin de dissimuler le chagrin réel que lui causait ce départ, elle crut devoir accompagner le marquis jusqu'à Rennes, pour donner plus d'éclat à leurs adieux. Elle avait écrit à Lauzun, en partant, un billet qui se terminait par ces mots : « Sachez défendre ce que vous savez si bien aimer. » On l'accusa « d'exagération, d'affectation, de fausseté même ». Ce fut Lauzun qui se chargea de justifier la conduite étrange de Mme de Coigny, et il la défendit *de bonne foi*. Il avait obtenu la permission de lui faire des visites, et il la voyait, presque tous les jours, chez la princesse de Guéménée, chez Mme de Gontaut, ou chez elle. « Ce bonheur ne dura pas longtemps », dit-il dans ses *Mémoires*. Le maréchal de Ségur, qui était ministre de la guerre, insista tout à coup pour qu'il retournât en Amérique, deux mois plus tôt que cela n'était nécessaire. Lauzun ne fit aucune démarche pour rester encore à Paris : craignant qu'on ne devinât le véritable motif qui l'y eût retenu, il ne recula pas d'un jour son départ. Il ne pouvait douter que Mme de Coigny n'en fût affectée : il osa croire qu'elle l'aimait, bien qu'elle s'abstînt de le dire; elle fut sensible, mais *sévère*. Le soir de ce départ, il lui avait coupé une mèche de ses cheveux; elle les lui redemanda, et il les rendit, en soupirant. Elle le regardait avec des larmes dans les yeux. Il la quitta, le cœur plein d'amour, de désespoir et de confiance.

Il passa quelques jours à Brest, avant de pouvoir s'embarquer. Il écrivait tous les jours à Mme de Coigny, qui lui répondait. « Je vivais de ses lettres! » dit-il, en avouant qu'il n'en avait jamais décacheté une sans une joie et une reconnaissance inexprimables. C'est alors qu'il lui demanda cette plume noire de héron, qu'elle avait portée au dîner de l'Hôtel-de-Ville, et qu'il avait tant désiré posséder. Elle s'excusa de ne pouvoir lui accorder ce gage d'amour, et il ne se consola pas de ne l'avoir point. Son embarquement se trouvant retardé de quelques jours, il écrivit à Mme de Coigny, pour lui demander la permission d'aller la voir, ne fût-ce qu'une demi-heure. Il ne reçut pas de réponse écrite : Mme de Coigny lui fit dire, par un tiers, que son retour à Paris serait une grave imprudence, mais qu'elle ne se reconnaissait aucun droit de l'empêcher. Il fut profondément blessé de ce que Mme de Coigny eût employé, pour lui répondre, l'intermédiaire d'un tiers officieux. Pendant plus de dix jours il n'eut pas le courage de lui adresser une lettre de reproche et de regret. Il lui écrivit enfin, et il obtint une réponse aussi gracieuse qu'indulgente, qui le rassura et le tranquillisa. « Il ne me resta plus, dit-il, que le regret de l'avoir tourmentée de mes peines. »

⚜

Lauzun ne s'embarqua que le 14 juillet 1782, à La Rochelle. Il était heureux, puisqu'il avait la certitude d'être aimé. Mais, un soir qu'il causait avec Bozon de Talleyrand, frère de l'abbé Talleyrand-Périgord, ce gentilhomme lui parla de Mme de Coigny et de *tous ses agréments*. Lauzun écoutait avec délices l'éloge de la femme qu'il aimait le plus au monde, sans avoir jamais laissé soupçonner son amour; mais Bozon vint à lui dire que le comte de Chabot était amoureux de la marquise, et qu'on ne doutait pas *qu'elle n'eût du goût pour lui*. Cette révélation fut un coup de foudre pour Lauzun; il cacha sa douleur profonde, mais il devint tous les jours plus triste et plus découragé. Il avait écrit à Mme de Coigny pour lui demander des explications à l'égard de ses sentiments pour le comte de Chabot. Mais la réponse ne pouvait venir qu'au bout de plusieurs mois! La fièvre le consumait depuis douze jours, lorsque la rencontre d'un vaisseau anglais de 74 le força de soutenir un combat d'artillerie et de mousqueterie, dans lequel la frégate qu'il montait faillit être anéantie. Il avait fait attacher sur son cœur les lettres de Mme de Coigny, en ordonnant de le jeter à la mer, sans le déshabiller, en cas qu'il fût tué dans ce combat. Il était, le lendemain, plus malade que jamais. On pouvait croire qu'il en mourait. Il n'avait plus la force de se soutenir, lorsqu'on fut obligé de le mettre à terre, sur les côtes de la Pensylvanie, avec les paquets de la Cour, l'argent et les passagers, au moment où l'escadre anglaise allait s'emparer de la frégate, qu'il n'était plus possible de défendre.

Lauzun avait sur lui les lettres de Mme de Coigny, mais il n'avait pas emporté une seule chemise, du bâtiment qu'il abandonnait aux Anglais. Il était tellement épuisé et abattu par la fièvre, que les médecins de Philadelphie le jugeaient incapable de rejoindre l'armée ; il avait pu cependant envoyer une lettre à Mme de Coigny, « ce qui lui fit un bien infini », dit-il. Le général de Rochambeau, qui voulait retourner en France, l'ayant fait prier de venir au camp le plus tôt qu'il pourrait, pour lui remettre le commandement des troupes, il se décida, sans consulter personne, à monter à cheval, tout faible qu'il était, au risque de mourir en chemin. Ce voyage à franc étrier, qui devait être sa perte, fut, au contraire, la cause de sa guérison. Il se trouva bientôt rétabli ; mais il désirait ardemment des lettres de Mme de Coigny, et n'en recevait pas.

Enfin, une frégate venue de France apporta des lettres : il n'y en avait pas de Mme de Coigny. En revanche, Lauzun en reçut d'autres qui lui donnaient les plus lamentables nouvelles : il avait perdu deux amis, M. de Voyer d'Argenson et Mme Dillon ; il apprenait, en même temps, l'effroyable faillite de son meilleur ami, le prince de Guéménée : tous ceux qui avaient remis leur argent entre les mains de ce malheureux prince qui leur en servait la rente, étaient ruinés de fond en

comble. Lauzun, qui, après une folle existence de luxe et de
prodigalité, n'avait plus d'autre fortune qu'une rente de cent
mille livres, qu'il touchait sur les revenus de son ami, se
trouvait désormais sans ressources, d'autant plus qu'il s'était
séparé de sa femme, laquelle restait en possession de tous ses
biens dotaux. « Ce fut ce qui m'inquiéta le moins, dit-il
dans ses *Mémoires*; je fus au moment de tout quitter pour
aller joindre l'infortuné M. de Guéménée, en quelque lieu
qu'il fût. » Lauzun n'était pas moins impatient de savoir ce
que devenait la marquise de Coigny. Pas de lettres d'elle !
il n'eut pas à se reprocher de l'avoir jamais soupçonnée
d'oubli et d'indifférence. « Lorsqu'elle seule me restait, dit-il
dans les dernières pages de ses *Mémoires*, sûr de son cœur comme
du mien, je me disais à chaque instant : « Elle ne peut pas
« m'aimer, mais elle ne peut pas ne pas vouloir me consoler. »
Il était dans l'impossibilité de rentrer en France, et il
avait besoin de repos. Les opérations militaires étant suspendues, il prit un congé et alla passer l'hiver à Newport,
dans une famille américaine où il avait trouvé l'accueil le
plus cordial, lors de son premier voyage Il y était encore, au mois de mars 1783, lorsqu'il reçut des lettres de
France, entre autres, deux lettres de Mme de Coigny :
l'une écrite des eaux de Spa, le 26 juillet 1782, et l'autre
écrite de Paris, le 18 octobre. « Je ressentis, dit-il, un mouvement de joie aussi grand que l'avait été ma douleur.
Quelles lettres ! Avec quelle simplicité touchante elles pei-
gnaient son âme ! Elle n'aimait point M. de Chabot, elle me
plaignait de l'avoir cru. Tous les éclaircissements qui pouvaient me rendre ma tranquillité, elle me les donnait avec
tant de grâce !... Elle ne me disait pas qu'elle m'aimait, mais
elle me disait qu'elle comptait tant sur mes sentiments pour
elle, qu'elle me faisait presque autant de plaisir. »
Le bruit courait que la paix était plus éloignée que jamais,
quand on apprit que la paix était signée. Lauzun dit adieu à
ses aimables hôtesses de Newport et passa quelques jours chez

le général Washington, avant de retourner à Philadelphie. Une frégate française lui apporta l'ordre de ramener en France les troupes qu'il commandait ; il ne perdit pas de temps pour les faire embarquer, et à la fin de mars 1783, il disait adieu à l'Amérique du Nord, après avoir honorablement servi la cause de l'Indépendance sous les drapeaux de la république des États-Unis. Il avait reçu, avant de partir, une lettre de Mme de Coigny, en date du 22 septembre 1782 ; il n'était plus séparé d'elle que par une traversée de vingt-cinq jours ; il l'aimait au retour, de même qu'au départ : dix-huit mois d'absence n'avaient pas changé son cœur.

Il suffit d'avoir lu attentivement les *Mémoires de Lauzun* pour se convaincre qu'il aimait la marquise de Coigny autrement que ses nombreuses maîtresses, et que cet amour, quoique de la nature la plus tendre et la plus délicate, n'avait pas la même origine ni le même but que les liaisons folles et passagères que ce héros de la galanterie du XVIIIe siècle entretenait à la fois avec plusieurs rivales. Il parle de toutes ces maîtresses avec une impertinente légèreté et ne se fait jamais faute de dire comment elles lui ont accordé leurs faveurs ; il n'en respecte, il n'en ménage aucune. Son livre est un registre, en quelque sorte, de ses succès galants. Mais, lorsqu'il est question de la marquise de Coigny, il ne parle d'elle qu'avec tendresse et avec respect. Il se montre amoureux d'elle pendant plus de quatre ans et ne laisse pas soupçonner qu'il ait obtenu d'elle la plus légère faveur, pas même une plume noire de héron, pas même une mèche de cheveux. Elle lui écrit sans doute, toujours comme une amie, jamais comme une amante. Elle reçoit de lui beaucoup plus de lettres, dans lesquelles il se plaît à donner carrière à son amour tout sentimental, tout spirituel. Il y a entre eux une intime intelligence du cœur et de l'esprit, ainsi qu'on en rencontrait dans la société polie du XVIIe siècle, mais plus de réserve et moins de passion.

Cet amour, à la fois si pur et si exalté, fait sans cesse penser à l'axiome favori, à la devise morale de Mme de Coigny : « Prendre un amant, c'est abdiquer. » Lauzun n'est donc pas un amant, c'est un ami passionné ou plutôt un amant idéal. Ces sortes d'attachements platoniques, n'ayant rien de matériel, se refroidissent moins, vieillissent moins que l'amour sensuel. Ainsi Lauzun, qui aime Mme de Coigny à l'adoration pendant quatre ans, sans avoir d'elle d'autres témoignages de sincère et véritable affection que des lettres, des regards, des sourires, des serrements de main; Lauzun l'aimera encore de la même façon et avec la même ardeur pendant dix autres années, de 1783 à 1793, c'est-à-dire jusqu'à la mort. Les preuves manquent, mais le fait est incontestable. Là où s'arrêtent les *Mémoires de Lauzun*, il est question d'une lettre que lui adressait Mme de Coigny, à la date du 22 septembre 1782, et l'on sait que Lauzun qui ne désirait rien tant que de revoir l'unique objet de ses pensées, fut de retour à Paris dans le cours du mois d'avril 1783. Ensuite le silence se fait sur cette grande passion qui avait occupé Lauzun pendant dix-huit mois d'absence, au point d'altérer sa santé et de mettre sa vie en danger. Quoi ! dans un intervalle de neuf années, la marquise de Coigny serait devenue une étrangère pour Lauzun, et Lauzun se serait guéri radicalement de cet amour qui le faisait mourir? Cependant un biographe sincère, mais peu indulgent, de Lauzun [1] a connu, a décrit le cachet de son héros amoureux, cachet représentant une rose en complet épanouissement, enveloppée d'une légion d'abeilles et de papillons, avec cette légende :

---

1. *Mémoires du duc de Lauzun*, publiés pour la première fois avec les passages supprimés, par Louis Lacour. Paris, Poulet-Malassis, 1858, in-12, p. XXVI de l'*Étude sur la vie de l'auteur*.

Voilà ce que c'est que d'être rose, et il n'a pas deviné que cette rose était l'image de Mme de Coigny, qui appréciait les abeilles et faisait peu de cas des papillons. M. Lacour a pu dire : « Mme de Coigny fut oubliée comme les autres », car il ne connaissait pas l'existence des lettres inédites de la marquise de Coigny, écrites à Lauzun en 1791 et 1792, lettres qui forment le complément des Mémoires et qui expliquent pourquoi Lauzun les avait interrompus, depuis son départ d'Amérique, au moment où il allait retrouver l'amie adorable et adorée à laquelle il avait consacré le reste de sa vie.

On ne doutera donc pas que, durant les années qui se sont écoulées entre la fin des *Mémoires de Lauzun*, en 1783, et ces lettres de Mme de Coigny, en 1791, les relations de Mme de Coigny et de Lauzun ont été toujours aussi sympathiques, aussi tendres, aussi dévouées, aussi fidèles, quoique Lauzun n'ait jamais cessé d'avoir des maîtresses qui n'inspiraient pas de jalousie à l'amie du cœur et de l'esprit. Lauzun ne dit-il pas, dans ses *Mémoires*, qu'il n'avait point caché à Mme de Coigny, que Perdita était sa maîtresse ? Mme de Coigny, dans ses lettres, ne parle-t-elle point, avec la plus complète indifférence, de Mlle Laurent, qui était publiquement entretenue par Lauzun, et surtout de cette Nigretta, que Lauzun avait courtisée plus sérieusement, puisque c'était une grande dame et la propre cousine de Mme de Coigny ? Apparemment, Mme de Coigny s'était fait de Lauzun une opinion bien plus élevée et plus flatteuse que celle qui a été recueillie, d'après les témoignages contemporains, par un fin moraliste [1], le duc de Lévis, qui fut plus tard en rapport d'amitié avec la sincère et discrète amie de Lauzun. « Le duc de Biron, connu dans sa jeunesse sous le nom du duc de Lauzun, avait débuté dans le monde avec tous les avantages réunis. Une belle figure, beaucoup d'esprit, de la grâce, de la bravoure, de la galan-

---

1. *Souvenirs et Portraits*, 1780-89, par le duc de Lévis. Paris, Laurent-Beaupré, 1815, in-8°, p. 191.

terie, une politesse noble comme son origine : que fallait-il
de plus pour réussir auprès des hommes et des femmes ? Aussi,
eut-il des succès dans tous les genres. Malheureusement, le
jugement et la raison n'étaient pas au nombre des qualités
qu'il possédait. »

La marquise de Coigny avait le secret de se faire des admirateurs et des amis. Peu lui importait que les admirateurs
devinssent des adorateurs; ils n'y gagnaient rien et s'expo-
saient à tout perdre. Elle ne voulait que des amis. Le prince
de Ligne, qui fit plusieurs séjours à la Cour de France, n'y
avait remarqué et divinisé que deux femmes, Marie-Antoinette
et Mme de Coigny. L'une l'avait reçu avec toutes les grâces
enchanteresses qu'elle savait déployer; l'autre, par la supériorité de son bon sens, de son intelligence et de son esprit,
l'avait étonné et captivé. Le prince de Ligne préférait l'esprit à
tout le reste, parce qu'il en avait plus que personne ; il se
trouvait alors indécis entre deux reines, celle de l'esprit et
celle de la beauté. Ce fut à la première qu'il donna la préférence, et Marie-Antoinette garda rancune à Mme de Coigny,
qui avait tourné la tête au prince de Ligne. Ce prince aimable
et galant n'avait pas d'autre ambition, en quittant Versailles,
que de se mettre en correspondance avec Mme de Coigny.
Ils s'écrivirent, de temps à autre, et le prince de Ligne prit
l'habitude de venir passer, tous les ans, trois ou quatre mois à
Paris, pour revoir *son adorée*, comme il nommait Mme de
Coigny; mais les longues lettres d'apparat qu'il se donnait le
plaisir de lui écrire, et qui sont devenues des monuments historiques de sa passion pour elle, datent de l'année 1786.

La réputation de la marquise de Coigny, comme reine de
l'esprit français, était plus grande encore à Paris qu'à Versailles, où elle rencontrait moins de rivales à cet égard que

d'ennemies envieuses et jalouses. On croyait être agréable à Marie-Antoinette, en dénigrant tout haut cette grande dame, qui affectait de dédaigner et de braver les gens de Cour et de leur opposer sans cesse avec avantage les gens du tiers état et même les braves gens du peuple. Tout s'inclinait devant elle dans les salons politiques, philosophiques et littéraires de Paris : elle y régnait souverainement, tandis qu'à Versailles, où l'on redoutait son arrogance dédaigneuse autant que ses terribles coups de langue, elle se sentait dans un milieu hostile et presque menaçant. Ses admirateurs n'en étaient que plus enthousiastes et plus fanatiques. Elle commençait à prendre une sorte d'influence, dans la société intime du duc de Chartres, qui en avait fait un centre d'opposition contre le Gouvernement, et surtout contre la domination de la reine. On comprend que Mme de Coigny se retrouvait tout naturellement, au Palais-Royal, avec Lauzun, qui était l'âme de cette société et qui ne paraissait plus à la Cour.

Nous ignorons les circonstances qui déterminèrent la marquise de Coigny à faire un voyage à Londres, où elle fut accueillie avec la plus vive curiosité par l'aristocratie anglaise. Lauzun n'était-il pas du voyage, ou n'allait-elle pas le rejoindre en Angleterre? Il ne serait pas non plus impossible qu'elle se fût rendue à une invitation du prince de Galles, qui, à l'âge de vingt-deux ans, avait déjà un parti d'opposition politique et une petite Cour où l'on ne s'occupait que de plaisir. On sait que le marquis de Conflans, père de Mme de Coigny, était un des plus joyeux compagnons du prince de Galles, et, pour ainsi dire, son directeur de conscience galante [1].

---

1. M. Feuillet de Conches, dans son ouvrage intitulé : *Louis XVI, Marie-Antoinette et Madame Élisabeth* (Paris, Plon, 1861, 6 vol. in-8, tome IV, p. 23), cite un bien curieux passage des *Mémoires du comte Valentin Esterhazy*, à propos d'un voyage que le marquis de Conflans avait fait à Londres en 1783 : « A Londres se trouvaient plusieurs Français, entre autres le duc d'Orléans, .. le duc de Guines... et le mar-

❧

La marquise de Coigny était trop attachée aux princes de
Rohan par des liens de monde, d'amitié et de famille, pour ne
pas partager leurs intérêts, leurs antipathies et leurs ressen-
timents. Sa sœur cadette, Louise-Aglaé de Conflans avait
épousé, le 29 mai 1781, le chef futur de la maison de Rohan,
Charles-Alain-Gabriel, prince de Rohan-Guéménée, duc de
Montbazon et de Bouillon, âgé alors de dix-huit ans. Lauzun, le
plus intime ami du père de ce jeune homme, n'avait pas été
étranger à cette alliance qui devait unir les deux maisons de
Rohan et de Conflans. Il s'était ainsi rapproché davantage de
Mme de Coigny. La déplorable faillite du prince de Guéménée éclata en 1782, peu de mois après le mariage de Mlle de
Conflans avec le jeune prince de Rohan. Louis XVI, toujours
inspiré et dirigé par la reine, fut sans pitié pour le malheureux
failli ; non seulement il ne lui prêta aucun appui, mais encore
il le priva de ses charges de Cour et de ses pensions. Le marquis de Conflans se trouvait certainement atteint par la faillite ;
la dot de sa fille cadette avait été compromise, et Mme de
Coigny perdait tous les capitaux qu'elle avait pu mettre dans
les affaires du meilleur ami de Lauzun. Mme de Coigny se
montra donc très-irritée contre la reine, qu'elle accusait de la
dureté du roi. N'était-ce pas au roi à défendre et à soutenir
l'honneur du grand chambellan de France et de sa femme,

---

quis de Conflans, homme de beaucoup de talent et d'esprit, mais qui faisait parade de plus de vices qu'il n'en avait : immoral par principe et se
plaisant à braver tout ce qu'il appelait préjugés, mais obligeant ; menteur,
sans être faux ; ivrogne, sans aimer le vin, et libertin, sans tempérament.
Cet homme extraordinaire, bien traité à la Cour, sans y avoir jamais
rien pu obtenir ; dont tout le monde disait du mal et qu'on était charmé
de voir, me proposa de revenir avec lui par Dieppe et de m'arrêter chez
lui à Vaudreuil, dans une terre charmante qu'il a sur les bords de l'Eure :
j'acceptai. »

fille du maréchal de Soubise et gouvernante des enfants de France? De là date sans doute l'aversion, et même l'injustice de Mme de Coigny à l'égard de la reine. Ce fut un surcroît de colère et de haine, lorsqu'en 1782 la mystérieuse affaire du Collier vint compromettre à la fois Marie-Antoinette et le cardinal de Rohan, qui, absous par le Parlement et l'opinion publique, fut chassé de la Cour, exilé dans une de ses abbayes et dépouillé de ses charges et de ses pensions, comme l'avait été son neveu le prince de Guéménée. On s'explique donc comment Mme de Coigny arriva par degrés à se déclarer l'adversaire irréconciliable de la reine et de son entourage, qu'elle appelait brutalement la *racaille aristocratique* [1].

Les rapports de Mme de Coigny avec son mari, qu'elle n'aimait plus et qui ne l'aimait pas davantage, étaient restés convenables. Elle ne lui tenait aucun compte de ses petites infidélités. Son seul grief contre lui était qu'il ne la laissait pas disposer, selon ses caprices et ses besoins, d'une fortune qu'elle avait apportée en dot. M. de Coigny craignait sans doute que la marquise ne vînt en aide à Lauzun, ruiné par la faillite du prince de Guéménée, et ne suivît l'exemple de la princesse qui avait mis pour lui ses diamants en gage. Coigny était plus ménager de cette fortune qui appartenait à sa femme. Il avait pourtant, malgré son avarice, aux étrennes de 1786, fait présent d'une perruche apprivoisée à la duchesse de Valentinois, qu'il courtisait. Le prince Joseph de Monaco, qui était aussi un des amoureux de la duchesse, lui donna un singe, qui n'eut rien de plus pressé que de plumer la perruche. Il en résulta un duel entre le prince de Monaco et le marquis de Coigny, qui fut grièvement blessé [2].

---

1. Voyez ci-après les Lettres I, II et X de la marquise de Coigny.

2 *Correspondance secrète inédite sur Louis XVI, Marie-Antoinette, etc.,* publiée d'après les mss. de la Bibliothèque impériale publique de Saint-Pétersbourg, par de Lescure. Paris, Henri Plon, 1866, 2 vol. gr. in-8°, tome II, p. 9 et 10.

Pendant que Mme de Coigny soignait son blessé, elle fut elle-même la cause innocente d'un duel moins sérieux. Elle avait laissé tomber une rose, dans la Galerie de Versailles. Le comte Roger de Damas la ramassa et se mit à l'effeuiller sur une table où l'on jouait au creps. Le jeune vicomte de Broglie pria son ami de cesser cet enfantillage, qui gênait le jet des dés. Roger de Damas continua, et il y eut des paroles malsonnantes échangées entre les deux amis. Il en résulta un duel, qui se termina par une explication amiable entre les deux champions [1]. Il est très probable que cette rose tombée et effeuillée fut l'origine du cachet allégorique, que Lauzun avait adopté avec une devise qui rendait hommage à la vertu inattaquable de Mme de Coigny. La médisance de la Cour trouva pourtant matière à mordre, lorsque, à la fin de la même année (24 décembre 1786), la marquise à la rose, qui n'avait pas eu d'enfant depuis huit ans et demi, accoucha d'une fille, Louise-Rose-Albert, qui mourut en bas âge. On dut remarquer malignement que la rose, qui avait causé un duel en s'effeuillant, et qui s'épanouissait sur le cachet de Lauzun, se retrouvait, comme par hasard, dans le nom de baptême de cet enfant.

Il est presque certain que la marquise de Coigny n'avait pas reparu à la Cour depuis l'affaire de la rose. Non seulement, elle ne pardonnait pas à la reine d'avoir fait mettre en accusation le cardinal de Rohan, qui était victime d'une audacieuse escroquerie, mais encore elle persistait à voir une vengeance de Marie-Antoinette, à son égard, dans le refus d'accorder à son père les ordres du roi, au 1er de l'an 1786. Louis XVI avait eu la cruauté de dire à ce vieux colonel des hussards, qui réclamait cette récompense de ses services militaires : « Il faut convenir, Conflans, que le cordon bleu te serait nécessaire, car tu ressembles à un serrurier. » Mme de Coigny n'était pas femme à souffrir une injure sans y répondre, vînt-elle d'un roi ou d'une reine. Aussi, ne doutons-nous pas qu'elle n'ait

---

1. La même *Correspondance secrète*, tome II, p. 10.

trouvé quelques boutades bien mordantes et bien amères, pour rappeler que le roi, qui fabriquait si bien des serrures avec son ouvrier compagnon Gamain, avait rehaussé à son niveau la profession de serrurier. Elle n'épargna pas non plus (on a le droit de l'imaginer) Marie-Antoinette, en répétant, en aiguisant même les épigrammes que le procès du Collier avait fait répandre sur elle, et dont les plus piquantes sortaient de l'entourage du duc d'Orléans. Nous ne lui attribuons pas, cependant, ce mot plus fin que d'autres et qui portait juste : « La reine n'a pas le caractère franc du collier. » Quoi qu'il en soit, Mme de Coigny ne sachant pas modérer les intempérances de sa langue, un de ses oncles, le comte ou le chevalier de Coigny, qui craignait de se voir compromis à la Cour par la malveillance de sa nièce, lui adressa les plus vifs reproches et les plus graves admonitions ; la marquise se contenta de lui répondre fièrement : « Ne pourriez-vous pas me donner tout cela en pilules ? » et lui tourna le dos [1].

✳

Si Mme de Coigny ne daigna plus se montrer aux réceptions de Versailles depuis le procès du cardinal de Rohan [2], elle ne fut que plus recherchée, à Paris, dans les salons à la mode, et elle n'y eut pas moins d'admirateurs empressés qu'elle en avait à la Cour. Sa position au milieu du grand monde parisien était dès lors plus tranchée et mieux caractérisée : elle pou-

---

1. Article biographique sur le marquis de Coigny, dans le *Dictionnaire de la Conversation.*

2. Après le duel, dont la rose de Mme de Coigny avait été la cause innocente, on ne voit plus reparaître cette dame à la Cour, dans la *Correspondance secrète sur Marie-Antoinette, Louis XVI, la Cour et la Ville,* c'est-à-dire depuis 1782 jusqu'en 1791. Il y a, de la part de l'auteur anonyme de cette Correspondance, un parti pris de ne pas même nommer la marquise de Coigny, dont on évitait sans doute de parler devant Marie-Antoinette.

vait se déclarer hautement et franchement contraire aux idées, aux tendances, aux agissements de l'aristocratie courtisanesque; elle avait pris surtout, contre le parti de la reine, un rôle d'hostilité, dans lequel son humeur batailleuse se trouvait plus à l'aise. Cette haine agressive, qui s'attaquait sans cesse à Marie-Antoinette, tenait presque de la jalousie de la femme, et ne faisait que s'accroître, à mesure que les événements politiques prenaient une tournure plus inquiétante. L'écho des critiques acrimonieuses de Mme de Coigny arriva certainement aux oreilles de la reine, avec le murmure approbateur que soulevaient ces mots à l'emporte-pièce, ces jugements féroces et impitoyables, dans la haute société parisienne. C'est là ce qui peut nous expliquer le véritable sens de cette réflexion mélancolique, que l'on attribue à Marie-Antoinette, et qui n'a pas été comprise, quand on l'a citée sans la rattacher à l'époque fatale où la royauté perdait tous les jours de son prestige et de son pouvoir : « Je suis la reine de Versailles, mais c'est Mme de Coigny qui est la reine de Paris. »

Rien ne saurait mieux donner une idée du crédit et de l'influence politique de Mme de Coigny, que le ton admiratif et enthousiaste des lettres qui lui furent écrites par son ami le prince de Ligne, à cette époque du règne de Louis XVI. Ce prince courtisan, à l'humeur fantasque et légère, accompagnait alors l'impératrice Catherine II, dans le voyage féerique et triomphal, qu'elle fit en Crimée pendant l'été de 1787. Les lettres du prince de Ligne à Mme de Coigny avaient pour objet de lui raconter quelques épisodes de ce voyage extraordinaire et de décrire des pays nouveaux, que les armes de la Russie venaient d'ajouter à son immense territoire. Le prince savait, en écrivant ces lettres étincelantes d'esprit, qu'elles brilleraient de tout leur éclat dans les premiers salons de la société parisienne, sous les auspices de la reine de cette société. Voici comme il débute, en datant sa lettre de Kiovie, principauté de Kief :

« Savez-vous pourquoi je vous regrette, Madame la marquise ? C'est que vous n'êtes pas une femme comme une autre, et que je ne suis pas un homme comme un autre, car je vous apprécie mieux que ceux qui vous entourent. Et savez-vous pourquoi vous n'êtes pas une femme comme une autre ? C'est que vous êtes bonne, quoique bien des gens ne le croient pas ; c'est que vous êtes simple, quoique vous fassiez toujours de l'esprit ou plutôt que vous le trouviez tout fait. C'est votre langue ; on ne peut pas dire que l'esprit est dans vous, mais vous êtes dans l'esprit. Vous ne courez pas après l'épigramme ; c'est elle qui vient vous chercher. Vous serez, dans cinquante ans, une Mme du Deffant, une Mme Geoffrin, pour la raison, et une maréchale de Mirepoix, pour le goût. A vingt ans, vous possédez le résultat de trois siècles, qui composent l'âge de ces dames. Vous avez la grâce des élégantes, sans en avoir l'état. Vous êtes supérieure, sans alarmer personne que les sots. Il y a déjà autant de grands mots à citer de vous, que de bons mots. *Ne point prendre d'amants, parce que ce serait abdiquer,* est une des idées les plus profondes et les plus neuves. Vous êtes plus embarrassée qu'embarrassante ; et quand l'embarras vous saisit, un petit murmure rapide et abondant l'annonce le plus drôlement du monde, comme ceux qui ont peur chantent dans la rue. Vous êtes la plus aimable femme et le plus joli garçon, et enfin ce que je regrette le plus. »

Cette lettre, où le correspondant de Mme de Coigny met en scène Catherine II et sa Cour, se termine ainsi : « Il faudra peut-être vous écrire :

> *Mais à revoir Paris je ne dois plus prétendre,*
> *Dans la nuit du tombeau je suis prêt à descendre.*

« Cette idée m'afflige, car je veux vous revoir. Vous me tenez bien plus à cœur que tout Paris ensemble... Ne voilà-t-il pas qu'on vient me chercher pour un feu d'artifice qui coûte, dit-on, 40,000 roubles ! Ceux de votre conversation ne sont pas si chers, et ne laissent pas, après eux, la tristesse et l'obscurité,

qui suivent toujours les autres : j'aime mieux vos girandoles et
votre genre de décoration. »

La seconde lettre, écrite, *de ma galère*, sur la mer Noire,
s'ouvre par un tableau satirique des adorateurs qui composaient
la cour galante de Mme de Coigny et que le prince de Ligne,
peint d'après nature, sans les nommer. « Voilà le sort, Madame la marquise. Je vous ai laissée au milieu d'une douzaine
d'adorateurs qui ne vous entendent pas ; et, moi, qui sais vous
comprendre, je ne vous entendrai pas de longtemps. Me voici
à douze cents lieues de vos charmes, mais toujours près de
votre esprit, qui vient sans cesse se retracer à ma mémoire. Je
vous vois envoyer un de ces Messieurs, pour faire mettre vos
chevaux ; vous impatienter du compte qu'il vous rend des siens ;
accabler un autre d'épigrammes et de plaisanteries ; permettre
à un autre de vous suivre au spectacle ; encourager un cinquième dans son amour malheureux ; ne point désespérer le
fougueux qui prend sa violence pour de la passion et qui espère vous séduire, en vous disant qu'il fait sauter des fossés
à son régiment. » N'est-ce pas là une épigramme contre
Lauzun ? « Je vous vois enfin faire des frais pour un ou deux
qui vous comprennent ; mettre votre esprit à fonds perdu
avec les autres ; mais je ne vois pas votre cœur en jeu dans
tout cela. Deux ou trois menteurs de profession vous font des
contes dont vous n'êtes plus la dupe. Deux ou trois faiseurs
se flattent de vous faire prendre leur parti dans les affaires qui
commencent à s'embrouiller. »

Ce sont, en effet, les affaires politiques qui commencent à
s'embrouiller en France ; les *faiseurs*, ce sont ceux qui les em-
brouillent. Les Parlements refusent d'enregistrer les édits du
roi et demandent la convocation des États généraux. On ne
parle que de réformes, et le tiers état, soutenu par les magis-
trats, bat en brèche la royauté. Le prince de Ligne, qui avait
vu sans doute Mme de Coigny, dans l'hiver de 1786, et qui
échangeait des lettres avec elle, nous la représente déjà tourmentée du démon de la politique et inclinant vers la mode du

jour, qui ne rêvait qu'indépendance et liberté, à l'exemple des
États-Unis de l'Amérique du Nord. Mme de Coigny est entrée,
avec Lauzun, dans la faction du duc d'Orléans, qui sera tout à
l'heure exilé par le roi (24 novembre 1787). On entend à
demi tout ce que le prince de Ligne dit à l'amie de Lauzun
et du duc d'Orléans :

« Vous ne prenez que le parti des gens qui vous amusent,
et vous adoptez pour opinions politiques celles qui vous inspirent les mots les plus piquants et les plus spirituels. Vous
vous moquez du TIERS et du quart, car il me semble que j'ai
déjà entendu prononcer ce mot souligné, à quelques-uns de
vos ennuyeux Notables. Les grands hommes de l'Amérique
vous paraissent petits en Europe : je ne les trouve pas non plus
comme le vin de Bordeaux, qui n'a, pour être bon, qu'à passer
la mer.

« Deux de vos adorateurs ont beau faire les bêtes pour vous
convaincre de la passion que vous leur inspirez, un petit bout
d'oreille les décèle encore comme plus aimables qu'aimants :
si, pour faire les aimables et les bons, ils ne donnent bientôt
à gauche, rappelez-moi à leur souvenir. »

Nous ne croyons pas que Lauzun soit un de ces deux adorateurs qui faisaient les bêtes auprès de Mme de Coigny, décidée
à ne jamais prendre d'amants pour ne pas abdiquer ; mais
nous ne sommes pas éloignés de croire que l'un des deux était
l'abbé d'Espagnac, qui s'était fait le caudataire et le cavalier
servant de la marquise, laquelle le nommait *son Fou*, en le
qualifiant de *subtil et fou*, mais ne se gênait pas pour en faire
son plastron. Le prince de Ligne nous rappelle ensuite que
son compagnon de voyage en Crimée, le comte Philippe de
Ségur, fils du ministre de la guerre, avait été le madrigalier
et le chansonnier ordinaire de Mme de Coigny, qui n'avait pas
encore tout à fait rompu avec les aristocrates :

« Si celui à côté de qui je suis logé s'égare jamais, ce sera
par de bons motifs, et lui seul méritera de l'indulgence ! Ce
cher Ségur n'est séparé de moi, dans cette galère, que par une

cloison. Comme nous parlons de vous! Comme je lui dis du mal de quelques personnes, dont il pense du bien et à qui il est si supérieur! Gare la philosophie! Mais, encore une fois, il sera le seul qui n'aura que de louables intentions.

« Grâce pour vous, pleine de grâces, si l'envie de vous amuser fait croire aux sots que vous n'aimez pas plus Henri IV qu'un ligueur, et Gaston de Foix qu'un cordonnier de Paris, et point de grâce pour ceux qui vous jugeront mal! »

Dans la lettre datée de Baktchisaraï, en Crimée, le prince de Ligne ne consacre que quelques lignes à Mme de Coigny: « Il n'y a que vous, chère Marquise, qu'on puisse adorer au milieu de Paris. *Adorer* est le mot, car on n'y a pas le temps d'aimer... Il n'y a que vous, chère Marquise, qui sachiez être brillante sans fatiguer; je n'accorde ce don à personne autre qu'à vous, pas même aux astres. »

Dans sa quatrième lettre datée de Carassoubazar il exprime un vœu en l'honneur de la marquise : « Je me surprends quelquefois à invoquer Mahomet tout comme un autre. Puisse-t-il verser sur votre joli visage la rosée de ses bénédictions, pour qu'il soit toujours aussi frais que sa sœur du matin! »

La septième lettre datée de Caffa, en Crimée, prouve que le prince de Ligne recevait souvent des lettres de Mme de Coigny, quoiqu'il n'en ait pas imprimé une seule dans le volumineux recueil de ses *Mélanges militaires, littéraires et sentimentaires* : « Je ne crois pas que mes lettres vous arrivent. Je n'en recevrai plus de vous, si, comme je l'espère, la guerre éclate, un de ces jours, avec les bons Mahométans, et il faudra se dépêcher de les battre, pour vous aller voir bien vite, ma chère Marquise, ou vous adorer comme une divinité, sans vous voir. »

La neuvième et dernière lettre, datée de Moscou, prouve que la marquise, dans ses réponses, frondait les abus du gouvernement monarchique et traitait de Turc à More la Cour du pauvre Louis XVI, qui se voyait déjà aux prises avec la Révolution et qui ne se sentait pas capable de lui tenir tête. Il n'en faut pas douter, Mme de Coigny va se prononcer pour la Révolution, et le prince de Ligne, si galant qu'il fût, ne lui cache pas qu'il n'attend rien de bon des révolutions :

« Demandez-en pardon à vos pédants, ennemis des abus; je suis aussi un abus de ce pays-ci, et je m'en trouve bien, et les autres aussi. Nos abus des bonnes et vraies monarchies font du bien à beaucoup de monde, et si l'on voulait les supprimer, vous verriez renaître les Putgatcheff [1]. Que le Ciel vous en préserve! Il me semble que je vous verrai demain ou après-demain. Voilà plus de 1,800 lieues que je marche vers vous, et il n'y en a plus que 1,200 pour arriver. A vous revoir donc bientôt, chère Marquise, ou à vous écrire de Constantinople, si tout ceci continue à s'embrouiller! Je ne vous dis rien de l'état de mon cœur; le vôtre est en loterie : j'y ai mis. Que sait-on? Et puis, encore que je n'y aurais pas mis, le hasard ne peut-il pas venir au-devant de moi?

« Je crois, en vérité, que je donne dans le précieux; ce n'est pourtant ni votre genre ni le mien. Ceci a l'air de la carte du pays de *Tendre*; mais nous nous perdrions tous deux dans ce pays-là. Vive celui-ci, si nous y étions ensemble ! Il vaut mieux être Tartare que barbare, et c'est ce que vous êtes souvent pour votre Cour. Souvenez-vous toujours de celui qui est le plus digne d'en être. Nous touchons au moment de quitter la fable pour l'histoire, et l'Orient pour le Nord. J'aurai toujours pour vous le Midi dans mon cœur. »

ↃⱻC

Le prince de Ligne avait reconnu avec tristesse que Mme de Coigny, si grande dame par sa naissance, par ses alliances et

---

1. Le Cosaque Putgatcheff, dans sa rébellion contre Catherine II, voulut se faire passer pour le czar Pierre III ; il fut mis à mort comme rebelle, après avoir osé combattre l'armée de l'impératrice.

par son éducation, se jetait à corps perdu dans la Révolution et se séparait absolument de l'aristocratie et de la noblesse de cour. Elle devait être déjà brouillée avec la famille de son mari, surtout avec son beau-père et la seconde femme de celui-ci, le duc et la duchesse de Coigny [1], qui avaient une si large part dans les pensions de la cassette du Roi, malgré la pénurie du Trésor et les embarras des finances de l'État. Elle fait dès lors partie de la petite Cour du Palais-Royal; elle en est la reine et, pour ainsi dire, Lauzun est son premier ministre. Leurs relations les plus amicales ne touchent qu'à la politique, car Mme de Coigny n'abdiquera jamais et ne veut pas d'amant. Pendant ce temps, le chevalier de Coigny passait pour être le favori de Marie-Antoinette, et le duc de Coigny, qui avait été, avant son plus jeune frère, dans les bonnes grâces intimes de la reine, restait toujours son confident, son conseiller et son ami. « Mme Campan, dit lord Holland dans ses *Souvenirs* [2], reconnaissait, vis-à-vis de personnes qui me l'ont confié, qu'elle avait été initiée aux rapports de la reine avec le duc de Coigny. Ce gentilhomme français, à cause de la timidité de son caractère et de la froideur de son tempérament, n'a pas été fâché de se retirer, de bonne heure, d'une intrigue aussi dangereuse. » L'auteur anonyme du *Portefeuille d'un Talon rouge* [3] avait dit du chevalier de Coigny: « Son âge est celui de la raison, sa figure est très-ordinaire, mais ses bons mots sont ceux d'un homme très instruit. Il fut de toutes les parties de la reine. Les courtisans, à qui rien n'échappe, laissèrent Mme de Lamballe,

---

1. Après vingt-trois ou vingt-quatre ans de veuvage, le duc de Coigny avait épousé en secondes noces la comtesse de Châlons, née d'Andlau, apparentée aux Polignac. Voy., dans ce recueil, la notice sur cette seconde duchesse de Coigny, en tête d'une de ses lettres.

2. Les *Souvenirs* de lord Holland furent publiés par son fils, sous le titre de *Foreign Reminiscence* (London, Longman, 1850, in-8). Voyez la note, p. 18

3. *Portefeuille d'un Talon rouge.* Paris, de l'imprimerie du comte de Pradès, l'an 1788, petit in-8.

et M. de Coigny devint le sujet de leurs médisances et de leurs sarcasmes. » Ce qui est plus sérieux, c'est que les Coigny avaient à se partager plus d'un million de pensions sur la cassette royale.

Le marquis de Coigny était le seul qui, n'ayant aucune charge à la Cour, ne touchait pas de pension sur la liste civile ; mais sa femme lui avait apporté une grosse dot, et son père, le duc de Coigny, lui payait le revenu d'une partie de sa légitime, qui était fort importante. Cependant le marquis était naturellement avare et le devenait davantage à mesure que sa femme avait de plus grands besoins d'argent. Aussi, dans ses lettres écrites de Londres en 1792, se plaint-elle de la *lésinerie du ménage*, quand elle se voit forcée de *vivre d'emprunts*, son mari ne voulant lui fournir qu'une pension de 2,500 livres par mois ; par bonheur, sa mère qui était riche ne la laissait pas manquer d'argent, et lui envoyait, de temps à autre, de fortes sommes [1]. Mme de Coigny était alors très dépensière ; elle prit sa revanche plus tard, car on l'accusait d'avarice, sous l'Empire. Les rapports des époux n'avaient rien de bien tendre, et l'on peut présumer seulement qu'ils vivaient à peu près séparés, chacun de son côté, ne voyant pas le même monde, ne fréquentant pas la même société : le marquis restait attaché à la fortune de son père et de sa belle-mère [2], qui jouissaient de la plus grande faveur parmi les familiers du roi et de la reine ; la marquise tenait le premier rang, dans tous les centres où se groupaient les philosophes, les politiques et les économistes, tous plus ou moins ennemis du Gouvernement.

On eut sans doute quelque surprise, quand on apprit que Mme de Coigny allait donner un nouvel enfant à son mari. Cet enfant, né à Paris, le 4 septembre 1788, reçut au baptême les noms d'Augustin-Louis-Joseph-Casimir-Gustave. On re-

---

1. Voy. ci-après, la lettre III, du mois d'octobre 1791. La marquise de Conflans lui offre 600 louis, au mois de mars 1792. Voy. la lettre IX.
2. Voy. la note 1 de la page précédente.

marqua malicieusement que parmi ces noms se trouvait celui de Louis, qui était un des deux prénoms de Lauzun. Il n'est pas probable que Lauzun ait été le parrain de cet enfant du marquis de Coigny, mais il est possible que Mme de Coigny ait voulu, en attribuant à son fils un des prénoms de Lauzun, offrir à ce fidèle ami un témoignage d'estime, au moment même où, devenu duc de Biron après la mort de son oncle le maréchal de Biron décédé en 1788, il n'avait pas obtenu l'honneur de lui succéder, en qualité de colonel du régiment des gardes françaises.

Mme de Coigny était plus que jamais de la société intime du duc d'Orléans, dans laquelle son père le marquis de Conflans conservait beaucoup d'influence auprès de ce prince, qui avait été son compagnon de plaisir pendant leur jeunesse folle et dissipée. Ils étaient allés ensemble, plus d'une fois, en Angleterre, pour voir le prince de Galles, qui avait beaucoup d'amitié pour eux. Aussi, les accusait-on d'avoir contribué à lui donner des mœurs dépravées [1]. Le prince de Galles n'en était pas moins un des hommes de cour les plus accomplis, un des princes les plus intelligents de l'Europe. On ne saurait donc être surpris de l'impression que Mme de Coigny avait faite sur lui, lorsqu'elle lui fut présentée, sans doute par le marquis de Conflans, dans un premier voyage à Londres. Le prince était resté depuis sous le charme de cette belle et spirituelle Française. Il se souvint d'elle, quand la maladie mentale du roi George III l'eut obligé d'accepter la régence, à laquelle il n'aspirait nullement, insouciant qu'il était de prendre part aux affaires de l'État. La *Correspondance secrète inédite de Louis XVI et Marie-Antoinette* [2] donne la nouvelle suivante, à la date de février 1789 : « Le prince de Galles

---

1. Voy. les Archives (en russe) du prince Woronzow, ambassadeur de Russie à Londres, de 1785 à 1804, tome IX, p. 457.

2. Voy. cette Correspondance, citée plus haut, qui a été publiée à Paris en 1866, d'après les lettres originales écrites de Versailles à la Cour de Pologne, tome II, p. 333.

n'est ni moins aimable ni moins galant, depuis qu'il est devenu
régent de l'Angleterre. Il n'a pas oublié qu'il a vu dans son
île la marquise de Coigny. En prenant les rênes de l'empire
britannique, il lui a envoyé, comme une marque de son souvenir, un très joli chapeau à la Régence. »

⊗

Pendant que la Société française s'étourdissait dans les plaisirs, malgré les embarras financiers du Gouvernement et
l'agitation politique du pays, la Révolution s'avançait à grands
pas. Mme de Coigny, avec cet esprit supérieur, que lui recon-
naissaient des juges aussi délicats et aussi compétents que le
prince de Ligne et le comte de Ségur, ne pouvait se méprendre
sur les vices de l'ancien régime, contre lequel l'opinion
publique se soulevait de toutes parts. Elle ne s'abusait pas sur
la faiblesse et la défection prochaine du parti royaliste, qui
n'avait plus d'action ni de portée en dehors de la Cour ; elle
se rendait compte, d'ailleurs, de ce que valaient les dévouements
intéressés qui entouraient le trône de Louis XVI, et dont le
secret ne tarda pas à être dévoilé par la publication retentis-
sante de l'*état nominatif des pensions* et du *Livre rouge* [1]. Elle
s'associa donc avec ardeur à l'élan général de la Noblesse pro-
vinciale et de l'Aristocratie parisienne, qui répudiaient, sans hé-
siter, des abus séculaires, pour fonder un nouvel ordre de
choses sur des principes de justice et de garantie sociales. Les
États généraux avaient succédé à l'Assemblée des Notables,
et l'on pressentait déjà la création de l'Assemblée constituante.
La chute du Gouvernement monarchique était imminente,

---

1. Le baron de Staël, qui était, il est vrai, le gendre de Necker, ministre démissionnaire en 1789, appelle le parti royaliste ou aristocratique
« le parti à peu près le plus méprisé et le plus méprisable de tous ». Voy.
la *Correspondance diplomatique* du baron de Staël-Holstein. (Paris,
Hachette, 1881, in-8, p. 139.)

après la prise de la Bastille, qui avait été la première victoire du peuple sur la royauté. On ne saurait douter du rôle prépondérant que Mme de Coigny eut à jouer dans les préludes de la Révolution française, et pourtant nous ne la voyons pas figurer dans la *Galerie des Dames nationales* (1790), attribuée au marquis de Luchet et à Choderlos de Laclos [1]. C'est à peine si nous avons retrouvé son nom dans les écrits de l'époque. Il est avéré, toutefois, qu'elle avait pris une part très active aux journées des 5 et 6 octobre 1789, dans lesquelles furent sérieusement compromis le duc d'Orléans et Lauzun. Il est certain, par exemple, qu'elle se trouvait à Versailles pendant ces journées-là, bien qu'elle ne parût plus à la Cour depuis deux ou trois ans, excepté peut-être dans les circonstances où l'étiquette exigeait qu'elle accompagnât son mari et son père.

Dans les *Mémoires de Condorcet* [2], le marquis de La Rochefoucauld-Liancourt affirme que l'insurrection des 5 et 6 octobre avait été préparée longtemps d'avance, et parmi les preuves qu'il en donne, il rapporte le fait suivant : « Le vicomte de Noailles s'était jeté, le matin (4 ou 5 octobre?), aux genoux de la marquise de Coigny, pour la conjurer de quitter Versailles, et une heure après, il se rendit au Château, où il assura publiquement qu'on avait des craintes mal fondées et que tout était parfaitement tranquille à Paris. » On ne doit pas conclure, de ce fait, que la marquise de Coigny eût une demeure fixe à Versailles, mais les dames présentées allaient ordinairement à la Cour tous les dimanches; le rang élevé du marquis de Coigny obligeait la marquise à se montrer quelquefois, avec lui, à ces réceptions du dimanche. Or, le 4 octobre 1789 étant un dimanche, Mme de Coigny était venue probablement

---

1. Voyez plus loin, en note, un extrait singulier des *Mémoires* du comte Alexandre de Tilly, qui prouverait que Laclos la connaissait et l'avait vue souvent chez elle.

2. Ces Mémoires sont intitulés improprement : *Mémoires de Condorcet*. Paris, Ponthieu, 1824, 2 vol. in-8, tome II, p. 82.

se rendre compte, par elle-même, de l'état moral des esprits au château de Versailles.

On sait que le duc d'Orléans, accusé, par le bruit public, d'avoir été le principal auteur de l'insurrection qui avait amené de vive force la famille royale au château des Tuileries, se vit contraint de s'éloigner momentanément hors de France, en acceptant une mission pour l'Angleterre. Le duc d'Orléans ne crut pas devoir cacher que ce voyage avait été préparé, dans une entrevue avec le général La Fayette, chez Mme de Coigny : « Peu de jours après l'arrivée du roi à Paris, dit-il dans l'*Exposé* de sa conduite [1], M. de La Fayette m'écrivit pour me demander un rendez-vous. Je lui répondis qu'il n'avait qu'à me faire dire le lieu et l'heure, et il me le donna chez Mme de Coigny. » Le rendez-vous eut lieu sans doute à l'hôtel de Coigny, qu'elle habitait alors, rue Saint-Nicaise [2], et qu'elle possédait encore sous l'Empire et la Restauration. Lauzun, l'ami et le confident du duc d'Orléans, n'avait pas été sans doute étranger aux événements des 5 et 6 octobre, car, dans la procédure du Châtelet relative à ces événements, il fut accusé d'avoir paru, déguisé, à côté du duc d'Orléans, du duc d'Aiguillon et du comte de Mirabeau, au milieu de la populace, qui s'en allait assiéger le château de Versailles. Toujours est-il qu'au mois de décembre suivant, il fut nommé commandant de l'île de Corse et confirmé dans ce commandement, au mois d'avril 1790, avec le titre de maréchal de camp, employé près

---

1. *Exposé de la conduite de M. le duc d'Orléans dans la Révolution de France,* rédigé par lui-même. *Londres,* sans date (Paris, 1790), in-8 de 28 pages, p. 19.

2. D'après l'*Almanach royal* pour l'année 1790, le duc de Coigny et son fils, le marquis, demeuraient dans l'hôtel de Coigny, rue Saint-Nicaise. Cet hôtel, qui devait être considérable, fut occupé, pendant la Révolution, par le comité de Législation, le comité des Transports et des Postes, et le comité des Secours publics. Voyez le *Dictionnaire de toutes les Communes de France,* par Girault de Saint-Fargeau, tome III, p. 184. Mme de Coigny demeurant dans le même hôtel sous l'Empire, il est certain qu'elle en avait obtenu la restitution.

de la 3e division de l'armée. Il faisait alors partie de l'Assemblée nationale, et il était monté à la tribune moins pour repousser les accusations formulées contre lui dans la procédure du Châtelet, que pour en disculper le duc d'Orléans, qui n'avait pas tardé à rentrer en France.

La marquise de Coigny était une des habituées de la salle du Manège, où l'Assemblée nationale tenait ses séances. Elle ne manquait jamais celles où Lauzun devait parler, et il faut bien croire qu'il y avait entre eux un échange de pensées, de sentiments et d'opinions. L'abbé de Montgaillard et son frère, le marquis, racontent dans leur *Histoire de France* une curieuse anecdote qui concerne Mme de Coigny, et que Touchard-Lafosse a reproduite en ces termes dans un de ses ouvrages[1] : « Mmes de Coigny et de P..., qui assistaient à une séance de l'Assemblée nationale, pendant un discours de l'abbé Maury, relevaient, par une improbation hautement exprimée, les principes anticonstitutionnels que cet orateur émettait, et que, nonobstant leur rang, elles étaient loin de partager. Impatient des continuelles interruptions que ces dames se permettaient et des gestes expressifs dont elles accompagnaient leur aparté bruyant, l'abbé s'écria, en désignant les causeuses : « Monsieur le Président, faites taire ces deux sans-culottes ! » Cette qualification fit fortune ; on la donna bientôt aux partisans zélés de la Révolution, qui se firent honneur de l'accepter. » Touchard-Lafosse ajoute que l'abbé Maury, pendant l'émigration, se faisait honneur d'avoir inventé le surnom de *sans-culottes*, en l'appliquant à des femmes qui avaient oublié leur sexe et leur noble origine, pour servir la cause de la Révolution.

La grossière apostrophe de l'abbé Maury, le plus fougueux orateur du parti royaliste, contre la marquise de Coigny et Mme de P... (la comtesse Diane de Polignac?) fit sans doute beaucoup de bruit à la Cour et fut généralement blâmée. C'est

----

[1]. *La Révolution, l'Empire et la Restauration, ou Cent soixante et dix-huit anecdotes historiques.* Paris, Lhuillier, 1828, in-8, p. 58.

là ce qui explique les allusions d'une lettre moqueuse, publiée dans les *Actes des Apôtres* (n° 82, p. 10), sous la signature d'*un Ancien Chevalier français*, et dirigée contre l'aristocratie de la beauté, « la plus despotique et la plus douce, la plus arbitraire et la plus inévitable des aristocraties. » Voici la fin de cette lettre : « Quelle politique sage, Messieurs, que celle qui exclut, chez les Français, les femmes, des Assemblées législatives ! Les décrets n'auraient plus été le résultat des opinions, mais celui de l'amour. En effet, Messieurs, si M. de Mirabeau avait la figure de Mme de Gouvernet, si M. de Robespierre avait les grâces de Mme de Beaumont, M. Goupil de Préfeln, la jeunesse et les charmes de Mme de Maillé, M. Pétion, la tournure de Mme de La Châtre, ou M. Chapelier, la séduction de Mme de Laval, on verrait l'abbé Maury même, subjugué par l'aristocratie de la beauté et entraîné par un charme irrésistible, abandonner la Raison pour les Grâces et voler aux pieds de ces aimables déités, abjurer la vérité pour se consacrer à l'erreur : on croit même qu'il eût troqué, pour leur plaire, son éloquence contre celle de M. Matt. de M. (Matthieu de Montmorency) et sa logique contre celle de M. Al. L. (Alexandre Lameth). C'est à vous à juger, Messieurs, combien, nous autres professeurs en aristocratie royale, avons droit de nous plaindre de l'aristocratie de la beauté. Heureusement pour nous, que Mme la marquise de Coigny, fatiguée (il est possible de le dire) d'éloges et de succès mérités (et qu'elle ne doit qu'à elle), a dédaigné ceux de la politique. »

⚭

Lauzun fut-il gagné au parti révolutionnaire par Mme de Coigny, ou bien Mme de Coigny se laissa-t-elle éblouir et aveugler par les illusions démocratiques de Lauzun ? C'est une double question qu'il est difficile d'éclaircir et de résoudre. On verra tout à l'heure, par les lettres que Mme de Coigny écrivit de Londres à Lauzun, la tendre affection qu'elle lui gardait, malgré les plus sérieux motifs de refroidissement et de brouille. On pourra constater aussi que son amitié et son dévouement pour lui étaient toujours et partout de l'admiration et de l'enthousiasme. On devrait donc croire que Lauzun s'était rallié franchement au parti de la Liberté. Le duc de Lévis, qui l'avait connu intimement, ne le croyait pas. « Un concours de circonstances fatales, dit-il [1], entraîna M. de Biron dans l'abîme; mais la principale cause de ses malheurs ne fut pas, comme on pourrait le croire, un amour ardent de la liberté, et des idées exaltées de républicanisme. Avec une mauvaise tête, il avait l'esprit juste, ce qui n'est pas incompatible; il connaissait les hommes, et il savait très bien que le gouvernement démocratique ne convient point à un grand peuple, moins au Français qu'à tout autre. C'est ce que je lui ai entendu dire plusieurs fois, et ses principes n'ont jamais varié. Mais, en prenant parti contre la Cour, il croyait pouvoir se venger d'une offense personnelle, sans compromettre sa sûreté ni celle de l'État. Enfin, il imagina trop légèrement qu'ils allaient revenir, ces temps de la Ligue et de la Fronde, où les grands seigneurs pouvaient impunément montrer leur mécontentement. Voilà ce qui le perdit. » L'offense personnelle dont il se plaignait, c'était la reine qui l'avait faite : elle le détestait, à cause de sa liaison avec le duc d'Orléans, et lui avait enlevé le régiment des gardes françaises, que son oncle, le maréchal de Biron, considérait comme un héritage de famille, et que Louis XVI avait donné au duc du Châtelet, qui n'en fut colonel que pendant dix mois, ce régiment ayant été cassé en août 1789.

Les opinions politiques de Mme de Coigny reflétaient fidèlement celles de Lauzun. On ne saurait donc trop insister sur les causes de leur mépris et de leur haine contre la Noblesse de Cour. Cette Noblesse, comblée de faveurs et gorgée de

---

1. *Souvenirs et Portraits*, 1780-1789, édit. de 1815, in-8, p. 191.

pensions, avait abandonné le roi, dès que les premiers coups de tonnerre de la Révolution eurent annoncé l'orage qui se formait autour du trône. L'émigration subite de 1790 avait été le plus lâche et le plus ingrat des abandons. Les nobles qui émigraient en Angleterre et en Suisse voulaient seulement fuir le danger qui les menaçait et attendre les événements ; ceux qui se rendaient à Coblentz, pour retrouver les Princes, frères du Roi, ne songeaient qu'à reconstituer auprès d'eux une Cour semblable à celle qu'ils avaient quittée. Augeard, secrétaire de la reine, nous apprend, dans ses *Mémoires,* ce que c'était que cette Cour des Princes : « Le séjour de Coblentz me parut celui de Versailles, d'une manière encore plus hideuse. C'était un cloaque d'intrigues, de cabales, de bêtises, de déprédations et de singeries de l'ancienne Cour. » Chacun, à ce moment, voulait faire remarquer son empressement à s'inscrire dans l'armée, que recrutaient les Princes, et qui devait représenter tous les régiments, — infanterie et cavalerie, — de l'ancienne armée française. La Maison du Roi était reconstituée au complet : grenadiers d'ordonnance à cheval, gardes du corps du Roi, guet de Monsieur, guet de M. le comte d'Artois, mousquetaires gris, mousquetaires noirs, chevau-légers, etc. Dans les listes de ces différents corps, on reconnaît tous les grands noms de l'aristocratie de Cour. Mais cette armée, toute de parade, étincelante de brillants uniformes aux vives couleurs et aux galons d'or et d'argent, comptait plus d'officiers que de soldats, et n'était certainement pas destinée à rendre de bien grands services à la cause qu'elle était censée défendre [1].

---

1. Nous ne parlons ici que de l'*Armée des Princes* proprement dite. Il ne faut pas confondre avec elle l'*Armée de Condé,* qui avait son quartier général à Worms, et qui seule méritait le nom d'armée, aussi bien par sa composition que par l'ordre et la discipline qui y régnaient ; mais on n'y voyait ni brillants uniformes, ni grands noms aristocratiques. Elle s'était recrutée principalement parmi les nobles de province, dont les noms étaient à peu près inconnus à Versailles, et qui n'avaient jamais participé à ce qu'on appelait alors « les bienfaits de la Cour ».

Pour reconnaître, dans cet appareil militaire, tout ce qu'il y avait de calculs intéressés, de futilité, d'erreurs et de dangers, il n'était guère besoin d'une grande pénétration, et Mme de Coigny devait s'y tromper moins que tout autre; mais, si elle ménagea peu la Noblesse de Cour, qu'elle avait toujours, de près comme de loin, accablée de dédains et de sarcasmes, elle n'éprouvait aucune antipathie, de parti pris, contre la Noblesse qui rendait des services réels au pays et au souverain; elle se sentait fière d'appartenir à la vieille Noblesse française et d'en être digne par l'élévation de ses sentiments et de ses aspirations. Elle prouva, d'ailleurs, en quelle estime elle avait la Noblesse, par ses relations sympathiques avec la haute aristocratie anglaise, relations qui subsistèrent jusqu'à la fin de sa vie. On ne saurait douter que Lauzun, tout général républicain qu'il était, n'ait eu les mêmes idées et les mêmes sympathies à l'égard de la Noblesse.

✠

Lauzun et Mme de Coigny avaient été souvent sépaiés par les hasards de leur destinée, mais leur attachement mutuel ne se relâchait pas, par le fait de l'absence et de l'éloignement; leur amitié constante s'avivait sans cesse dans un échange permanent de lettres, où ils se parlaient à cœur ouvert, comme on peut en juger par celles que nous avons de Mme de Coigny, datées de 1791 et 1792, et qui nous donnent un modèle exact de toute leur correspondance perdue. Ces lettres nous prouvent, mieux que toutes les inductions antérieures, la persistance inviolable de leur pacte amical plutôt qu'amoureux, quoiqu'il y ait eu bien de l'amour idéal et sentimental dans les premières phases de leur liaison, qui ressemblaient aux grandes passions, si pures et si ardentes, de l'ancienne chevalerie. Mme de Coigny n'avait pas manqué au serment qu'elle s'était fait; elle n'avait pas abdiqué, en prenant un amant, mais elle avait un ami qu'elle préférait à tous les amants et qui la préférait à toutes les maîtresses. Mme Campan déclare formellement que Lauzun avait écrit ses Mémoires, pour la duchesse de Fleury, qui fut sa maîtresse; M. Lacour, au contraire, semble soupçonner que les Mémoires de Lauzun auraient été composés pour Mme de Coigny; Lauzun dit lui-même qu'il a voulu seulement laisser ces Mémoires *aux gens qui lui sont chers*. En tout cas, il ne les a pas continués au delà de l'année 1783, comme s'il avait eu l'intention de terminer là ses aventures galantes, pour se consacrer exclusivement désormais à l'amour platonique que lui avait inspiré sa charmante amie, la marquise de Coigny.

Il n'en avait pas moins mis sous les yeux de Mme de Coigny plus d'une relation galante, qu'il ne lui cachait pas et qu'elle voyait naître, se développer et se prolonger, sans qu'elle en ressentît la moindre jalousie. C'est ainsi qu'elle avait vu avec la plus complète indifférence Lauzun, qui lui faisait une cour assidue, devenir tout à coup l'amant de Mme de Martainville, de Mme Robinson, de la comtesse de Rechteren, de la romancière Suzanne Giroust, dite Illyrine de Morency, de la comédienne Mlle Laurent, de la célèbre Mme de Buffon, et enfin de la mystérieuse Nigretta, qui n'était autre qu'Aimée de Coigny, mariée au jeune duc de Fleury, la propre nièce du duc de Coigny! Cette simple nomenclature des maîtresses de Lauzun, pendant les onze années de ses relations amicales avec Mme de Coigny, qui n'avait cessé de l'aimer autant qu'elle pouvait aimer, suffit pour constater que leur passion réciproque ne fut jamais que l'exaltation et l'attendrissement de la plus profonde amitié. Mme de Coigny ne devait pas ignorer que sa cousine, qui avait pris le nom de *Zilia* pour s'identifier avec l'héroïne des *Lettres d'une Péruvienne* de Mme de Graffigny, était en coquetterie avec Lauzun, lui écrivait, recevait des lettres de lui, et le voyait dans la petite maison qu'il avait à Montrouge. Cependant elle ne fut jamais brouillée avec cette galante étourdie; elle *risquait* des lettres railleuses, *pour la dégoûter de ses succès aristocratiques*[1] ; elle désapprouvait aussi *ses prétentions aristocratiques*, mais elle ne se déshabituait pas de s'intéresser à elle. C'est là ce qui manifeste le mieux la nature et le véritable caractère de son affection pour Lauzun.

Leur séparation forcée, qui eut lieu dans le cours de 1791, et qui devait continuer jusqu'à la mort de Lauzun, fut déterminée par des causes presque subites, qu'il est difficile d'apprécier. Le malheureux Voyage de Varennes (21-25 juin), à la suite duquel le roi devint le prisonnier de l'Assemblée nationale, avait été le signal d'une nouvelle émigration. Tous les membres de la famille de Coigny émigrèrent à la fois, pour se rendre à l'armée des Princes. Le marquis de Coigny conduisit d'abord sa femme à Londres et lui assura une pension mensuelle de 100 livres sterling[2] (2,500 francs), la marquise s'étant refusée à l'accompagner à Coblentz.

Mme de Coigny était partie, malgré elle, mais très effrayée des dangers qu'elle courait à Paris. Le fragment d'une lettre du prince de Ligne[3], adressée à la M. de C., *qu'on disait avoir été insultée aux Tuileries*, nous fait connaître le genre d'insulte qu'elle avait craint de subir, sans doute de la part des *sans-culottes*, qui lui devaient l'origine de leur nom. Ce fragment de lettre ne donne que ces six vers, sans aucun commentaire ; mais son intitulé nous apprend que la lettre avait été envoyée à Mme de Coigny, après son arrivée en Angleterre :

> *Régnez en paix sur ces rivages ;*
> *Remettez-vous ici de ces outrages,*
> *Qui pourtant ne menaçaient pas*
> *Votre tête, dit-on, mais de secrets appas,*
> *Que des gens curieux, prétextant la vengeance,*
> *Voulaient voir et montrer, pour l'honneur de la France.*

---

1. Voy. la lettre III de Mme de Coigny, et la lettre XVII.

2. *Correspondance originale des Émigrés.* Paris, 1793, in-8, p. 9 et 10.

3. Ce *fragment de lettre* ne se trouve que dans le grand recueil des œuvres de l'auteur, *Mélanges militaires, littéraires et sentimentaires* (A mon Refuge, sur le Leopoldsberg, 1795-1811, 34 vol. in-12).

Des recherches minutieuses dans les feuilles publiques, à l'époque où la marquise de Coigny était partie pour l'Angleterre, ne nous ont pas révélé les détails de la scène scandaleuse à laquelle faisait allusion le prince de Ligne ; mais une note découverte dans les *Mémoires* du marquis de Clermont-Gallerande [1] nous a permis de fixer d'une manière incontestable le jour où cette scène avait eu lieu.

Le marquis de Clermont-Gallerande raconte, dans ses *Mémoires*, que, quand la nouvelle de la fuite de Varennes se fut répandue dans Paris, le 22 juin 1791, dès huit ou neuf heures du matin, les rues se remplirent de monde : on courait, on allait ; des furieux insultaient indistinctement tous ceux qui leur paraissaient suspects, en menaçant de les mettre à la lanterne. On criait : *Aux armes ! à la trahison !* Toutes les boutiques se fermaient, etc. Puis, il ajoute, en note : « Mme de Coigny et M. de Fontenilles, que la curiosité avait attirés dans la foule, au Carrousel, furent arrêtés par des gens du peuple et conduits prisonniers au Château, par des gardes nationaux, sur les onze heures. Ils furent gardés prisonniers jusqu'à quatre, dans le cabinet du roi, jusqu'à ce que M. de Biron vînt de l'Assemblée pour les délivrer. »

Cette indication est d'autant plus précieuse, que les *Mémoires* du marquis de Clermont-Gallerande respirent la bonne foi et la véracité. On comprend que Mme de Coigny, qui demeurait, à deux pas de la place du Carrousel, dans son hôtel de la rue Saint-Nicaise, ait eu la curiosité d'aller voir ce qui se passait aux Tuileries et se soit fait accompagner par un de ses amis au milieu de la foule. Mais nous ne sommes pas parvenu à reconnaître quel était ce M. de Fontenilles, qui appartenait certainement à la famille des marquis de Fontenilles et de Rambures. La présence de Mme de Coigny

---

1. *Mémoires particuliers pour servir à l'histoire de la Révolution qui s'est opérée en France en 1789.* Paris, Dentu, 1815, 3 vol. in-8, tome III, p. 72.

au Carrousel, le matin du 22 juin, n'était pas sans danger, à
cause de l'exaspération du peuple. Avait-elle été signalée
comme une dame de la Cour? Fut-elle soupçonnée, bien à
tort, d'avoir voulu se rendre compte de la situation du moment et de l'état des esprits, pour en donner avis aux fugitifs? Dans tous les cas, elle fut menacée, peut-être maltraitée,
et conduite prisonnière aux Tuileries.

Le Château avait été envahi vers dix heures du matin, rapporte Prud'homme dans ses *Révolutions de Paris*[1] : « On fut
curieux de visiter les appartements évacués. On les parcourut
tous... Le peuple indigné se seroit peut-être porté à des excès ;
mais il sentit sa force et ne se permit aucune de ces petites
vengeances familières à la foiblesse irritée ; il se contenta de
persifler à sa manière la royauté... Le portrait du roi fut dé-
croché de sa place d'honneur et suspendu à la porte. Une
fruitière prit possession du lit d'Antoinette pour y vendre des
cerises et en disant : « C'est aujourd'hui le tour de la nation
« pour se mettre à son aise. » Une jeune fille ne voulut jamais
souffrir qu'on la coiffât d'un bonnet de la reine ; elle le foula
aux pieds avec indignation et mépris. On respecta davantage
le cabinet d'étude du Dauphin... »

Mme de Coigny et M de Fontenilles ne furent peut-être
pas témoins de ces ignominies, car ils avaient été mis en arrestation et enfermés dans le cabinet du roi, qui, par le fait de
cette seule circonstance, fut plus respecté que l'appartement
particulier de la reine, mis au pillage. C'est là que Lauzun
vint les chercher, à quatre heures de l'après-midi, et il leur fit
rendre la liberté, sous sa caution de membre de l'Assemblée
nationale.

La marquise de Coigny, une fois établie à Londres, pour
un temps qu'elle supposait d'abord devoir être assez court,
se trouva immédiatement accueillie et recherchée par l'aristocratie anglaise, qui la connaissait déjà de réputation et qui

---

1. N° 102, p. 531 et suiv.

lui témoigna la plus flatteuse sympathie. Elle était, d'ailleurs, recommandée par le prince de Galles, qui lui avait voué une amitié enthousiaste depuis le premier voyage qu'elle avait fait en Angleterre. Elle eut bientôt, dans cette société nouvelle, autant d'admirateurs et d'amis qu'elle en avait à Paris. C'était à qui rechercherait sa connaissance et aurait l'honneur de la recevoir. On l'entourait d'empressements, de politesses et de sympathies. Les plus grands seigneurs étaient à ses pieds, les plus grandes dames étaient fières de l'avoir au milieu d'elles. Mais cet accueil, ces attentions, ces prévenances, ces succès, ne pouvaient dissiper la tristesse que Mme de Coigny avait apportée au fond du cœur en quittant Lauzun et ne sachant pas quand elle le reverrait. Il y avait entre eux un échange de lettres aussi fréquent que possible, mais la séparation était aussi pénible à l'un qu'à l'autre, malgré l'espoir de se rejoindre, soit à Londres, soit à Paris, dans un temps plus ou moins éloigné. Mme de Coigny se reprochait sans cesse d'être partie de Paris; Lauzun se chagrinait de ne pouvoir aller en Angleterre, sous peine d'être accusé d'avoir voulu émigrer.

✳

Nous n'avons que vingt et une lettres de Mme de Coigny à Lauzun, écrites dans l'intervalle de treize à quatorze mois, depuis le milieu de juillet 1791 jusqu'à la fin d'août 1792. Ces lettres renferment sans doute beaucoup de détails sur la vie que Mme de Coigny menait à Londres, et nous font connaître sa manière d'apprécier les événements politiques qui se passaient en France; mais ce que nous y remarquons de plus intéressant, de plus touchant, de plus significatif, c'est l'expression constante de son affection, de sa tendresse, de son dévouement pour Lauzun. Jamais l'amitié d'une femme pour un homme, qui n'était pas, qui n'avait pas été son amant, ne s'est manifestée

par des sentiments plus délicats, par des paroles plus émues,
par des inquiétudes plus vraies, par une sensibilité plus exquise.

On lira ces lettres avec les notes qui s'y rapportent et qui
en complètent le sens historique. On y trouvera de piquants
détails sur le séjour de Mme de Coigny en Angleterre pendant l'émigration; on y trouvera aussi, dans le même espace de
temps, tout ce qui touche à Lauzun, à sa conduite politique,
à son rôle de membre de l'Assemblée nationale, à sa mission
secrète à Londres avec Talleyrand, à son emprisonnement
pour dettes, à son commandement d'une division de l'armée
du Nord, etc.; toutes circonstances qu'il nous paraît inutile de
résumer ici, et que les lettres de Mme de Coigny feront mieux
apprécier à son point de vue. Contentons-nous d'extraire de
ces lettres ce qui semble le mieux caractériser les sentiments
de Mme de Coigny pour Lauzun durant une longue séparation, qui devait aboutir à la mort tragique de ce cher absent.
Ce sera, en quelque sorte, le recueil des pensées de l'absence.

LETTRE PREMIÈRE. « De loin comme de près, vous êtes vraiment la lumière et la douceur de ma vie. Vos plaisanteries
seules entretiennent la gaieté de mon caractère et l'intelligence
de mes esprits. »

II. Votre lettre a pris le chemin de Londres, tout aussi
directement qu'elle a trouvé le chemin de mon cœur; elle
est arrivée avec toute la promptitude, non pas d'une réponse,
mais d'une repartie; je vous en remercie, comme du plus
grand plaisir que je puisse éprouver ici. Si vous saviez combien ma vie est désintéressée, vous jugeriez aussi le charme
que votre souvenir peut apporter dans ma journée. C'est du
bonheur tout pur pour mon esprit et pour mon cœur, et l'un
et l'autre en jouissent bien peu depuis longtemps !

« Donnez-moi l'espérance de vous revoir, dussiez-vous
même la tromper ! »

III. Elle attend une lettre de Lauzun : « Je ne puis m'ac-

coutumer à passer sans bonheur le seul jour que je ne vois pas
venir sans intérêt, le jour de la poste ! »

Elle lui demande ce qu'il fait de ses journées : « Je voudrais deviner votre vie, quand je n'y entre pour rien. »

IV. « Votre cœur est aimable comme votre esprit, et vous
avez l'air de m'aimer pour mon plaisir, quand vous ne le pouvez
pour mon bonheur. »

V. « Je ne veux pas finir l'année sans vous dire combien
je regrette de ne la pas commencer avec vous. »

« Je vous jure que *quatre heures* n'ont pas encore frappé
mes oreilles, sans me donner un serrement de cœur. Si rarement ce moment de la journée se passait sans vous voir ! Vous
me plaisiez, vous m'intéressiez et m'amusiez. »

IX. « Je ne crois pas, depuis les deux dernières lettres que
j'ai reçues de vous, que je me trouve à plaindre, même de
votre absence. »

XII. « La tête me tourne de votre silence, et mon cœur
tremble de n'avoir pas à me le reprocher. »

Elle lui parle ensuite de Fanny, sa fille : «Aimez-la, aimez-
moi, en attendant que nous puissions nous dire : Aimons-nous. »

XIV. Elle a résolu de se rendre à Paris, afin de faire ses
adieux à Lauzun partant pour l'armée du Nord ; elle ira donc
à Paris voir sa mère, y faire ses paquets devant elle, et s'y faire
arracher une dent. « Tout cela n'est pas gai, mais raisonnable,
et très lumineusement et sagement imaginé. »

XV. Ne recevant pas de lettre de Lauzun, elle le supplie
d'écrire : « De grâce, donnez-moi donc des moments de tranquillité ! »

XVI. Pas de nouvelles ! elle meurt d'inquiétude : « Je n'ai
jamais si cruellement souffert de vous si tendrement aimé. »

XVII. « Votre position me fait mourir d'impatience et d'inquiétude. »

« Je suis, depuis huit jours, établie, malade, dans une jolie
petite maison, que je prendrais pour mon plaisir, si je pou-

vais quelquefois vous y attendre. Ah ! quand donc·viendra ce moment ! »

XVIII. « Je reviendrai mardi, pour le jour de la poste. Voilà le véritable intérêt de ma vie, le reste n'en est que le remplissage. »

XIX. « Aimez-moi ainsi que je pense à vous, c'est-à-dire constamment et tendrement. »

XXI. « Mon intérêt pour vous est l'âme de mon existence. Ainsi ne me sachez pas plus de gré de vous aimer que de vivre ! »

« Par tous les courriers, adressez-moi : *Je vous aime, je me porte bien !* Mon cœur ne forme pas d'autres vœux. Le Ciel m'est témoin que ce sont là les premiers et les derniers de mes souhaits, et je vous jure que de longtemps je ne l'importunerai d'autre prière. »

C'est ainsi que se termine le roman d'amour ou d'amitié de Mme de Coigny et de Lauzun. Cette dernière lettre est de la fin d'août 1792. Lauzun a vécu seize mois de plus, et pendant ces seize mois nous n'avons retrouvé aucune trace de sa correspondance avec Mme de Coigny, qui resta en Angleterre jusqu'en 1801 ou 1802.

❀

Elle avait donné à son ami tant de preuves de dévouement et d'abnégation, qu'il est impossible qu'elle se soit jamais détachée de lui pendant les seize mois d'absence qui ont précédé sa mort. Elle n'était pas jalouse, depuis plus de douze années d'intimité avec Lauzun ; elle n'a pu le devenir, dans les derniers temps d'une séparation qu'elle avait tant de peine à supporter. Elle écrivait à Lauzun, en 1791, peu de semaines après avoir émigré en Angleterre : « Tant de choses m'appellent

en France, qu'il est bien juste qu'il y en ait une qui m'y ramène. »
Mais Lauzun ne lui conseilla pas de revenir et l'en détourna
sans doute ; elle n'y songea plus certainement, après les événements du 10 août 1792, puisqu'elle avouait, dans une de
ses lettres, que c'était la peur qui l'avait décidée à quitter
Paris. Elle reconnaissait, néanmoins, qu'il lui serait difficile de
vivre à Londres, avec la modeste pension que son mari lui
avait assurée ; elle prévoyait qu'il lui faudrait recourir à des
emprunts et souffrir bien des privations, car cet aveu lui
échappe dans une de ses lettres, en octobre 1791 : « Je languis dans la plus cruelle détresse ! »

Cependant, quand Lauzun est arrêté pour dettes, en janvier
1792, elle le prie de se souvenir qu'elle a quelques diamants,
qui seront en gage, en vente, en caution, quand il lui plaira.
Quand il est sorti de prison et retourné en France, après avoir
fourni une garantie à ses créanciers, elle lui écrit, dans un
élan de délicate générosité : « Je suis trop excédée des bienfaits
à usure, pour vous en offrir qui ne soient pas de ce genre. Je
vous propose six cents louis, que ma mère vient de me donner
et que je chargerai qu'on vous remette dans le caractère d'une
dette. Écrivez-moi pour les accepter. Vous voyez que je veux
être payée en papier. » Cette somme de dix mille livres que
la marquise de Conflans offrait à sa fille avait certainement pour
objet de subvenir à des besoins urgents que Mme de Coigny
ne lui avait pas cachés et ne voulait pas soumettre à la rigoureuse parcimonie de son mari. Au reste, une explication déci-
sive avait eu lieu entre eux, et il en était résulté une rupture,
qui fut suivie du départ du marquis de Coigny, en février
1792 : « M. de Coigny, écrivait la marquise à Lauzun, marche,
dans ce moment, pour arriver à Paris. Il est parti, ce matin, je
pense, sans retour. Dieu sait ce qu'il décidera pour le mien ! »
Il est donc possible que le marquis de Coigny et sa femme ne
se soient jamais revus jusqu'à l'époque, encore inconnue, où
ils demandèrent et obtinrent le divorce par consentement mutuel. Dans tous les cas, le marquis ne revint pas en Angleterre

et ne fit que passer par Paris, car il pouvait être inquiété, à cause de sa sortie de France avec toute sa famille; il se rendit à Coblentz, auprès des Princes, qui organisaient à la hâte une armée d'émigrés, destinée à entrer en France, à la suite de l'armée prussienne, sous les ordres du duc de Brunswick; il avait été nommé maréchal de camp et mestre de camp général des dragons, faisant partie de l'état-major général de cette armée des Princes à l'aile droite, dans laquelle son père, le duc de Coigny, devait commander, en qualité de lieutenant-général, la première ligne de cavalerie [1]. Mais ils ne paraissent pas avoir pris part, l'un et l'autre, aux faits militaires qui accompagnèrent la dispersion de l'armée des Princes, et le duc de Coigny retourna seul à Londres.

Mme de Coigny, au moment de son émigration, au mois de juillet 1791, avait entièrement épousé les opinions de Lauzun, qui se prononçait de plus en plus contre le parti de la Cour, et qui finit par embrasser ouvertement la cause de la Révolution. Dès son arrivée à Londres, Mme de Coigny lui conseillait de « rendre service à la machine politique et constitutionnelle », en évitant de « servir sous ses ennemis »; elle semblait dès lors pénétrée de mépris pour Louis XVI et animée de haine contre Marie-Antoinette : tantôt elle craignait que le roi ne renouvelât sa *fugue* de Varennes, et ne préparât un *nouveau parjure;* elle jetait, à ce propos, sous forme de plaisanterie, un mot terrible, de fatal augure : «Je crois que, ni plus, ni moins que le roi, je vais jouer mon avoir, à tête ou couronne. » Ailleurs, elle prie Lauzun d'entreprendre auprès de Delessart, ministre des affaires étrangères, une petite négociation, qui « impatientera exceptionnellement la reine ». Puis, dans une autre lettre, elle s'écrie, avec un ressentiment tout feminin : « Vraiment, cette Marie-Antoinette est trop insolente et trop vindicative, pour ne pas prendre plaisir à la remettre à sa place ! » Elle ne ménageait pas le parti royaliste, qui s'affai-

---

1. Voy. la liste de l'état-ma or de l'armée royale, dite des Princes. (*Ms.*)

blissait tous les jours : « Les royalistes, disait-elle, se vantent d'avoir abjuré la religion du serment, depuis que nous en avons pris la mode, et manquer à leur foi me paraît la vertu, comme le principe, de leurs espérances. » Sa confiance dans le jugement et la perspicacité de Lauzun s'affirmait de plus en plus : « Je ne crois, lui écrivait-elle avec une sorte d'enthousiasme, je ne crois qu'à vos découvertes et à vos opinions. »

La Révolution républicaine, qui était l'objectif de la sanglante journée du 10 août 1792, et qui en devint la conséquence immédiate, terrifia Mme de Coigny, mais surtout au point de vue des dangers personnels que Lauzun pouvait courir, dans l'armée où il avait pris un commandement depuis le 17 juillet. Quant à la déchéance et à l'emprisonnement du roi, elle fut sans respect et sans pitié : « Sauf les massacres publics et particuliers, qui font toujours horreur à penser, comme à voir, écrivait-elle à Lauzun, la conséquence directe de la déchéance me trouverait très philosophe, et je ne croirais pas le royaume perdu, parce qu'un roi, qu'on soupçonne de conspirer contre lui, n'est plus chargé du soin de le défendre. » Malgré l'horreur que lui inspiraient les actes sanguinaires du peuple en délire, elle ne pardonnait pas aux hommes politiques du parti de la Cour, et les accusait constamment de faire opposition aux réformes nécessaires, que l'Assemblée nationale avait dû obtenir par la force. Voici un mot d'elle, que rapporte Horace Walpole, dans une de ses *Lettres*, du 18 mars 1792 (édition anglaise de Londres, 1866, t. IX, p. 383) : « Mme de Coigny, qui est ici et qui a beaucoup d'esprit, ayant entendu dire que la populace de Paris avait brûlé le buste de son dernier favori, M. d'Espréménil, a dit : « Il n'y a rien qui brûle sitôt que les lauriers secs. »

Mais c'est Lauzun seul qui fait alors sa préoccupation unique : comme on le voit dans la lettre qu'elle lui adressait après le 10 Août, elle tremble qu'il ne devienne « la malheureuse victime de tant de lâches et abominables perfidies ». Elle voit la France en proie à la guerre civile et à la guerre étrangère.

C'est sous l'empire des plus lugubres pressentiments qu'elle s'écrie avec douleur : « O liberté ! quel mal tu nous causes, par les biens que tu nous as promis ! » Exclamation fatidique, que Mme Roland répéta presque textuellement, dans la même pensée, en montant sur l'échafaud.

N'essayons pas de deviner et de peindre les angoisses, les tortures, les désespoirs de Mme de Coigny, lorsque Lauzun, qui avait passé du commandement de l'armée du Rhin à celui de l'armée des Alpes, fut envoyé à l'armée de l'Ouest pour étouffer l'insurrection vendéenne. Le malheureux général, coupable de ne pas s'associer aux sanglantes proscriptions de la Terreur, fut destitué, le 11 juillet 1793, et arrêté peu de jours après son retour à Paris. Il était alors malade, attristé, dégoûté de tout. Renfermé dans la prison de Sainte-Pélagie, il écrivit à la Convention, pour demander un prompt jugement. On le fit attendre jusqu'au 31 décembre. Ce fut sa condamnation à mort et son exécution, le même jour [1]. Mme de Coigny ne mourut pas de douleur, en apprenant que Lauzun était mort, mais elle ne se consola jamais, et elle continua de l'aimer, comme si cette ombre chérie errait toujours autour d'elle. C'est là un souvenir que la tradition de famille nous a conservé.

✥

Nous ne savons rien sur Mme de Coigny jusqu'à son retour en France, probablement après la radiation de son nom sur la liste des émigrés, et peut-être à la suite de son divorce [2], qui

---

1. Voy., dans l'Appendice, un abrégé de tout ce qui regarde Lauzun, depuis l'ouverture de la campagne en Flandre jusqu'à la mort de ce malheureux général.

2. Dans les listes des indemnités accordées, en 1825, aux émigrés ou héritiers d'émigrés, par la loi du milliard d'indemnité, Mme de Coigny est qualifiée une fois « femme divorcée de M. François-Casimir-Fran-

eut lieu sans doute bien avant que son mari revînt de l'émigration, en même temps que les Bourbons.

Ce fut le 24 avril 1802 qu'un acte d'amnistie rouvrit à tous les émigrés les portes de la France, en mettant à néant toutes les lois et tous les décrets qui leur interdisaient, sous peine de mort, l'entrée du territoire de la République. Il est possible que Mᵐᵉ de Coigny n'ait pas attendu l'amnistie générale pour demander l'autorisation de revenir auprès de sa mère, qui ne paraît pas avoir quitté Paris pendant la Révolution. Quoi qu'il en soit, on peut se faire aisément une idée de la vie facile et brillante que la gracieuse et spirituelle marquise avait menée au milieu de l'aristocratie anglaise, qui se plut à l'entourer des sympathies les mieux acquises. Elle s'était acclimatée et presque naturalisée dans ce pays d'adoption, où elle avait trouvé, depuis son arrivée, en 1791, des empressements et des attachements encore plus passionnés et plus fidèles que ceux qu'elle laissait dans sa patrie. Aucune de ses premières amies étrangères, lady Jersey, lady Melbourne, lady Spencer et bien d'autres, n'avait cessé de cultiver des relations qui leur étaient d'abord si agréables, et Mᵐᵉ de Coigny fut toujours pour elles l'oracle du bon sens, du bon cœur et du bon esprit. Son père et sa mère, qui étaient fort riches, malgré toutes les spoliations révolutionnaires qu'ils avaient subies, ne manquaient pas de l'aider à soutenir son train de maison, qui devait être digne de sa naissance et de son nom. Elle s'occupait elle-même de l'éducation de sa fille Fanny et de son fils Gustave, qu'elle faisait élever sous ses

---

quetot, marquis de Coigny », et deux fois : « veuve de M. Franquetot, marquis de Coigny ». Voy. les *États détaillés de liquidations faites par la Commission d'indemnité*, etc. Paris, 1827-29, 7 vol. in-4. La première somme, portée au nom de *femme divorcée*, représente sans doute une partie de la dot de Mᵐᵉ de Coigny, avec déduction du passif au moment du divorce; les deux autres sommes, qui n'ont pas de passif, sont afférentes à des biens qui n'étaient grevés d'aucune hypothèque, quand l'époux les avait rendus à sa femme, antérieurement au divorce.

yeux. Le fils avait douze ou treize ans, la fille vingt-trois ou vingt-quatre ans, lorsque la mère les ramena en France.

Les trois lettres que nous avons d'elle, écrites de France et adressées à son amie lady Foster, depuis duchesse de Devonshire, sont datées du 24 messidor an X (13 juillet 1803) au 15 août 1806, et sont ainsi postérieures au retour définitif de Mme de Coigny à Paris, où elle ne retrouva qu'un petit nombre de personnes de son ancien entourage dans le monde de la Cour et de la Ville. Ces lettres prouvent qu'elle tenait à conserver ses amies et ses connaissances d'Angleterre, en entretenant de fréquents rapports épistolaires avec elles; mais elle avait dès lors repris une grande position dans la Société nouvelle du Consulat, composée surtout de la nouvelle aristocratie militaire, que le premier Consul mettait à la place de l'aristocratie nobiliaire que l'émigration avait entraînée hors de France. Mme de Coigny avait donc fait bon marché de toutes ses anciennes aspirations républicaines; elle détestait toujours les Bourbons, qui n'étaient autres que les Princes qu'elle avait poursuivis de ses dédains et de ses sarcasmes, lorsqu'ils levaient des armées, à Coblentz, contre la France constitutionnelle; mais elle éprouvait une admiration fanatique pour le général Bonaparte et ses héroïques compagnons d'armes. A peine fut-elle introduite dans les salons du premier Consul, avec tous les échos de sa vieille réputation d'intelligence et d'esprit, qu'elle retrouva tous ses succès d'autrefois. Elle se lia d'abord avec M. de Perey, homme de grande valeur, qui était l'ami de Fouché, ancien ministre de la police; elle lui écrivait des lettres charmantes, remplies de finesse et de malice, dans lesquelles personne n'était épargné. Fouché s'en amusait beaucoup, et le premier Consul, à qui l'on en communiqua quelques-unes, jugea que Mme de Coigny était encore plus redoutable que Mme de Staël. Mais le premier Consul fut pour elle invariablement l'objet d'un culte idolâtre.

« L'ange gardien de Napoléon, disait-elle, est l'ange gardien de la France. » Son enthousiasme pour Napoléon s'explique autant par le dégoût que lui avaient inspiré les excès de la Révolution que par son mépris pour les Bourbons et pour tout ce qui tenait à l'ancien régime.

Malgré cette admiration pour le génie du premier Consul, celui-ci se défiait d'elle et croyait voir souvent une épigramme déguisée sous un éloge. Quand il l'abordait, c'était pour lui demander comment se portait sa langue[1]. Elle répondait toujours avec tant de grâce et d'esprit, à cette plaisanterie habituelle, que Bonaparte ne lui faisait jamais mauvaise mine.

Elle avait rencontré, dans les réceptions du premier Consul, le colonel Sébastiani, né en Corse, d'une famille noble alliée à celle des Bonaparte. On peut croire que Mme de Coigny connaissait cette famille, par les lettres de Lauzun, qui avait été commandant de l'île de Corse pendant plusieurs mois de l'année 1790. Sébastiani n'était encore que colonel d'un régiment de dragons, mais Bonaparte, qui avait reconnu de bonne heure la rare intelligence de cet officier, son parent, lui confia plusieurs missions difficiles en Turquie et en Egypte, dans lesquelles le colonel Sébastiani eut l'habileté de réussir complètement. C'était un homme d'État plus encore qu'un homme de guerre, ce qui ne l'empêcha pas de se distinguer à la bataille d'Austerlitz, où il fut blessé et nommé général de division. Il était devenu l'ami de la marquise de Coigny, qui l'avait en grande estime. Elle ne pouvait lui en donner une plus belle preuve que de lui accorder la main de sa fille, de cette bien-aimée Fanny, qu'elle avait gardée auprès d'elle, avec une jalouse affection, comme un trésor que nul n'était digne de posséder. Aussitôt le mariage conclu, ses douleurs maternelles commencèrent : on lui enlevait sa fille. Le général Sébastiani fut nommé, le 2 mai 1806, ambassadeur près la Porte ottomane. Elle avait dû le prévoir, et elle ne put s'y

---

1. *Essais divers, lettres et pensées de Mme de Tracy.* Paris, Plon. 1855, 3 vol. in-12, tome III, p. 86.

résigner. Elle accompagna, jusqu'à Strasbourg, sa fille éplorée, que le nouvel ambassadeur emmenait à Constantinople. Elle écrivit alors à sa plus chère amie, lady Foster : « Cette cruelle séparation me paraît la mort placée au milieu de la vie. » Fatal et sombre pressentiment ! elle se sentait déjà seule au monde; sa Fanny se trouvait à 660 lieues d'elle, et ne devait plus la revoir. Mme Sébastiani mourut, en 1807, à Constantinople, laissant une fille, qui épousa, en 1825, le duc de Choiseul-Praslin.

Mme de Coigny, qui avait survécu à Lauzun, put survivre aussi à sa fille, mais elle ne se consola jamais de ces deux grandes pertes, qui avaient laissé deux plaies vives et saignantes au fond de son cœur; elle ne parlait pas de Lauzun, mais elle parlait sans cesse de sa fille Fanny, que tout le monde avait connue, aimée et admirée. Dans un voyage qu'elle fit à Plombières, en 1808, pour prendre les eaux avec Mlle Newton, que la mère de cette jeune personne lui avait confiée, et qui a écrit, avec un charme inexprimable, le récit de ce voyage [1], on voit que Mme de Coigny, malgré sa philosophie pratique et sa gaieté naturelle, retombait souvent dans ses souvenirs mélancoliques et dans un profond chagrin.

Un jour, étant allée, avec Mlle Newton, se promener dans un endroit abrupt et sauvage, qu'on nomme le Désert, elle voulut de là gravir la montagne, malgré le vent, les pierres, les ronces et mille difficultés. Elle espérait, en arrivant au sommet, voir le soleil éclairer un vaste paysage, mais le soleil ne parut pas. . « Eh bien ! dit Mme de Coigny, ce que nous venons de faire là est l'image de la vie, et c'est assez triste, n'est-ce

---

1. Les mêmes *Essais divers* de Mme de Tracy, tome I, p. 1-95.

pas? » Mlle Newton n'était pas de son avis et répondait que « le mieux est d'avoir le soleil en soi-même ».

Mme de Coigny avait cherché et fait chercher partout, aux environs de Plombières, un arbre sur lequel la regrettée Fanny avait gravé son nom, deux ans auparavant, dans un voyage qu'elles avaient fait ensemble. L'arbre n'avait pas été coupé, mais Mme de Coigny ne se rappelait plus exactement l'endroit où il était. Un jour, en cueillant de la vigne sauvage, Mlle Newton aperçoit sur l'écorce d'un arbre le nom de Fanny et le jour du mois où la pauvre jeune fille avait tracé son nom : « Je pousse un cri, raconte Mlle Newton ; Mme de Coigny, croyant qu'une bête me mordait, crie de son côté ; je lui montre l'arbre, et alors elle se met à fondre en larmes. « Dieu soit loué, m'a-t-elle dit, la hache a respecté ce gage « muet et parlant de ma chère fille ! »

« Nous l'avons garni d'une foule de branches roulées autour, afin de le retrouver. Mme de Coigny a chargé le médecin d'aller chez l'administrateur des domaines, afin d'obtenir l'ordre de conserver cet arbre précieux ; si cela ne réussit pas, elle le demandera au ministre, dès qu'elle sera à Paris, et peut-être même à l'Empereur. Nous avons été, dès le matin, voir ce pauvre arbre, et j'en ai emporté des feuilles, pour en faire une guirlande solide, afin de l'orner un peu plus convenablement.

« Nous nous sommes assises sur le serpolet, au haut d'un chemin désert, et Mme de Coigny m'a raconté mille choses sur le temps de l'émigration et sur la mort de sa seconde fille, la petite Rosalba, qu'elle pleure toujours à Noël, jour où elle est morte pour avoir peut-être été trop gâtée, agitée, soignée et câlinée. Mme de Coigny l'amenait partout et la montrait à tout le monde, même la nuit, dans son berceau. Ah ! comme c'est triste ! »

Le jour de Saint-Louis, Mlle Newton porta, le matin, à Mme de Coigny, en mémoire de la fête de sa fille, un bouquet sauvage mêlé de bois d'if funèbre, attaché avec un long ruban noir; Mme de Coigny en fut très touchée : « Le souvenir de ma fille, dit-elle, est ainsi attaché à moi maintenant[1] ! »

Peu de jours après, Mme de Coigny et Mlle Newton passèrent la journée ensemble assez tristement. Mme de Coigny inventait des devises de cachet; elle pria Mlle Newton de lui dessiner une fontaine, avec cette devise à l'entour : *Profonde, mais cachée.* « C'est pour elle et son chagrin », ajoute Mlle Newton.

Dans une promenade matinale, hors de Plombières, Mlle de Newton fit une guirlande de feuillages, qu'elle vint attacher à la grande croix de pierre, en rentrant dans la ville. « Nous nous sommes assises au pied de la croix, raconte-t-elle, et j'ai écrit dessous, avec le crayon de Mme de Coigny, qui écrit à chaque instant ce qui lui vient dans l'esprit, ces phrases, rimées ou non, qu'elle a inventées :

> *Passants, qui, d'un air distrait, regardez cette croix*
> *Entourée de nos fleurs,*
> *Arrosée de nos pleurs,*
> *Donnez un soupir à nos larmes.*

Mlle Newton aidait Mme de Coigny à finir quelques petites fleurs de tapisserie; Mme de Coigny s'attrista tout à coup et dit « qu'il n'y a plus à présent d'autres fleurs pour elle dans le monde, que celles qu'elle fait à l'aiguille; mais que le monde est tout plein de véritables fleurs, devant la jeunesse. »

Mme de Coigny reçut un gros paquet de lettres du général Sébastiani, son gendre, *qu'elle aimait tant* et qui revenait de Constantinople, avec l'enfant, dont la naissance avait coûté la vie à sa mère: « Elle dit qu'elle souffre déjà du bonheur dont elle va jouir, en revoyant son fils et son gendre revenir, sans sa fille, dont ils ne rapportent qu'une tige. »

« En portant des fleurs à la croix de pierre, raconte

---

1. Les mêmes *Essais divers*, tome 1, p. 54-56.

Mlle Newton, j'ai trouvé des vers en réponse à l'inscription de Mme de Coigny. Ces vers sont signés : Brichambeau. Ce Monsieur est l'aide de camp d'un vieux général ; il est venu à Plombières, pour une blessure au bras, qu'il guérit ici, comme on guérit de tout. Mme de Coigny a été très touchée des vers, qui font allusion à la mort de Fanny ; elle a écrit au bas : « Ah ! que vous savez bien le chemin de mon cœur ! »

Ce délicieux *Voyage à Plombières,* rédigé par une jeune fille de dix-huit ans, qu'épousait, deux ans après, le brave général Letort, nous offre le plus curieux portrait moral de la marquise de Coigny à l'âge de cinquante ans. Elle était assombrie et désenchantée de tout ; son caractère fier et hautain ne s'était ni adouci ni assoupli ; mais elle avait des moments de belle humeur et même de gaieté nerveuse. Elle n'avait rien perdu de sa verve et de son esprit ; ses boutades, ses reparties et ses bons mots étaient toujours heureux et aussi abondants. Elle prenait même plaisir à faire des calembours, et y excellait ; elle ne faisait pas moins des répliques mordantes et presque féroces.

Dans la cour d'un hôtel où elle était descendue, en Suisse, elle rencontra un Monsieur, bien vêtu, qui s'obstinait à la reconnaître, en la saluant d'un air sans façon, ce qu'elle lui rendit d'un air sec, sans s'arrêter. Le soir, ce Monsieur se fait annoncer comme un parent du sénateur Casabianca, qu'elle connaissait beaucoup ; elle reçoit très froidement le parent, qui ne s'en aperçoit pas, et qui commence à demander des nouvelles du général Sébastiani et à parler de sa belle conduite à Constantinople ; puis, il ajoute : « Je connais bien cette famille de Sébastiani ; le père de votre gendre était un commerçant qui a fait son chemin lui-même. — Vraiment ! réplique arrogamment Mme de Coigny ; votre père, à vous, a fait un imbécile. »

Elle va rendre visite à Mme de T***, qui était au lit avec un étrange bonnet et une camisole tout ouverte. Elle dit, en sortant, que Mme de T*** « peut tout montrer, sans rien faire voir ». Elle disait, dans ses journées monotones, « que le temps paraissait passer plus vite, quand on l'employait d'une manière uniforme ». Pendant qu'elle lisait, avec plaisir, des romans de l'abbé Prévost, de Mme Cotin, de Mme Charrière, etc., on apporta un bouquet de lilas blanc à Mlle Newton ; elle s'écria en souriant : « Voici les romans qui vont commencer ! » Elle venait de dire qu'il fallait « avoir plus d'esprit qu'on n'en montre ». Arrive le médecin, qui parle à tort et à travers. Après son départ, Mlle Newton dit gaiement : « En voilà un qui parle ! — Oui, répond Mme de Coigny, mais sans rien dire. » Elles vont toutes les deux visiter des ruines : « Je voudrais, dit Mlle Newton, savoir tout ce que ces vieilles tours ont vu ! — Sans doute, ce qu'on voit à présent dans les châteaux modernes, reprend Mme de Coigny, car l'Humanité a toujours les mêmes passions, quoique les murs changent de forme. » Elle répétait souvent que « s'ennuyer, c'est quelque chose de méprisable ». Quant à elle, avec la pensée et le souvenir, elle avait la prétention de ne s'ennuyer jamais.

« Un jour, que l'atmosphère était lourde et pesante, nous étions de même », dit Mlle Newton ; Mme de Coigny en convenait, mais elle en donnait cette explication : « C'est le temps qui nous fait ce que nous sommes. Il nous faut le soleil et l'air pur pour être dans notre valeur. On devrait dire à ses amis : *Quel temps fait-il chez vous?* C'est, au reste, ce qu'on demande tout de suite, chaque matin, en se réveillant. » M. de Béthisy vint lui rendre visite, en arrivant à Plombières. Mme de Coigny le trouva ennuyeux, parce qu'il ne parlait pas. « Elle veut qu'on parle, remarque Mlle Newton ; c'est sa manière de connaître les gens ; elle met tout son esprit à s'amuser de celui des autres, et c'est pour cela qu'on aime tant à causer avec elle, car elle vous fait valoir tant qu'elle veut. »

Mme de Coigny avait ses jours de correspondance, pendant lesquels elle ne cessait pas d'écrire : « elle était tout entière dans son encrier », suivant l'expression de Mlle Newton. Aux jours de courriers d'outre-mer, elle écrivait à *ses lords d'Angle-*

terre, notamment à lord Bethfort, qu'elle avait connu comme lord Russel, en 1791. Elle recevait quelquefois des nouvelles de sa cousine, Aimée de Coigny, qui lui écrivait cent mille folies. Dans une lettre, que Mlle Newton avait lue, cette aimable folle « racontait une soirée chez Gérard, où chacun était costumé, déguisé et défiguré, et tout cela pour être mieux, disait-elle : ceux qui sont laids se font plus laids qu'ils n'étaient naturellement, et c'est sous cet aspect qu'ils restent gravés dans la mémoire de leurs ennemis. Mmes de B*** étaient en déesses, et Talma en chasseur poudré. Mme A. (Aimée) ajoute qu'on aime à faire voir ce qu'on ne montre pas tous les jours ; ainsi les hommes ôtent leurs cravates, et les femmes mettent des jupons *très courts*. »

Mme de Coigny était très gourmande ; elle mangeait toujours et de tout, surtout des galettes, qu'elle aimait beaucoup et qui lui causaient des indigestions terribles, en lui donnant des migraines. Elle avait de la dévotion, mais à sa manière ; elle avait peur, le soir, du démon ; elle y croyait tout à fait. Elle lisait son livre de prières, en voyage ; ce qui ne l'empêchait pas d'adorer Voltaire, que Mlle Newton n'aimait pas. Mme de Coigny lui fermait la bouche, après avoir combattu toutes ses critiques, en lui disant : « C'est le plus grand génie qui ait jamais paru sur la terre, et ses œuvres sont toutes admirables. »

Elle avait la même admiration, le même enthousiasme, pour l'empereur Napoléon, qu'elle élevait au-dessus de tous les héros de l'antiquité et de tous les rois de France. Tout lui semblait mesquin, dans l'histoire, en comparaison du règne de ce grand empereur.

Avant de quitter Plombières, pour rentrer en France par Genève, elle voulut aller dire adieu à son arbre *consacré*. La guirlande dont Mlle Newton l'avait décoré était intacte ; personne n'y avait touché. Elles restèrent longtemps assises sur des rochers couverts de mousse, au bord de la cascade du Désert. Mme de Coigny se plaisait à trouver là un sujet d'épigramme contre Mme de Staël : « Ceci, disait-elle, ressemble peu aux ruisseaux de Paris, dont pourtant Mme de Staël poétise l'odeur, la couleur et la vue. Quel travers d'esprit et quel défaut d'organisation ! »

Elle avait pris son parti de vieillir, et ne gardait pas un semblant de coquetterie féminine, car elle était insouciante de la mode. Elle restait élégante et de grand air, en devenant maigre et osseuse ; elle était mise très simplement, mais avec goût. Elle pardonnait à peine aux jeunes femmes de se parer à grands frais. C'est à ce propos qu'elle se rappelait, avec étonnement, avoir eu autrefois une plume jaune, qui lui tombait sur l'oreille et qui avait coûté 1,500 francs. Elle dit là-dessus, en manière d'aphorisme, « que quand la figure ne fait plus plaisir, il ne faut pas qu'elle donne d'ennui, et que l'on a tort de regretter ce qui est passé, parce que tous les âges ont leur joie. »

Enfin elle était tellement engouée du temps présent, du régime impérial, de la Noblesse de l'Empire et des beaux faits d'armes de cette époque toute militaire, qu'elle en vint à dédaigner la noblesse de ses ancêtres et sa propre noblesse. En arrivant à Genève avec sa jeune amie, quand on lui présenta le livre de l'hôtel où elle descendait, pour y inscrire leurs noms, elle écrivit : *Madame et Mademoiselle d'Armentières*. Mlle Newton en resta stupéfaite, surtout quand Mme de Coigny lui dit que le nom de Coigny était devenu trop célèbre, depuis que le général Sébastiani était devenu son gendre, pour qu'elle daignât faire figurer ce nom-là sur un registre d'auberge. Mlle Newton n'objecta rien à cette inconséquence, qui l'affligeait de la part d'une femme si supérieure, mais elle consigna cette éloquente désapprobation sur son livre de notes : « O mânes des Conflans, voyez-vous, du fond de vos sepultures, votre nom servir de déguisement, pour voyager incognito, au temps de l'empereur Napoléon ! »

⚭

Mme de Coigny eut la douleur de voir la chute de l'Empire, pour lequel elle avait un enthousiasme fanatique; elle assista tristement au retour des Bourbons, qu'elle n'aimait pas, et à celui de toute cette Noblesse de Cour, qu'elle avait constamment poursuivie de ses dédains et de ses railleries.

Du jour au lendemain, la société de Paris changea complètement d'aspect. Quelle fut, à ce moment, l'attitude de Mme de Coigny? On ne peut, malheureusement, répondre à cette question que par des conjectures. Nous n'avons, jusqu'à présent du moins, aucun renseignement positif sur les dernières années de la vie de Mme de Coigny. Cependant, il est permis de croire que jusqu'à sa vieillesse elle conserva les rancunes et les antipathies de son jeune âge. On en saura davantage, quand sera publiée sa correspondance intime avec Mlle Newton, mariée d'abord au général Letort, puis en secondes noces au comte de Tracy.

L'affection qu'elle avait vouée à son gendre, le général Sébastiani, en souvenir de sa chère Fanny, aurait suffi, d'ailleurs, pour lui inspirer des sentiments hostiles au gouvernement des Bourbons. Le général Sébastiani, mis à la retraite avec traitement de demi-solde, ne tarda pas à se faire élire député et devint, dès son entrée à la Chambre, un des chefs de l'opposition libérale. Il prit une part active aux luttes parlementaires de cette époque et se distingua par ses attaques véhémentes contre les hommes et les choses de la Restauration. Aussi, lorsque la révolution de 1830 éclata, fut-il un des premiers porté au pouvoir, et nommé d'abord ministre de la marine, puis, bientôt après, ministre des affaires étrangères.

La marquise de Coigny, on ne saurait en douter, devait triompher dans la personne de son gendre, et elle put en être d'autant plus fière que les événements semblaient enfin donner raison aux idées politiques qui l'avaient enflammée autrefois. Mais, pour elle, comme pour tous les survivants de 1789, cette satisfaction venait à la dernière heure. Les chagrins, les souvenirs, ces *douleurs profondes et cachées* qu'elle gardait toujours en elle sans les laisser paraître au dehors, avaient, plus que les années, usé sa constitution et délabré sa santé. Elle était encore cependant, comme autrefois, par sa haute intelligence et par son admirable esprit, la reine de la grande société de Paris.

Elle mourut, le 13 septembre 1832, après une maladie de quelques jours, dans un petit hôtel qu'elle occupait rue de la Ville-l'Évêque, pour être plus près de son gendre, le général Sébastiani, et de son fils, le duc de Coigny, qui avaient leurs hôtels dans la rue du Faubourg-Saint-Honoré. Le *Moniteur universel* du 15 septembre consacra l'article suivant à la mémoire de cette femme célèbre :

« La mort vient d'enlever à la société Mme de Coigny, fille de M. de Conflans, petite-fille de M. le maréchal d'Armentières et veuve de M. le marquis de Coigny, fils du maréchal de ce nom. L'épidémie régnante (le choléra-morbus) a abrégé une vie qui semblait défier la vieillesse. Agée de soixante-treize ans, Mme de Coigny avait vu tout ce que l'ancienne Cour renfermait de plus éclatant, tout ce que notre Révolution avait révélé d'illustrations nouvelles.

« La douleur et le deuil de sa famille seront partagés par les nombreux amis qu'elle comptait en France, en Angleterre, dans toutes les parties de l'Europe, et qu'elle devait moins à l'éclat de son rang et de sa naissance qu'à ses rares et éminentes qualités. Tant de nobles amitiés étaient pour elle une seconde fortune qu'elle a su conserver intacte. Peu d'esprits ont été aussi étendus et aussi brillants : elle terminait par un mot les discussions les plus graves ; elle prolongeait et animait, par de gracieuses saillies, les conversations les plus légères ; elle se faisait admirer souvent et plaisait toujours.

« Jusqu'au dernier moment, elle a conservé la vivacité de son esprit, la sérénité et la bienveillance de son caractère. La mort l'a brusquement frappée ; M. le général Sébastiani, son gendre, n'a pu, de retour des Eaux, que lui fermer les yeux. Cette consolation a manqué à M. le duc de Coigny, qui, malgré son empressement à accourir au premier bruit du danger de sa mère, n'a pas recueilli ses derniers soupirs. Il a été suppléé par Mme la marquise, par M. le marquis de Praslin, et par Mme la duchesse de Coigny, qui n'ont pas un instant quitté leur grand'mère et belle-mère, et qui lui ont prodigué tous les soins de la plus vive tendresse. »

LETTRES

MARQUISE DE COIGNY

A LAUZUN, DUC DE BIRON

1791-1792

I

Ce 27 (juillet 1791).

Je pourrais dater du paradis, car je sors du purgatoire. Je viens d'avoir une rage de trois jours et trois nuits, qui m'a désespérée. Enfin j'en suis quitte, et un reste d'enflure est tout ce que j'en conserve. Au milieu de mes maux, votre dernière lettre m'est arrivée, apparemment pour m'aider à les supporter, et aussi, je vous en remercie, moins comme d'un bienfait que comme d'un remède. De loin comme de près, vous êtes vraiment la lumière et la douceur de ma vie.

Vos plaisanteries seules entretiennent la gaieté de mon caractère et l'intelligence de mes esprits. Celle que vous avez faite sur lady Spencer[1] a eu un succès social, que vous ne lui projetiez pas, j'en suis sûre. Les amis de la dame la répétaient hier en rondeau, et avec des éclats de rire tout à fait honorables pour elle. Je m'en suis permis un fier aussi, au nez du Prince[2], en lisant son article de l'*Ancien Testament*. *What a drole creature you are,* au milieu de tous vos ennuis, *and about* tous vos ennemis[3] !

Je suis extrêmement d'avis que vous ne serviez pas sous eux, tel embarrassant que ce puisse être pour eux. Je vous assure que ce serait encore faire la guerre et la gloire à vos dépens.

A propos de guerre et de gloire, quelle est celle que se promettait M. d'Orléans, en demandant à être employé aux Antilles[4]. A mon grand étonnement, j'ai vu dans le *Logographe*[5] et entendu faire mille lazzi à Madame de Piennes[6] *about it.* Vos soupçons *about* M. Barthélemy Breteuil[7] sont on ne saurait plus justifiés par les regrets du prince de Carency[8]. Dans sa douleur amère de son rappel[9], le Prince s'est emporté en invectives contre l'approbation que j'y donnais, et il a ajouté, aussi naïvement qu'indiscrètement : « Soyez tranquille, vous n'y gagnerez rien, si c'est M. de Moutier[10] », et je le crois. Tâchez, d'après cet aveu, dépouillé d'artifice, d'employer votre crédit à nuire à celui de ce diplomatique personnage ; c'est, je vous assure, un des plus grands services que vous puissiez rendre à la machine politique et constitutionnelle[7]. J'ai bien peur que vos amis ne s'abusent sur leur patriotisme. Il est avec eux tant d'accommodements, que je ne saurais le croire incorruptible. Prenez garde qu'ils ne répondent à la Liste civile, comme la feue Reine : *Vous m'en direz tant ! ! ! !* [11]… Je crains toujours que des gens qui deviennent si sages ne soient payés pour l'être. La prudence n'est pas toujours une vertu bien pure…

Adieu, vous, qui n'en êtes guère plus capable que coupable. Écrivez-moi votre destinée, et qu'elle ne me soit pas si inconnue qu'elle me semble étrangère.

Donnez-moi le conseil absolu de rester ici ou de retourner à Paris; si j'y dois vivre en paix, malgré les bruits de guerre, je le préfère. Londres m'excède de fatigue et de tracasseries, depuis que Madame de Piennes y règne dans toute sa gloire et ses commérages. Au reste, cette nouvelle parvenue en fortune et en vertu n'a pas tellement la surabondance des deux, qu'elle ne reçoive de l'argent et n'ait un peu le duc de Bedford [12]. Lady Melbourne [13] l'a accoutumé à ne rien faire sans payer. Le pli est pris très heureusement *for the french duchess.*

1. *Lady Spencer.* — Lavinia, fille de lord Lucan, mariée en 1781 à lord Spencer, belle-sœur de la duchesse de Devonshire. Morte en 1831.

2. *Le Prince.* — Toutes les fois que la marquise de Coigny parle du *Prince* qui est en France, c'est le duc d'Orléans; mais quand elle parle du *Prince* qui est en Angleterre, sans autre désignation, il s'agit de Frédéric-Auguste, prince de Galles, fils du roi d'Angleterre, George III, auquel il succéda réellement avec le titre de régent, en 1811, lorsque son

père fut tombé en démence. Il ne monta sur le trône qu'en 1820, à la mort de George III.

Ce que Mme de Coigny appelle l'*Ancien Testament* du Prince nous paraît être l'histoire de sa jeunesse, de ses amours, de ses débauches, de ses prodigalités, et surtout de sa liaison avec mistriss Fitzherbert.

Le prince de Galles, né le 12 août 1762, était « doué, par la nature, de beaucoup d'esprit et des qualités physiques les plus avantageuses, dit la *Biographie des Contemporains*, de Rabbe et de Boisjolin. Il fit des progrès rapides dans les connaissances utiles et agréables et dans les exercices du corps. Il parvint, en peu temps, à parler en perfection, et avec élégance, les principales langues de l'Europe ; par ses manières séduisantes, il devint l'idole des femmes, et on le citait comme le jeune homme le plus aimable et le plus accompli du royaume. »

3. *Tous vos ennemis.*—Les ennemis de Lauzun étaient tous dans l'entourage de Marie-Antoinette et dans le parti de la Cour ; au reste, Lauzun avait rompu ouvertement avec la Cour, depuis que la reine s'était déclarée contre lui, en faisant nommer colonel des gardes françaises, en 1788, le duc du Châtelet, alors que la mort du duc de Gontaut-Biron, oncle de Lauzun, semblait avoir désigné son légitime successeur à ce grade de colonel. « Le roi, dit le duc de Lévis dans ses *Souvenirs et Portraits*, le roi, par considération pour son oncle (le maréchal de Biron), dont il honorait la mémoire, penchait en sa faveur, mais la reine était contre lui. Cette princesse n'aimait point M. de Biron (Lauzun). L'on disait, à la Cour, que cette aversion tenait à une aventure de bal masqué, où il y avait eu de la légèreté d'un côté et de l'indiscrétion de l'autre ; d'ailleurs, on sait qu'il était lié intimement avec M. le duc d'Orléans, brouillé lui-même avec la reine. Aversion personnelle à part, cette circonstance suffisait pour qu'elle s'opposât à la nomination de l'ami de son ennemi. »

4. *M. d'Orléans... demandant à être employé aux Antilles.*— Il est possible que le duc d'Orléans, en vue de quitter Paris et de ne plus paraître à l'Assemblée nationale, après le fatal

Voyage de Varennes (21 juin 1791), eût sollicité une mission diplomatique ou militaire, pour aller rétablir l'ordre dans la colonie de Saint-Domingue, où les événements de 1789 avaient produit une inquiétante agitation. « Oubliant le passé et négligeant même sa sûreté personnelle pour l'avenir, dit la *Galerie historique des Contemporains* (Bruxelles, 1819, t. VII), il a cherché plusieurs fois à se rapprocher du roi, mais ses avances, soit qu'il prît sur lui de les faire lui-même, soit qu'il en chargeât des ministres du roi, furent toujours repoussées, et ses ennemis élevaient de telles barrières contre ce rapprochement, que, chaque fois qu'il le tenta, il s'en trouva plus éloigné qu'auparavant. » Cependant, en l'hiver de 1791, le duc d'Orléans fut porté sur la liste des amiraux et envoyé à Lorient, pour faire le contrôle des équipages de la flotte.

5. Le *Logographe*. — Le *Journal des États généraux*, que Lehodey publiait, à Paris, dans le format in-8 depuis 1789, prit le titre de *Logographe*, le 4 janvier 1791, et fut imprimé dans les deux formats, in-8 et in-folio, jusqu'au 17 août 1792.

6. *Madame de Piennes*. — Charlotte de Rochechouart-Faudoas, mariée le 6 août 1781, à Louis-Marie-Céleste, titré duc de Piennes du vivant de son père le duc d'Aumont. Le duc de Piennes émigra, au mois d'avril 1791, et se rendit à Londres avec sa femme. Voyez les *Lettres* de H. Walpole, t. IX, p. 308. En 1814, à la mort de son père, le duc de Piennes prit le titre de duc d'Aumont. Voy. l'*Hist. généal. et hérald. des Pairs de France*, par de Courcelles, à l'article d'AUMONT.

7. *Barthélemy Breteuil*. — François Barthélemy, né en 1747, mort en 1830; neveu de l'abbé Barthélemy, auteur du *Voyage du jeune Anacharsis*, il débuta dans la carrière dramatique sous les ordres de M. de Breteuil. Nommé ministre plénipotentiaire à Londres, par intérim, après la mort de M. de La Luzerne. De Londres, il passa en Suisse, comme ministre de France; il s'y montra bienveillant pour les émigrés français et ferma les yeux sur les intrigues politiques de plusieurs d'entre eux.

8. *Le prince de Carency*. — Paul-Maximilien-Casimir de

Stuer de Caussade de La Vauguyon, prince de Carency, né
le 28 juin 1768, mort en 1824, dans une maison d'aliénés.
Il avait suivi son père, le duc de La Vauguyon, dans l'émigration, dès le mois de juillet 1789 : il alla d'abord en Espagne,
puis en Angleterre, puis en Allemagne, et fut partout mêlé
aux menées et aux intrigues des royalistes, qu'il trahit de la
manière la plus indigne, en venant livrer leurs secrets au Directoire. Il mourut dans la misère et l'abjection. Il était beau-
frère du duc de Richelieu, par son mariage avec Mlle de
Rochechouart-Faudoas.

9. Phrase incorrecte et amphibologique qui laisse difficilement comprendre qu'il est question du rappel de Barthélemy.

10. *M. de Moustier.* — Le comte, puis marquis de Moustier,
né en 1757, mort en 1817. Connu par ses principes monar-
chiques et la fermeté de son caractère. Au mois de septembre
1791, lorsqu'il était ambassadeur à Berlin, Louis XVI l'appela
à Paris pour lui proposer le portefeuille des affaires étrangères. Aussitôt il se forma à la Cour une cabale pour l'empêcher d'entrer dans le ministère : on représenta au roi que
M. de Moustier ayant la réputation d'un violent aristocrate,
sa nomination produirait le plus mauvais effet sur l'Assemblée,
et, au lieu du ministère des affaires étrangères, M. de Moustier n'eut que l'ambassade de Constantinople. Voyez les *Mémoires* de Bertrand de Molleville (texte anglais). *Londres*, 1797,
t. I, p. 231 et suiv.

11. « *Vous m'en direz tant !* » — C'est une allusion évi-
dente à un mot célèbre, que la distraction ou toute autre
préoccupation avait fait sortir de la bouche de Marie-Antoinette, et non pas de celle de la feue reine Marie-Leczinska.
Voici l'anecdote, très connue, dont nous serions en peine
d'indiquer la source. Un jour, à la Cour de Versailles, quelques
jeunes femmes s'entretenaient du scandale du jour : une très
grande dame avait fait bon marché de ses faveurs, moyennant
une somme de 50,000 francs : « Cinquante mille francs ! dit
la reine. Fi donc ! C'est impossible. — On n'est pas d'accord
sur le chiffre, repartit le comte d'Artois, qui était là. Ce serait

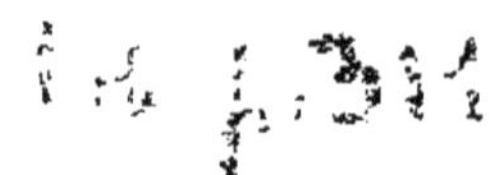

plutôt cent mille francs. — N'importe ! répliqua Marie-Antoinette, c'est une horreur ! — Nous sommes tous du même avis, dit en riant le comte d'Artois. Mais, si l'on avait offert à cette belle dame cinq cent mille livres? — Il n'y a qu'un prince qui pourrait faire une offre pareille ! murmura la reine, en réfléchissant. — Prince ou manant, c'est tout un, dit le prince : il n'y a que la somme qui compte. Ainsi, je sais bien des honnêtes femmes qui ne résisteraient pas au million. — Ah ! vous m'en direz tant ! » répondit Marie-Antoinette.

12. *Le duc de Bedford.* — Francis Russel, duc de Bedford, né en 1765, mort sans alliance en 1802, appartenait à une famille whig ; libéral avancé et partisan de la Révolution française, un des hommes les plus populaires de l'Angleterre, très regretté, lorsqu'une mort prématurée l'enleva à son pays. Ses titres et son immense fortune passèrent à son frère cadet.

13. *Lady Melbourne.* — Elisabeth Milbanke, mariée, en 1769, à Sir Peniston Lamb, créé vicomte de Melbourne en 1761. Elle est morte en 1818.

II

Ce 1er (août 1791).

Votre lettre a pris le chemin de Londres, tout aussi directement qu’elle a trouvé le chemin de mon cœur. Elle m’est arrivée, avec toute la promptitude, non pas d’une réponse, mais d’une repartie. Je vous en remercie, comme du plus grand plaisir que je puisse éprouver ici. Si vous saviez combien ma vie y est désintéressée, vous jugeriez aussi le charme que votre souvenir peut apporter dans ma journée. C’est du bonheur tout pur, pour mon esprit et pour mon cœur, et l’un et l’autre en jouissent bien peu depuis longtemps.

Le prince de Tarente[1], qui ne parle pas plus à l’un qu’à l’autre, m’excède de son *désœuvrement*[2]; ne prétendant plus à me faire vivre d’amour, je crois qu’il veut me faire mourir d’ennui, et je suis effrayée de la prodigieuse facilité qu’il y trouve.

Madame de Piennes, qui est revenue tout exprès pour le seconder dans cette louable entreprise, le fait valoir, à mes dépens, d’une manière tout à fait onéreuse pour mon amour-propre. Elle prétend que je suis l’objet de son voyage, et que lady Asgill[3] n’en est que le prétexte. Elle raconte ou plutôt improvise sans cesse mille bêtises que j'aurais honte de retenir; enfin, elle me devient si insupportable, qu'elle finira par me chasser d'Angleterre si elle y reste.

Vous pensez bien que je n'en partirai que pour retourner en France. Tant de choses m'y appellent, qu'il est bien juste qu'il y en ait une qui m'y ramène.

Mais dites-moi donc, avant de m'y laisser entraîner, où en est la Maison du Roi[4]. On affirme ici que Sa Majesté n'attend que sa composition pour faire la fugue qu'il a essayée jusqu'à présent infructueusement[5]. Ne prenez pas ce bruit pour une imposture; j'ose vous assurer qu'il arrive de très bonne part, et qu'il m'a été confirmé par une naïve indiscrétion du prince L...[6], plus probante que vous ne pensez. J'ajouterai que les choix des différents officiers de cette Maison peuvent bien servir de témoignage à ces soupçons. En vérité, ils seraient dictés par le cabinet de Coblentz, qu'ils ne seraient pas différents.

Je ne crois pas, quoi que vous en disiez, que le nouveau parjure de Louis XVI lui enlevât un de ses partisans. Ils se vantent d'avoir abjuré la religion du serment, depuis que nous en avons pris la mode, et manquer à leur foi me paraît la vertu, comme le principe, de leurs espérances.

Adieu, donnez-moi celle de vous revoir, dussiez-vous même la tromper. J'aime l'illusion; la réalité m'y attache chaque jour davantage.

Le duc de Queensbury[7] est amoureux de Madame de Gand[8] : elle s'en divertit. Vous conviendrez qu'il faudra bien qu'elle fasse tous les frais de son plaisir, et qu'elle se paye, comme on dit vulgairement, par ses mains.

J'ai risqué une lettre à Zilia⁹, pour la dégoûter de ses succès aristocratiques. Je l'assure, avec raison, que ce n'est pas le Pérou d'en avoir de la sorte.

1. *Le prince de Tarente.* — Fils de Jean-Bretagne, duc de La Trémoille, et de Marie-Maximilienne, princesse de Salm-Kybourg, né en 1764, mort en 1839. Il ne prit le titre de duc de La Trémoille, qu'après la mort de son père. Il avait épousé, en 1781, Louise-Emmanuelle de Châtillon, née en 1763, morte en 1814, à Saint-Pétersbourg. Elle avait été dame du palais de Marie-Antoinette. Le prince de Tarente alla se mettre à la tête du corps des hussards de Salm, levés aux frais de son oncle, le prince de Salm, et fit avec eux la campagne de 1792. Il prit part aux guerres de la Révolution et combattit partout contre les armées de la République. Il ne rentra en France qu'à la Restauration, en 1814, et fut nommé, par Louis XVIII, lieutenant général et pair de France. Son frère, le prince de Talmont, avait été condamné à mort et exécuté, en Vendée, le 26 janvier 1794.

2. *Son désœuvrement.* — Après ce mot, qui paraît surchargé et qui en couvre un autre, la marquise de Coigny avait écrit cette phrase, qu'elle a effacée : *Ne pouvant m'importuner de ses soins.*

3. C'est la mère ou la femme de sir Charles Asgill, écuyer du duc d'York. Le capitaine Asgill, fils unique de lady Asgill, avait acquis une notoriété intéressante, par suite d'un épisode dramatique de sa vie militaire. Dans la guerre d'Amérique, il fut fait prisonnier, au siège de la ville d'York-Town, et désigné par le sort pour être mis à mort, à titre de représailles. Ce fut sa mère qui réclama l'intervention de M. de Vergennes, ministre de Louis XVI, et le Congrès américain accorda la grâce d'Asgill, sur les instances du Gou-

vernement français. La correspondance de Vergennes et de Washington, à ce sujet, est imprimée dans l'*Annual Register* pour l'année 1783. Sir Ch. Asgill, de retour en Angleterre, avait épousé, au mois d'août 1790, miss Jemica-Sophia Ogle, fille de sir Chalmer Ogle, amiral. Quant à lady Asgill, douairière, qui était, plus que sa belle-fille, en rapport d'âge avec la marquise de Coigny, et que ses heureuses démarches en faveur de son fils, prisonnier et condamné à mort, avaient rendue célèbre, elle ne mourut qu'en 1816. Son fils étant né en 1763, elle devait avoir, en 1791, quarante-trois ou quarante-quatre ans; on peut s'étonner qu'à pareil âge, elle ait été l'objet des attentions du prince de Tarente, et l'on croit volontiers que ce fut sa belle-fille dont le prince était épris. Dans tous les cas, Lauzun se trouvait en Amérique, à l'époque où Charles Asgill avait failli être victime des hasards de la guerre de l'Indépendance, et ce motif seul suffisait pour rapprocher Mme de Coigny des deux ladies Asgill.

4. *La Maison du Roi.* — La Garde constitutionnelle du roi ne fut établie que le 2 mars 1792, en remplacement des gardes du corps, licenciés après le retour du roi à Paris, à la suite de la fuite de Varennes. Cette garde prit son service le 16 mars suivant et fut licenciée le 16 mai. Son commandant était M. de Cossé-Brissac.

5. *La fugue qu'il (le roi) a essayée.* — La fuite du roi et de la famille royale eut lieu le 21 juin 1791, et amena leur arrestation à Varennes. Depuis leur retour à Paris, cette malheureuse tentative de fuite avait été suivie de plusieurs complots du même genre, qui échouèrent, sans avoir eu un commencement d'exécution.

6. *Le prince L.....* — Ce doit être le prince de Léon, Alexandre-Louis-Auguste de Rohan-Chabot (né en 1761, mort en 1816), qui porta jusqu'en 1814 le titre de prince de Léon et plus tard celui de duc de Rohan. Émigré en 1791, maréchal de camp en 1795. En 1814, compris dans la formation de la Chambre des pairs. Il ne faut pas confondre les Rohan-Chabot avec les Rohan Montbazon-Guéménée ; ce sont deux familles distinctes.

7. *Le duc de Queensbury.* — Né en 1725, mort, célibataire, en 1810. C'était un des grands amis du prince de Galles (George IV).

8. *Madame de Gand.* — C'est, à coup sûr, l'une des deux belles-sœurs qui avaient épousé les deux frères, le comte et le vicomte de Gand :

Charlotte-Henriette de Vogüé, mariée le 7 mai 1781, à Guillaume-Louis-Camille, comte de Gand, né en 1757, créé pair de France en 1815, mort en 1817, avec le grade de lieutenant général honoraire.

Marie-Joséphine-Félicité de La Rochefoucauld-Bayers, mariée, le 26 avril 1785, à Charles-François-Gabriel, vicomte de Gand, né en 1752, mort en 1818, gentilhomme d'honneur de Monsieur le comte d'Artois, depuis Charles X.

La famille de Gand était d'origine flamande.

Horace Walpole raconte une anecdote qui s'applique à l'une ou à l'autre dame de Gand : « Par une de ces chaudes soirées, Mme de Gand, la passion du duc de Queensbury, avait fait faire du feu et était assise, le dos tourné à la cheminée, littéralement dans la cheminée : « Je vois, dit lord William Gordon, que le Duc aime les viandes bien cuites. » Voy. Lettre d'Horace Walpole, du 18 août 1792, au tome IX de ses *Lettres* (en anglais), p. 383.

9. *Zilia.* — C'est incontestablement Aimée de Coigny, duchesse de Fleury, qui avait pris ce nom de guerre dans les *Lettres d'une Péruvienne*, de Mme de Graffigny, où Zilia, « la fille du Soleil », est amoureuse du chevalier Deterville, que la romanesque duchesse de Fleury assimilait à Lauzun. Voy., dans notre Appendice, la 3e lettre de Nigretta, qui se donne elle-même le nom de *Fille du Soleil*. Il paraîtrait, d'après cette correspondance de Nigretta (lettres 1re et 4e), que Lauzun l'avait surnommée *la Lune*, peut-être à cause de son caractère changeant et capricieux.

III

Ce 1er septembre (1791).

Voici cette grande affaire dont j'ai promis de vous parler. Écoutez-la avec attention, et promettez-moi de la servir avec intérêt.

Vous saurez que les ministres de l'Empereur, de l'Espagne, etc., voient ici les duchesses de Glocester et de Cumberland[1]; que la dernière est aussi bien née que la moitié des princesses d'Allemagne que les princes épousent, et qu'en Angleterre, elle a une maison et une considération personnelle, qui la font également estimer et aimer. « Qu'est-ce que tout cela me fait? » dites-vous. Je vous entends d'ici, et aussi je vais vous y répondre : Cela fait que vous devez tâcher de persuader au ministre des affaires étrangères[2] que la France, étant une puissance plus libre, ne doit pas, pour cela, être plus fière, et qu'il est convenable que son représentant soit ici, pour les frères du Roi[3], ce que sont ceux de tous les autres souverains.

Je suis d'autant plus attachée au succès de cette petite négociation, qu'il vous fera fort aimer dans ce pays et impatientera excessivement la Reine[4] dans le nôtre. C'est elle, qui, de sa suprême autorité, a fait dire à M. de La Luzerne[5], il y a deux ans, qu'il

eût à *ne pas visiter ces deux femmes;* sa morgue allemande ne soutient pas l'idée de sanctionner un mariage qui n'est pas dans les règles de tous les chapitres,
et puis, elle ne pardonne pas à la duchesse de Cumberland, surtout, d'avoir témoigné une propension
remarquable pour la Révolution. C'est au point, à ce
que me disait sa sœur [6] hier, qu'elle a fait écrire aux
Français, à Aix-la-Chapelle, d'éviter de lui faire la
moindre politesse, sa démocratie reconnue la rendant
indigne de leurs hommages.

Vraiment, cette Marie-Antoinette est trop insolente
et trop vindicative pour ne pas prendre plaisir à la
remettre à sa place, en l'ôtant de celle du Roi qu'elle
voudrait usurper [7]. C'est un vrai service à rendre à la
France, que de vous demander, comme bon patriote,
de ne pas vous y refuser. J'observerai aussi, pour la
chose même, de quel ridicule il serait que nous en-
voyassions ici un ambassadeur, comme M. Barthélemy [8], et puis, que nous ne trouvassions pas les
princesses de Glocester et de Cumberland dignes de
l'honneur de sa visite; et enfin, qu'il serait absurde
que, renversant tous les préjugés pour établir l'égalité
parmi nous, nous vinssions, chez les autres, choquer
toutes les convenances pour soutenir une distinction,
rejetée parmi eux. Mandez-moi, aussitôt que vous
aurez reçu cette missive ou mission, ce que vous pensez
de son résultat, et si vous croyez qu'il tournera à la
plus grande gloire et satisfaction de mes duchesses.

Je voudrais bien que la poste aujourd'hui ne tournât
pas à mon plus grand regret, et que, comme la der-

mière fois, elle n'arrivât pas sans m'apporter des lettres de vous. Je ne puis m'accoutumer à passer sans bonheur le seul jour que je ne vois pas venir sans intérêt.

Mes projets de voyage sont encore dérangés : Fanny 9 a eu deux accès de fièvre, qui m'ont obligée à les retarder, et j'ignore à présent dans quel moment je les placerai. Londres commence à devenir difficile à quitter, pour moi. On y est si aimable, et on m'y croit si à la mode, que je ne sais trop comment m'arracher aux désirs qu'on témoigne de me retenir. Lady Jersey 10, surtout, m'aimant avec une préférence qui prétend à l'exclusion, ne me permet pas l'idée de m'éloigner d'elle pour me rapprocher d'une autre. Elle est d'une jalousie que sa grâce seule surpasse. Ne croyez pas, pour cela, je vous en prie, notre liaison *péruvienne*. Je vous assure qu'elle n'a rien de semblable avec celle de Zilia, et que l'amour-propre y tient ici lieu et y fait tous les frais de l'amour 11.

Dites-moi, je vous prie, ce qui fait ceux de votre journée; de quelle sorte de choses elle est, sinon remplie, du moins occupée. Je voudrais deviner votre vie, quand je n'y entre pour rien; j'avoue que je ne la connais pas plus que la mienne, et que j'espère que vous ne l'aimez pas mieux.

Est-il vrai qu'une campagne de Flandre 12 va s'y trouver; que vous êtes parti, au moment où cette lettre arrivera ? La duchesse 13 le mande à lady Jersey, en ajoutant qu'elle a été charmée de vous revoir. Madame de Fitzherbert 14 n'est pas encore en ville, ce qui fait que je n'ai pu risquer les tentatives dont vous me chargiez pour son Prince [15]. *About* le vôtre [16], que devient ce dernier? Quelle manière a-t-il prise dans la société? Je la trouve si anglaise, que je pense qu'elle pourrait lui convenir assez.

Nous disons ici que jamais Paris n'a été plus brillant en étrangers et plus rassurant par sa tranquillité. Dieu l'y maintienne! Voilà le vœu de mon cœur, encore plus que son espoir.

Où en sont les intentions hostiles des Princes [17]? Est-ce pour leur faire rebrousser chemin qu'on vous mit sur le leur? Adieu. Mandez-moi tout de suite ce que vous devenez, pour que je sache aussi ce que je fais. Je ne veux pas revenir à Paris avant vous. C'est décidé dans ma tête, *de par mon cœur.*

Les nouvelles de l'Inde affligent beaucoup l'Opposition [18] et consternent le ministère. Il y a eu là bien de l'argent et du sang répandus infructueusement. On croit à la paix.

Mon *pierrot* [19] n'est pas arrivé, ce qui m'attriste beaucoup, parce que mes succès tiennent plus à mon Élégance qu'à mon Excellence.

Que devient l'abbé de Saint-Far [20]? Vit-il beaucoup avec M. d'Orléans? Je l'espère pour lui. Quoi que disent ces Piennes, il y a tout à gagner.

1. *Les duchesses de Glocester et de Cumberland.* — Le duc de Glocester (mort en 1805), frère cadet du roi George III d'Angleterre, était marié à une fille naturelle de sir Edward Walpole, lequel était un fils du célèbre premier ministre

d'Angleterre, Robert Walpole. La fille naturelle de sir Edward Walpole, née en 1739, était déjà veuve de lord Waldegrave, mort en 1763, lorsqu'elle épousa, en 1766, le duc de Glocester.

Le duc de Cumberland (mort en 1790), autre frère cadet de George III, avait épousé en 1771 Anne Luttrell, fille de lord Carhampton et veuve de Christophe Horton, son premier mari.

2. *Le ministre des affaires étrangères.* — Le comte de Montmorin, ministre des affaires étrangères, du 14 février 1787 au 20 novembre 1791.

3. *Les frères du Roi.* — Les ducs de Glocester et de Cumberland, frères du roi George III.

4. *La Reine.* — Marie-Antoinette, contre laquelle la marquise de Coigny manifeste plus d'une fois sa haine et son ressentiment.

5. *M. de La Luzerne.* — Anne-César de La Luzerne, né en 1741, portait le titre de comte. Il était parent du marquis de La Luzerne, ministre de la marine au commencement de la Révolution. Nommé ambassadeur de France à Londres, au mois de janvier 1788, il avait prêté, en janvier 1791, le serment constitutionnel exigé des ambassadeurs de France, mais il donna sa démission peu de temps après, et resta cependant en Angleterre, jusqu'à sa mort arrivée le 19 septembre 1792. Le marquis de Chauvelin, qui lui succéda comme ambassadeur, fut envoyé à Londres, au mois d'avril 1792.

6. *Sa sœur* (la sœur de la duchesse de Cumberland). — Simon Luttrell, créé en 1785 comte de Carhampton, a eu deux fils et deux filles : l'aînée, Anne Luttrell, devenue veuve de Christophe Horton, a épousé le duc de Cumberland, frère de George III, et la cadette, Lucie Luttrell, a été la femme du capitaine Moriarty.

7. *Elle voudrait usurper la place du Roi.* — Il n'est pas sans intérêt de remarquer ici que l'impératrice Marie-Thérèse, tout en recommandant à sa fille Marie-Antoinette, dans les lettres qu'elle lui adressait, et qui ont été publiées par Arneth, une soumission complète à son mari, ne prêchait pas d'exem-

ples, car elle avait tenu son propre époux, François Ier, dans une complète dépendance et à l'écart des affaires de l'État. Toutes les filles de Marie-Thérèse, — Christine à Bruxelles, Caroline à Naples, Amélie à Parme, — gouvernaient despotiquement, à l'instar de leur mère, leurs maris respectifs. N'était-il pas naturel que Marie-Antoinette voulût en agir de même à l'égard du pauvre Louis XVI? Elle faisait et défaisait les ministres, se mêlait de toutes les intrigues, et n'a pas peu contribué, par la supériorité qu'elle s'arrogeait sur son mari et dont elle faisait parade, à discréditer le Roi et la royauté en France.

8. *M. Barthélemy.* —Voy., sur cet ambassadeur, la note 8 de la lettre I.

9. *Fanny.* — Fille de la marquise de Coigny. Voy. la note 3 de la lettre XII.

10. *Lady Jersey.* — Frances Twisden, fille unique d'un évêque irlandais, mariée, en 1770, à lord George Villers, devenu en 1769, à la mort de son père, lord Jersey ; morte en 1821. Quelques années après la date des Lettres de la marquise de Coigny, lady Jersey, qui était alors âgée de quarante ans et qui avait donné dix enfants à son mari, fixa l'attention du prince de Galles. Celui-ci, selon ses propres expressions, aimait les femmes de quarante ans, grasses et belles (*fat, fair and fourty*). Cette liaison n'échappa point à la malignité publique et fournit à Gillray le sujet de plusieurs caricatures. (*Tho. Wright. The Works of J. Gillray*, London, sans date, in-4, p. 207-209.)

11. *Liaison péruvienne.* — Dans les *Lettres d'une Péruvienne*, de Mme de Graffigny, il n'y a rien qui donne à penser que la touchante liaison de *Zilia* et de *Céline*, que l'auteur a mise en scène dans ce roman, puisse être l'objet d'une interprétation maligne et déplacée. Mais il est permis de supposer que la marquise de Coigny, qui n'était pas trop portée à l'indulgence pour la duchesse de Fleury, faisait ici allusion à une calomnie malhonnête, que Zilia, « la fille du Soleil, » avait peut-être attirée sur elle par la légèreté de sa conduite, ou par quelque imprudente intimité avec quelque Sapho italienne,

car elle était alors à Naples. Voyez, dans l'Appendice, ses
Lettres à Lauzun.

12. *Une campagne de Flandre.* — Cette campagne n'eut
lieu qu'en 1792, mais, le 21 juin 1791, Lauzun avait été envoyé,
comme commissaire de l'Assemblée nationale, dans les départe-
tements des Ardennes, de la Meuse et de la Moselle, puis
ensuite, chargé de remplir une mission militaire dans le département du Nord.

13. *La duchesse.* — La duchesse de Dorset, femme de
l'ambassadeur d'Angleterre à Paris.

14. *Madame Fitzherbert.* — Marie-Anne Smythe, d'une
famille irlandaise et catholique, née en 1756 ; mariée d'abord
en 1775, à Edward Weld, mort dans la même année ; puis,
en secondes noces, en 1778, à Thomas Fitzherbert, mort en
1781. Elle épousa secrètement, en 1786, le prince de Galles,
depuis George IV. Ce dernier mariage n'a jamais été reconnu
et n'empêcha pas le prince de Galles de se marier, en 1795,
à la princesse Caroline de Brunswick. Mme Fitzherbert est
morte en 1837.

15. *Son prince.* — Le prince de Galles, qu'on disait marié
secrètement à Miss Fitzherbert.

16. *Votre Prince.* — Le duc d'Orléans, qui, dans ce moment-là, se tenait à l'écart et ne prenait aucun rôle politique.

17. *Les Princes.* — Les Princes du sang, frères de Louis XVI,
avaient établi une Cour et une sorte de Gouvernement royaliste dans la ville de Coblentz, où ils recrutaient une
armée ou plutôt un corps de troupes, composé surtout d'émigrés français, qui devaient entrer en France avec l'armée prussienne.

18. *Les nouvelles de l'Inde affligent, etc... On croit à la paix.*
— Au mois de juillet 1791, on avait reçu, à Londres, la nouvelle que Tippo-Sahib, avec lequel la Compagnie des Indes
était en guerre, venait de porter la terreur jusqu'aux portes
de Madras, et qu'il avait intercepté les convois destinés à
l'armée anglaise.

Quant à la nouvelle de la paix, elle se rapporte aux relations
très tendues qui existaient alors entre l'Angleterre et la Russie.

L'Angleterre exigeait que la Russie, après une guerre heureuse avec la Turquie, renonçât aux conquêtes qu'elle avait
faites et principalement à la forteresse d'Oczakow, et elle avait
fait, dans ses ports, de grands armements : la guerre entre les
deux pays paraissait imminente. La réponse ferme de Catherine II et les attaques de l'Opposition, conduite par Fox, obli-
gèrent Pitt à battre en retraite. C'est à cette occasion que
Catherine II fit demander à Fox son buste, pour le placer
dans la colonnade du palais de Tsarskoé-Sélo. Le billet original par lequel elle demandait ce buste se conserve encore à
Londres, à Holland-house. Voy. *Holland-house*, by Princess
Marie Lichtenstein : *London*, 1874, II, 120.

19. *Pierrot.* — Corsage dont le dos était terminé par deux
petits pans relevés. Nous trouvons justement dans les Mémoires d'*Illyrine* (Paris, an VIII, 3 vol. in-8, t. III, p. 110),
écrits par Suzanne Giroust de Morency, qui fut, pendant
vingt-quatre heures, en 1792, le caprice de Lauzun, à son
quartier général de l'armée du Nord, la description d'une
toilette où figure le pierrot à la mode : « Je passe un pierrot
de linon garni de rubans tricolores, une ceinture de même,
un petit chapeau sur le côté; je sors, ma petite badine à la
main... »

20. *L'abbé de Saint-Far.* — Plutôt Saint-Phar, fils naturel de Louis-Philippe, duc d'Orléans, père de Philippe-
Égalité. On lit dans les *Mémoires de la baronne d'Oberkirch*
(revus et remaniés par la comtesse Dash, d'après le manuscrit
autographe appartenant au comte de Montbrison), chap. xxx :
« Les abbés de Saint-Phar et de Saint-Albin, ainsi que
Mme de Lambert, leur sœur, étaient des enfants naturels du
duc d'Orléans et d'une actrice nommée Mlle Marquise, et
devenue plus tard Mme de Villemomble. Le duc d'Orléans
leur a laissé, en mourant, une belle existence. »

IV

(18 octobre 1791 ?).

VRAIMENT, entre les nouvelles des gazettes, les conseils de l'amitié, les avis de parents, les lésineries du ménage, je ne sais quel parti prendre ni quoi devenir. Rester ici serait commode, mais comment le pouvoir, avec aucun moyen d'y vivre? Retourner à Paris serait sage, mais comment l'oser, avec tant de raisons d'y trembler ? D'honneur, d'honneur, je ne sais que faire, et je crois que, ni plus ni moins que le Roi, je vais jouer mon avenir à tête ou couronne ; peut-être le hasard me conduira-t-il mieux que la prudence. En attendant, celle-ci inspirant à M. de C. [1] la plus rigoureuse économie, je languis ici dans la plus cruelle détresse ; condamnée à vivre d'emprunts et à mendier l'obligeance de chacun, je ne vois de ressources, pour acquitter leurs secours, que celle de mettre en gage mes diamants.

Vraiment, c'est sévère à penser, quand on se sent destiné à avoir si prochainement cent mille écus de rente, et qu'on se trouve à côté d'une Madame de Piennes, qui n'en aura jamais deux, et qui vit le plus honorablement possible !

En attendant que, pour ne pas être arrêtée ici, je

prenne le parti de la fuite, dans deux jours je vais m'établir, pour quinze, chez lady John [2]. J'y verrai le prince de Galles, et j'espère le ramener un peu sur le compte de votre prince d'Orléans. Imaginez qu'il a fait ôter son portrait de sa chambre, il y a trois jours... J'en suis indignée contre lui, d'autant plus que c'est aux conseils d'une autre que je m'en prends.

Quels sont ceux qui ont dicté au Roi sa démarche sur les émigrants [3] ? En vérité, si elle est telle qu'on me l'a dite, je crois que c'est mon bon ange, ou plutôt celui de la France. Mandez-moi, je vous en prie, ce que vous en pensez, non pas dans la bonté de votre cœur, mais dans sa sincérité. Je suis charmée de ce que vous me dites dans sa sensibilité. Vraiment, il est aimable comme votre esprit, et vous avez l'air de m'aimer pour mon plaisir, quand vous ne le pouvez pour mon bonheur. De grâce, continuez à me prodiguer vos lettres, et croyez qu'elles vous assurent ma reconnaissance, dussiez-vous même en exiger la quittance.

Votre réflexion sur la visite de B. [4] m'a fait mourir de rire. Mon Dieu! que vous êtes drôle avec votre proverbe : *La vue n'en coûte rien.*

Qu'est devenu un *pierrot* [5] de Mademoiselle Omont [6], que vous m'aviez annoncé, avec une canne [7] ? Je ne les ai jamais vus ni aperçus.

1. *M. de C.* — C'est le marquis de Coigny.
2. *Lady John.* — Georgina-Elizabeth Byng, première femme de lord John Russel, qui l'avait épousée en 1786.

Elle mourut en 1801. Lord Russel, devenu duc de Bedford, après le décès de son frère mort sans alliance, se remaria, en 1803, avec une fille du duc de Gordon. (Voir la note 11 de la lettre III.)

3. *Démarche du Roi sur les émigrants.* — Proclamation de Louis XVI, du 14 octobre 1791, adressée aux émigrés, pour les convaincre de sa parfaite adhésion à l'Acte constitutionnel et les engager à s'y rallier. Le 12 novembre de la même année, Louis XVI leur adressa une nouvelle proclamation, pour les inviter à rentrer en France.

4. *La visite de B.* — Ce serait M. de Breteuil, s'il était venu en Angleterre, mais il ne paraît pas avoir quitté l'Allemagne, où il négociait personnellement au nom de Louis XVI et contrecarrait les menées des Princes, auprès des différents souverains des pays allemands.

5. *Un pierrot.* — Voir la note 19 de la lettre III.

6. *Mademoiselle Omont.* — C'était certainement une des bonnes faiseuses de la mode, à Paris, lingère ou couturière.

7. *Une canne.* — La canne, qui avait joué de tout temps un rôle imposant dans le costume, surtout à l'époque de la Fronde et pendant tout le XVIIIᵉ siècle, ne fut abandonnée, comme un symbole de l'aristocratie, que lorsque la Révolution de 1789 eut démocratisé le mot; seulement la canne, que tenaient à la main les femmes du grand monde, diminua de grosseur et de longueur: on laissa aux douairières de l'ancien régime ces grandes cannes à bec à corbin, qui leur servaient de contenance plutôt que d'appui. Les dames anglaises du grand monde portèrent des cannes, à la promenade, jusqu'à la fin du siècle. Mᵐᵉ de Coigny, malgré ses opinions démocratiques, ne pouvait se dispenser, en Angleterre, de suivre les modes de l'aristocratie anglaise.

V

London, le 31 (décembre 1791?).

JE ne veux pas finir l'année, sans vous dire combien je regrette de la commencer sans vous. Ce mauvais début me donne de noirs pressentiments sur sa durée : j'y crains des dangers et j'y vois une absence à perte de vue. Ah ! quelle triste perspective que celle d'un avenir qui recule sans cesse, et que l'usage en donne bien peu l'habitude !

Je vous jure, et vous me croirez si vous voulez, car c'est seulement pour penser tout haut que je le dis ; mais je vous jure, en vérité, que quatre heures n'ont pas encore frappé mes oreilles, sans me donner un serrement de cœur. Si rarement ce moment de ma journée se passait sans vous ! Vous me plaisiez, vous m'intéressiez et vous m'amusiez tant, même avec ceux qui m'ennuyaient et m'impatientaient le plus ! Ah ! comment la peur ¹ a-t-elle pu l'emporter en mon âme sur tant d'impressions douces et sensibles ! Comment l'idée d'un danger possible m'a-t-elle fait renoncer à tant de biens certains ! Plus j'y pense, et moins je me l'excuse et me l'explique à moi-même. Je crois sincèrement que la fatalité s'en est mêlée et m'a fait une prudence de circonstance, comme une destinée d'occasion.

Dieu sait combien elle se prolongera ! Quant à moi, je ne m'en doute pas. Les nuages qui couvrent ma destinée s'épaississent, à mesure qu'ils s'approchent, et je vis dans un vilain brouillard, qui m'attriste où je suis, sans me laisser voir où je vais.

Adieu. Je monte en voiture pour aller chez lady John Russel [2], car la fille de lady Jersey est tout à fait bien, et moi tout à fait ennuyée de la monotonie de la vie de Londres. J'ai besoin de mouvement et de distraction pour me tenir lieu d'intérêt et d'activité.

Adressez toujours vos lettres à lady Jersey, et écrivez-moi le plus longuement que vous pourrez sur les choses et les personnes. Vous êtes mes mémoires et mes gazettes. Je ne crois qu'à vos découvertes et à vos opinions.

1. *La peur.* — Mme de Coigny avoue ici que c'est la *peur* qui l'avait décidée à quitter Paris et à émigrer en Angleterre, vers le milieu de l'année 1791. Mais nous ne savons pas bien quels événements avaient pu lui causer cette *peur*. N'est-ce pas à la suite du malheureux Voyage de Varennes (21 juin), que des dames de la Cour furent gravement insultées dans le jardin des Tuileries ? La marquise aurait-elle été victime d'une insulte de ce genre ? Le prince de Ligne lui écrivit, à ce sujet, la lettre que nous avons reproduite à la page 40 de notre notice sur la marquise de Coigny. Voy. aussi, à la page 41, le récit de la mésaventure de Mme de Coigny, le 22 juin, au Carrousel.

2. *Lady John Russel.* — Voy. la note 2 de la lettre IV.

VI

(Fin janvier 1792 ?)

QU'EST-CE que c'est donc que cette nouvelle qui se répand dans le monde et que les gazettes semblent confirmer [1] ? J'en suis d'une inquiétude et d'une rage que vous pouvez bien vous figurer, mais que je vous défie de vous exagérer. Je suis sûre, si elle est vraie, qu'elle vient directement de Paris ; qu'on a été charmé de trouver cette manière d'abord de vous embarrasser, puis, surtout, d'avoir l'espoir de se débarrasser de vous pendant quelque temps. Je vous en prie, je vous en conjure, écrivez-moi promptement et positivement ce qui en est et ce qu'on peut faire pour vous dans vos circonstances.

Je connais plusieurs amis de Pitt [2], tels que MM. Ryder [3], Éliot [4], et je sais que ce dernier s'emploierait de son mieux, avec bonheur et intelligence, à vous être utile.

Ne pourriez-vous pas aussi détacher un courrier à Monsieur d'Orléans ? Il me semble que ce petit service qu'il pourrait vous rendre en cette occasion ne serait pas la quittance de ceux que vous lui avez rendus lorsqu'il était en Angleterre.

Que fait l'Év.... [5] ? J'avais bien envie de le voir pour

lui donner des conseils ou des remords sur sa conduite. Mandez-moi si vous pensez qu'il pourrait donner un peu d'activité à sa paresse naturelle, et si vous avez à vous en plaindre.

En tout, écrivez-moi tout de suite, dans le plus grand détail, ce qui vous arrive et comment cela vous est arrivé.

J'espère, si la somme n'est pas trop exorbitante, que vous vous souviendrez que j'ai ici quelques diamants, qui seront en gage, en vente, en caution, quand et comme il vous plaira, si vous en avez besoin.

Comment ne m'avez-vous pas écrit aussitôt l'événement arrivé? En vérité, mon tendre intérêt me donnait bien quelque droit à ne pas l'apprendre par des indifférents.

Je tremble qu'une émigration de vos dettes [6] ne survienne ici et que, si vous tardez pour l'acquittement de celles-ci, vous ne soyez retenu, détenu longtemps par les autres. Calculez tout ce que peut et doit inventer la méchanceté la plus noire et la plus active : probablement, vous serez en reste avec tout ce qu'ils imagineront là-bas.

Adieu. J'attends une réponse de vous, et je vous renouvelle mes instances pour l'obtenir.

Voyez-vous du monde et vous souciez-vous qu'on aille où vous êtes [7]?

Qu'avez-vous fait de Mademoiselle Laurent [8]?

1. *Cette nouvelle qui se répand.* — Au mois de janvier 1792, Talleyrand et Lauzun furent envoyés à Londres, par les mi-

nistres de Louis XVI, mais sans caractère officiel, pour proposer au Gouvernement anglais une alliance nationale, en opposition au pacte de famille, que les partisans de la Cour de France cherchaient à former sur le continent. Mais la mission secrète des deux agents du parti de la Révolution, rencontra des obstacles imprévus et se trouva compromise par l'arrestation de Lauzun, mis en prison pour dettes.

On lit dans le *Moniteur universel* du 3 février 1792 : « *De Londres*. MM. de Talleyrand et de Biron arrivèrent, le 25 janvier, dans cette capitale. On assure qu'ils ont une mission particulière auprès du cabinet de Saint-James. » Le même journal, dans son numéro du 15 février suivant, publiait cet extrait d'une correspondance de Londres, datée du 8 février : « M. de Biron, compagnon de voyage de l'ancien évêque d'Autun, a été arrêté, le 6, à la requête d'un nommé Foyard, marchand de chevaux, qui réclame près de 12,000 livres. Il a dû sortir de prison, en fournissant une caution. On assure qu'il poursuivra Foyard au criminel, parce que le billet, produit contre lui, est faux. C'est le fameux M. Erskine qui lui sert de conseil. »

2. *Pitt*. — C'est le célèbre William Pitt, fils du comte Chatham, né en 1759, mort en 1806 ; il fut à la tête du ministère anglais pendant plus de vingt ans.

3. *Ryder*. — C'est très probablement Richard Ryder, né en 1766, mort en 1832 ; second fils de lord Harrowby, il a été membre du Parlement et membre du Conseil privé.

4. *Eliot*. — Ce doit être Edward-James Eliot, né en 1758, mort en 1797, membre du Parlement, lord de la Trésorerie et secrétaire-archiviste de l'Echiquier ; marié à une sœur de Pitt.

5 *L'Év* ... — C'est l'évêque d'Autun, Talleyrand, qui avait accompagné Lauzun en Angleterre, avec des pouvoirs de ministre plénipotentiaire et qui ne paraît pas avoir agi très activement, pour faire mettre en liberté son collègue d'ambassade ou plutôt de mission secrète.

6. *Vos dettes*. — La *Galerie historique des Contemporains*, dont les deux premiers volumes parurent à Francfort en 1818, nous donne des détails assez précis sur l'origine et la cause des

dettes de Lauzun : « Sa vie errante, accompagnée de goûts ruineux, fit contracter, en peu d'années, au duc de Lauzun, des dettes considérables. Le revenu de ses terres, quoique supérieur encore à ce qu'il devait, était tellement grevé d'hypothèques, qu'il était devenu insuffisant pour couvrir l'immensité de ses dépenses, et qu'on le vit quelquefois offrir des titres de cent mille francs pour obtenir vingt-cinq louis, que souvent il ne trouvait pas. Le désordre toujours croissant de ses affaires le força, en 1777, à prendre, avec le prince de Guéménée, qui acceptait alors de l'argent de toutes parts, des arrangements ruineux, mais au moyen desquels il soutint quelque temps encore le train de sa maison. Il avait fait au prince, dont on croyait alors la grande fortune à l'abri de tout revers, un abandon général de ses biens, et avait reçu en échange un contrat de 80,000 livres de rente, que la banqueroute de M. de Guéménée ne tarda pas à réduire au moins de moitié. » La *Correspondance secrète et inédite sur Louis XVI, Marie-Antoinette, la Cour et la Ville* (Paris, 1866, 2 vol. in-8) nous fournit un curieux détail sur la situation morale de Lauzun en présence de la banqueroute du prince de Guéménée, en octobre 1782 : « Madame de Marsan et M. de Soubise se sont cotisés pour le payement des petites rentes dues par le prince. On avait cru que la princesse son épouse vendrait ses diamants, parce qu'elle les a mis en gage, dans une circonstance à peu près pareille, pour le duc de Lauzun ; mais on ne considérait pas que ce joli seigneur était quelque chose de plus qu'un cousin et un mari. » (Tome Ier, p. 513.)

7. *Vous souciez-vous qu'on aille où vous êtes ?* — C'est-à-dire à la prison de Kingsbench, où Lauzun était enfermé pour dettes.

8. *Mademoiselle Laurent.* — C'était une actrice de peu de talent, que Lauzun avait eue pour maîtresse. Voy. la *Correspondance littér., philos. et critique* de Grimm, 3e partie. *Paris*, 1813, tome III, p. 386. Mme de Genlis parle de cette actrice, dans les *Souvenirs de Félicie*, seconde édit., *Paris, Maradan*, 1806, in-12, p 137 : « Quel dommage que M. de Lauzun ne sache pas apprécier la femme angélique et charmante, que le

Ciel lui a donnée !... Il a, d'ailleurs, tant d'excellentes qualités et tant d'esprit !... Quelqu'un se moquant de son goût pour Mlle Laurent, il convint qu'elle n'est point jolie et qu'elle joue fort mal la comédie. « Mais, ajouta-t-il, si vous saviez comme elle est bête et comme cela est commode ! On peut parler devant elle des choses les plus importantes, avec une sûreté ! .. »

Mlle Laurent, qui fut reçue pensionnaire à la Comédie-Française en 1785, passait généralement pour une innocente, en donnant à ce mot le sens de *simplète* ou de *bébête*. Voilà pourquoi, en cette même année 1785, elle se trouva comprise dans l'énorme mystification épistolaire, que deux officiers de la garnison de Nancy, Fortia de Piles et son ami Boisgelin de Kerdru, exécutèrent avec tant de malice, en adressant des lettres sur les sujets les plus hétéroclites à quantité de personnes qui répondirent naivement à ces lettres saugrenues : ce qui permit aux deux mystificateurs de publier plus tard lettres et réponses, sous le titre de *Correspondance philosophique de Caillot-Duval* (Nancy et Paris, 1795, in-8). Les deux lettres impertinentes que le faux Caillot-Duval avait écrites à Mlle Laurent n'obtinrent pas l'honneur d'une réponse, mais elles ne figurent pas moins dans la publication de 1795 (pages 21 et 147), avec cette note du soi-disant auteur : « Il est bon de savoir que la demoiselle L... habitoit alors le quatrième étage d'un maître-perruquier, rue des Fossés-Monsieur-le-Prince, et que le duc de Lauzun aimoit sans doute les appartements en belle vue et en bel air. » Le pauvre Lauzun n'était plus là pour avoir raison de l'auteur de la note, mais on peut être certain que Mlle Laurent lui avait montré les lettres ébouriffantes de Caillot-Duval, dans lesquelles on lui disait : « La calomnie a attaqué jusqu'à votre réputation, qui est pure et limpide comme de l'eau de roche. »

Lauzun n'en resta pas moins plus fidèle à Mlle Laurent qu'à ses autres maîtresses, car, au mois de janvier 1793, il logeait avec elle, pendant le court séjour qu'il fit à Paris, avant d'aller prendre le commandement en chef de l'armée de Vendée ; il était alors à l'hôtel Saint-Marc, rue Saint-Marc, près de la rue

Richelieu, et il invitait ses amis à venir l'y voir *avec Mme Laurent*. C'est Mme Elliot, qui nous fournit ce détail dans son Journal (édit. anglaise de *Londres, 1859*). Plus tard, elle raconte (page 156) qu'ayant été enfermée dans la prison de Sainte-Pélagie, elle y retrouva Biron et *son amie Mme Laurent*, au mois de juin 1793. Il y a là une simple erreur de date, puisque le commandant en chef de l'armée ne fut destitué que le 11 juillet de cette année-là. Quoi qu'il en soit, Mlle ou Mme Laurent ne paraît pas avoir partagé le sort de son ami, car son nom ne se trouve pas dans les listes des personnes guillotinées à Paris.

VII

Ce 10 (février 1792?).

J'AI lu et relu votre lettre, vous croyez bien, avec autant d'intérêt que d'attention. J'approuve la résolution que vous prenez, si le bon citoyen tient la sienne ; certainement, il vaut mieux tout devoir à qui vous oblige par estime, qu'à qui vous assiste par reconnaissance [1]. Cependant, comme les services dont on donne la quittance ne sont pas précisément des dons gratuits, je trouve qu'on peut les recevoir autrement que des bienfaits. Très certainement, si M. le duc d'Orléans vous prêtait aujourd'hui de l'argent pour vous tirer d'embarras, vous ne le recevriez pas comme un présent, et l'intérêt lui en étant payé en attendant que la dette soit acquittée, je ne vois pas bien comment l'obligation que vous contracteriez serait onéreuse à autre chose qu'à votre fortune. Il est pourtant vrai aussi que si votre père peut vous tenir lieu même de l'obligeance du prince, je sens que je le préfère.

La malice de vos ennemis est si *intéressée,* que je conçois qu'elle vous porte à une générosité exagérée. Le témoignage d'être *insoupçonnable* devient, pour certaines âmes, dans certaines circonstances, presque

aussi nécessaire que celui de se sentir irréprochable.
J'ai peine à trouver que M. de Narbonne [2] le soit avec
vous. Cependant je parierais que son intention n'a pas
été aussi infernale que sa conduite l'annonce. Il me
paraît peut-être moins vraisemblable, mais plus possible qu'il ait été entraîné par la nécessité de vous
retenir ici pour les affaires, et embarrassé de vous y
avouer aux yeux de ses amis vos ennemis. Il a donc
trouvé ce moyen ingénieux et inconnu de vous faire
rester et me prouve ainsi, ce que je savais déjà, c'est
que le défaut de caractère, dans les grandes places,
entraîne avec soi tous les inconvénients de la perver-
sité du cœur.

Je ne sais pas assez celui de l'Ev....[2], pour savoir ce
qui s'y passe *about you*. J'espère seulement qu'il ne se
laisse pas influencer par sa tête. Je la crois bien mauvaise en fait d'intention et de conduite.

Je vous en prie, mandez-moi où en sont vos espérances sur ce Français, et surtout persuadez-vous bien
que gagner du temps dans votre affaire est en perdre
de la manière la plus dangereuse.

J'estime fort l'idée d'écrire à l'Assemblée une relation fidèle et exacte de ce qui est arrivé. Je vous
connais un talent particulier pour l'*exposition des faits*.

Adieu; mandez-moi, tous les jours, de vos nouvelles
jusqu'à ce que vous m'en veniez donner.

M. de C. [3] tient de si mauvais propos en fait d'argent, que je crois que je partirai aussitôt que vous
serez *out* [4], mais je ne veux pas absolument rentrer en
France avant que vous soyez sorti.

13

A l'instant où je fermais ma lettre, je reçois celle-ci de M. de B.[5]. Voyez si ce n'est pas celle d'un *innocent* plutôt que d'un coupable, et renvoyez-la-moi pour que j'y réponde comme vous voudrez. Je lui avais écrit aussitôt que des Anglais m'avaient parlé de M. de Carency[6]. Je voulais savoir s'il était encore à Woborn, ou revenu à Londres, comme on disait.

Il m'en est tombé une de Madame de Piennes, à sa tante[7], avec votre affaire, que je vous montrerai quand vous n'aurez rien de mieux à penser.

Oui ou non, vous souciez-vous que je voie l'Évêque[8]?

1. *Il vaut mieux tout devoir à qui vous oblige par estime, qu'à qui vous assiste par reconnaissance.* — Nous croyons que ce fut le prince de Galles qui se porta caution pour Lauzun, qu'il estimait pour ses grandes qualités et peut-être aussi pour ses vices. Quant au duc d'Orléans, il avait sans doute fait écrire à Londres pour savoir quelle était la dette de Lauzun et pour la payer comme une dette personnelle de reconnaissance.

2. *M. de Narbonne.* — Le comte de Narbonne, ministre de la guerre, ami intime de Lauzun. La marquise de Coigny ne l'aimait pas et s'efforçait de mettre Lauzun en défiance contre lui. (Voyez, dans l'Appendice, trois de ses lettres à Lauzun.)

3 *M. de C...* — M. de Coigny, mari de la marquise de Coigny.

4. *Aussitôt que vous serez out.* — Lauzun n'était resté que vingt-quatre heures en prison pour dettes, suivant le correspondant du *Moniteur*; mais, quoiqu'il en fût sorti sous caution, dans la journée du 7 février, l'affaire semblait se compliquer de jour en jour, et le procès dont Lauzun était menacé devenait de plus en plus sérieux.

On lisait dans une correspondance de Londres, en date du 13 février 1792, publiée dans le n° 70 de l'*Argus patriote* : « Chaque jour voit arriver de nouveaux billets, que l'on dit être de M. de Biron, et il se trouve écroué pour près de 100,000 livres sterling. L'événement inattendu de sa détention cause beaucoup de chagrin à M. l'ancien évêque d'Autun, qui n'abandonne point son ami. M. de Biron s'est fait transférer de la maison de l'arrêteur, dans la prison de Kings-Bench. Si les billets sont prouvés faux, comme on assure qu'ils peuvent l'être, il ne sera pas ultérieurement lésé dans sa fortune; mais il faut, en attendant, qu'il garde prison jusqu'à la rentrée des Cours, ce qui ne sera pas avant la fin d'avril. On a prétendu ici que l'affront qu'il a essuyé, lui a été suscité par des émigrants. »

5. *M. de B...* — Nous n'avons pas découvert quel était ce M. de B., qu'il ne faut pas confondre avec un autre personnage que la marquise de Coigny traite plus familièrement et plus dédaigneusement, en parlant de la *visite de B.* qui l'a fait mourir de rire. (Voyez la lettre IV.)

6. *M. de Carency.* — Le prince de Carency.

7. *Sa tante.* La tante de Mme la duchesse de Piennes. — La duchesse de Piennes avait deux tantes, seulement, du côté de son mari : Louise-Jeanne de Durfort-Duras, duchesse de Mazarin, née en 1735, mariée en 1747 au duc d'Aumont, et Louise-Constance d'Aumont, née en 1731, mariée en 1747 au dernier duc de Villeroi. Elle avait une seule tante, du côté de son père : la duchesse du Châtelet, condamnée à mort par le tribunal révolutionnaire de 1794, parce qu'elle avait fait passer des secours d'argent à son fils émigré. Il s'agit sans doute ici de cette dernière.

8. *L'Évêque.* — L'évêque d'Autun, Talleyrand.

VIII

Ce mardi soir (février 1792 ?).

JE ne vous ai pas écrit hier ; vous ne m'avez pas écrit aujourd'hui. Je ne trouve pas que cela soit trop bien à nous deux. Nous devrions savoir chacun que, dans les inquiétudes et les ennuis qui nous tourmentent, nous obtenons douceur et consolation des preuves de souvenir. J'espère, cependant, que, pour ne pas vous avoir donné des preuves du mien, vous ne croyez pas qu'il se soit distrait de vous ; je vous assure qu'il n'en fut jamais plus occupé.

Aussitôt que j'ai su l'arrivée du Prince [1], j'ai envoyé chercher Saint-Léger le cadet [2], son véritable favori et mon meilleur ami dans sa maison ; je lui ai demandé de me dire sincèrement ce qu'était le Prince pour vous ; il m'a répondu tout de suite : « Excellent ! à moins qu'on ne le gâte. Je vous jure que son cœur n'a pas changé pour M. de Biron, et qu'en apprenant cette désastreuse nouvelle, il s'est récrié qu'il était inconsolable que l'Angleterre en eût été le théâtre. » Ce soir, je l'ai revu, et il m'a dit qu'il avait raconté mes questions au Prince, et qu'il l'avait chargé expressément de vous y répondre de la manière la plus sensible et la plus obligeante.

Je trouve que vous avez répondu de la manière la plus sensée à l'Evêq...[3]. Très certainement, s'il y a un moyen de vous faire déshériter par M. de Gontaut [4], c'est celui de solliciter sa bienfaisance par les mérites et l'intercession de l'Évêque d... Je suis fâchée qu'au lieu de sa protection il ne vous ait pas offert son crédit. On dit qu'il en a un de 70,000 francs; c'était plus qu'il n'en fallait pour vous tirer de ce mauvais pas.

En tout, j'ai bien peur que vos amis ne marchent pas si *droit* à votre secours, que vos ennemis à votre ruine. Le but de ces derniers est bien plus certain, et ils le suivent bien autrement constamment.

(La fin de la lettre manque.)

1. *L'arrivée du Prince.* — C'est le prince de Galles, qui était sans doute absent de Londres lorsque Lauzun avait été mis en prison pour dettes.

2. *Saint-Léger le cadet.* — Le colonel Saint-Léger et son frère Antoine Saint-Léger étaient des confidents intimes du prince de Galles. Voyez MALMESBURY's *Diaries and Correspondence*, II, 418. Famille irlandaise, descendant d'un des compagnons d'armes de Guillaume le Conquérant. L'aîné de la famille porte le titre de lord Doneraile. Lauzun avait rencontré, en 1773, une dame et une demoiselle Saint-Léger, appartenant à cette même famille. Voyez *Mémoires de Lauzun*, édition Lacour, p. 143.

3. *L'Évêq...* — C'est encore l'évêque d'Autun, ou Talleyrand, qui ne paraît pas avoir prêté à Lauzun l'aide et l'appui qu'il fallait dans une pareille affaire.

4. *M. de Gontaut.* — Charles-Antoine-Armand, duc de Gontaut (créé duc, par brevet du 25 août 1758), lieutenant général, cordon bleu, né en 1708, mort en 1798. De

son mariage avec Antoinette-Eustochie Crozat du Chastel, morte en 1747, dans sa dix-neuvième année, il n'eut qu'un fils unique, le duc de Lauzun, devenu duc de Biron à la mort de son oncle, le maréchal de Biron. Dans l'état nominatif des pensions, publié en 1790, le duc de Gontaut est porté pour une somme annuelle de 41,580 francs, dont partie comme traitement et partie comme pension.

IX

Vous avez un talent pour dédommager même, du temps que vous vous faites regretter, que vous ne sauriez jamais assez apprécier. Mon Dieu! quelle aimable créature que votre esprit, et que vous êtes heureux, au milieu de vos malheurs, de l'avoir pour consolateur! Je ne crois pas, depuis les deux dernières lettres que j'ai reçues de vous, que je me trouve à plaindre, même de votre absence : elles sont si aimables, si sensibles, que je suis tentée de lui en conserver de la reconnaissance. De grâce, continuez à vous rendre ainsi présent à moi, en dépit de la distance qui nous sépare.

Je suis fatiguée de compter sur l'avenir, pour la combler : il recule à mesure que j'avance, et je vois bien clairement que je suis destinée à marcher encore longtemps sans arriver. M. de Coigny ¹ marche dans ce moment pour arriver à Paris. Il est parti, ce matin, je pense, sans retour. Dieu sait ce qu'il décidera pour le mien. La guerre et la famine, qui menacent alternativement Paris, m'effrayent pour y rentrer, et surtout pour m'y établir. Conseillez-moi encore une fois, et

que ce soit aussi raisonnablement que si ce devait être
la dernière.

Au moment où j'en étais là de ma lettre, j'apprends,
par lady Jersey, qu'un ami de M. Pitt a dit que votre
père avait écrit ici pour qu'on vous retînt en prison,
telle chose que pût proposer M. de Gontaut [2], qui
venait pour vous en faire sortir. J'espère que ce vieux
monstre est en enfance, s'il a été capable de se laisser
entraîner dans une si horrible perfidie. *What do you
think about that ?* Croyez-vous que ce soit vrai ?

Adieu, je crois, moi, que je n'ai que le temps de fermer ma lettre et de vous engager de nouveau à en
écrire une à Saint-Léger. Il vous croit trop malade
pour lui avoir encore répondu, mais comme il saura
que vous n'êtes pas mort, il faudra bien finir par lui
écrire [3].

Le Prince [4] est plus charmant pour vous que jamais.
Il revient un peu sur votre Prince [5], depuis qu'il quitte
les Piennes [6].

---

1. *M. de Coigny parti, le matin même, pour Paris.* — Le
marquis de Coigny, de retour à Paris, n'y resta sans doute
que jusqu'au 10 août 1792, car, au mois de septembre suivant,
il se trouvait à Aix-la-Chapelle. Il ne rentra en France qu'à la
Restauration. Voy. la *Correspondance originale des Émigrés,*
Paris, 1793, t. I, p. 9.

2. *M. de Gontaut.* — Lauzun avait alors trois cousins de
la famille des Gontaut-Biron, qui étaient dans l'émigration.
Un quatrième, celui qui probablement vint à Londres à cette
époque pour régler les affaires de Lauzun, après son arrestation pour dettes, fut arrêté à Paris, après le 10 août 1792, et

plus tard condamné à mort; mais la Révolution du 9 thermidor
le sauva. Il s'appelait Jean-Armand-Henri-Alexandre de Gontaut de Biron, marquis de Gontaut, et était né en 1746.
Louis XVIII le nomma lieutenant général en 1815. C'est de
lui que descendent les Gontaut-Biron actuels.

3. *Saint-Léger... Il faudra bien finir par lui écrire.* — Il
est difficile de deviner le motif qui empêchait Lauzun d'écrire
à M. de Saint-Léger pour le remercier de tout ce qu'il
avait fait auprès du prince de Galles, à la demande de
Mme de Coigny, pour venir en aide à la pénible situation de
son ami, arrêté pour dettes dès son arrivée à Londres, et retenu
en prison jusqu'au payement d'une somme de 75,000 francs.
Plus la marquise de Coigny insistait pour que Lauzun adres-
sât une lettre de remercîment ou du moins de politesse au
véritable favori du prince de Galles, plus Lauzun semblait ré-
fractaire aux instances réitérées de la marquise.

4. *Le Prince.* — C'est le prince de Galles.

5. *Votre Prince.* — C'est le duc d'Orléans.

6. *Les Piennes.* — Le duc et la duchesse de Piennes,
avaient été très recheichés et très goûtés, dans la société du
prince de Galles, à leur arrivée en Angleterre; mais cet en-
gouement avait bientôt diminué, et la marquise de Coigny
n'était pas étrangère à ce revirement de l'opinion à l'égard de
ces deux personnages, qu'elle n'avait jamais aimés.

X

JE suis charmée que vous soyez en France, mais je suis loin d'être tranquille, avant de vous savoir à Paris. Il me faut absolument apprendre d'abord que vous y êtes arrivé rue Pochet[1], et puis comment vous y êtes établi; j'espère que vos affaires ne seront pas assez mauvaises, pour que ce soit incognito. Votre conduite est si constamment admirable, que je ne veux qu'aucune de vos démarches soit cachée, et j'aime presque mieux pour vous le danger que le mystère.

J'attends avec autant d'impatience que d'intérêt les détails de votre première entrevue avec le ministre[2], et le récit de votre première visite à votre père. Je pense que tous les deux auront été plus embarrassés que vous, sans aucune comparaison. Mais qu'a dit le premier, et que fait le second? Voilà ce qu'il m'importe de savoir. Votre cousin Gontaut[3] en dit beaucoup plus qu'il n'en fait, à ce qu'il me semble, en annonçant qu'il vient ici pour l'acquittement de vos dettes. Je suis très sûre qu'il s'occupera ou plutôt s'amusera seulement à en faire le relevé. Il paraît aussi indigné contre l'évêque de ... [4], et je ne m'éloigne pas de partager son impression. Il n'est pas vrai que l'évêque n'ait qu'une lettre de crédit de deux mille livres, comme il vous l'a dit. Je lui en connais, par quelqu'un qui le sait bien, deux autres, sur deux banquiers différents, de 2,600 livres chacune. Cette précaution de disperser ses fonds rend la vérification de la totalité plus difficile, mais non moins certaine; aussi, je vous la garantis exacte.

Celle que prend M. de C...y[5] de nier le fait du billet ajoute à la honte du soupçon le tort du désaveu. Presque toute l'Angleterre est convaincue que vous n'avez été atteint que par ses soins, et je sers cette opinion de tout mon intérêt pour vous. Il en résulte aussi qu'il m'exècre et dit avec sa p..ce[6] des horreurs de moi. Je m'en moque, comme des rigueurs du prince de Tarente, qui ne m'ouvre pas la bouche depuis l'événement.

Mon Dieu! que toute cette racaille aristocratique est une diabolique engeance, et qu'il est aisé de la braver, quand on ne trouve pas plus doux de la fuir!

Ah! je vous réponds que, dans les grandes circonstances, je retrouve la fierté, l'insolence même de mon caractère. *On tient toujours à son premier métier.*

Adieu. Mandez-moi celui que vous allez faire, et tâchez qu'il vous fasse autant d'honneur, mais plus de profit que celui d'*ami du Prince*[7]. A propos d'ami du prince, pour Dieu, écrivez à Saint-Léger: il soupire, et le Prince aussi, après une lettre de vous. Ne la lui refusez pas, pour vous comme pour moi[8]. Ce serait mal imaginé, très mal, en vérité.

Où en sont vos idées de guerre et de banqueroute ?
Si vous ne déclarez pas l'une et ne décrétez pas l'autre,
d'ici à un mois, je crois, moi, que je ferai avec Paris,
sanctionnée par M. de Coigny...9.

Mandez-moi, je vous en prie, s'il s'est répandu dans
les journaux un article de M. de C...y [10]. Le vicomte [11]
a voulu y faire insérer un extrait d'une de mes lettres,
et je tremble qu'il n'ait exécuté ce projet. Il n'était pas
libellé d'une manière digne d'un libelle. Bonjour. N'en
parlez pas, si vous n'en entendez pas parler.

1. *Rue Pochet.* — Cette rue était alors la partie de la rue
des Brodeurs (aujourd'hui rue Vaneau), comprise entre la rue
de Babylone et la rue Plumet. Elle est désignée sous ce nom de
rue Pochet dans la plupart des plans de Paris, qui ont paru
entre 1785 et 1807, notamment dans le plan de Verniquet.
Le plan de Maire la nomme : « rue Pochet, actuellement rue
des Brodeurs. » On ne sait pas si Lauzun avait une résidence
fixe dans cette rue Pochet, ou s'il était descendu dans un hôtel
garni, à son retour d'Angleterre.

L'hôtel Biron, dont Lauzun avait dû hériter à la mort de
son oncle le maréchal de Biron, en 1788, était situé rue de
Varennes, presque en face de la rue de Bourgogne, à l'endroit
même où le plan de Turgot indique l'hôtel du Maine ; mais
on a tout lieu de croire que Lauzun, criblé de dettes, avait
été forcé de vendre ou de laisser vendre cet hôtel qui portait
son nom.

Lauzun demeurait, en 1790, rue de Grenelle, faubourg
Saint-Germain, d'après l'*Almanach royal* pour l'année 1790,
p. 150.

Au mois de janvier 1793, lorsque Lauzun vint à Paris, il
descendit dans un hôtel garni de la rue Saint-Marc. Voy. les
Mémoires de Mme Elliot, p. 118.

2. *Le ministre.* — C'est certainement le comte de Narbonne, ministre de la guerre, qui avait eu l'idée d'envoyer Lauzun en Angleterre, en le chargeant d'y acheter des chevaux pour l'armée royale de France, sous prétexte d'une mission politique.

3. Voyez la note 2 de la lettre IX.

4. *L'évêque d...* — C'est toujours l'évêque d'Autun, Talleyrand, à qui la marquise de Coigny ne saurait pardonner de n'avoir pas donné sa caution pour la dette de Lauzun et de l'avoir laissé en prison.

5. *M. de C....y.* — Il semble que ce soit M. de Carency, et non M. de Coigny, que la marquise veut désigner.

6. *Sa p..ce.* — Il est difficile de deviner le mot que Mme de Coigny a voulu indiquer; mais il est évident qu'il s'agit de la princesse de Carency.

7. *Le métier d'*AMI DU PRINCE. — Il est certain que le Prince n'est pas un autre que le duc d'Orléans, mais on pourrait croire que la marquise de Coigny a fait ici une allusion malicieuse à ces vers fameux du premier chant de la *Pucelle* de Voltaire :

> Le roi fit choix du conseiller Bonneau,
> Confident sûr et très bon Tourangeau :
> Il eut l'emploi, qui certes n'est pas mince,
> Et qu'à la Cour, où tout se peint en beau,
> Nous appelons être *l'ami du prince...*

Nous supprimons, et pour cause, les vers qui suivent et qui expliquent ce que pouvait être le *métier d'*AMI DU PRINCE.

8. *Pour vous comme pour moi.* — Ces mots ont été raturés par l'auteur de la lettre. On ne s'explique pas bien le motif qui empêchait Lauzun, malgré les pressantes sollicitations de la marquise de Coigny, d'écrire à M. Saint-Léger.

9. *Je ferai avec Paris.* — La lettre autographe donne une phrase qui n'a pas de sens, parce qu'il y manque un mot ou deux. Faut-il lire : *je crois, moi, que je [la] ferai avec Paris,* c'est-à-dire : la *guerre* ou la *banqueroute?* ou bien : *que je ferai* [la paix] *avec Paris?* La phrase ainsi rétablie offre deux sens également plausibles. La marquise veut-elle dire qu'elle

retournerait à Paris, avec l'assentiment de son mari, ou bien que, M. de Coigny lui refusant tout envoi d'argent, elle fera banqueroute à ses créanciers de Paris.

10. *M. de C....y.* — Ce n'est pas M. de Carency que la marquise veut nommer ici, mais bien M. de Coigny, qui, différant absolument d'opinion politique avec elle, avait fait insérer dans les journaux une de ses lettres, ou du moins l'en avait menacée. Nous avons cherché inutilement cette lettre dans les feuilles publiques.

11. *Le vicomte.* — C'est le vicomte de Noailles, un des plus fidèles amis de la marquise de Coigny, qui parle de lui, dans la lettre XIV, à l'occasion d'une de ses galanteries avec lady Fitzherbert.

XI

Hertford-street, n° 41, may fair.
Friday (vendredi, 16 mars 1792).

J'Y croirai, une autre fois, à vos conjectures! Mon Dieu! comme les événements justifient votre prévoyance! Comprenez-vous rien de si semblable que votre prédiction et la catastrophe ministérielle [1]? Je suis sûre qu'en montrant votre lettre je pourrais faire tomber la réputation même de Nostradamus. Il n'est vraiment qu'un petit garçon auprès de vous, qu'un charlatan, pour qui l'avenir est aussi obscur que le présent. Mais dites-moi donc, vous qui lisez et écrivez si bien dans tous les temps, ce qui est arrivé dans ces derniers, pour qu'à la fois le masque tombe à tous ces faux patriotes. Comment, du même coup, on a chassé l'un, arrêté l'autre, et fait conduire le troisième dans les prisons [2]? Vraiment, le Ciel n'est pas neutre, s'il a éclairé d'un de ses rayons tant d'impostures. Est-il vrai que plus de deux cents personnes soient sérieusement compromises dans toutes ces infernales machinations? J'ai une curiosité extrême de le savoir, et je suis sûre de prendre à elles toutes bien peu d'intérêt.

Aussitôt que vous saurez quelques détails, je vous en prie, informez-m'en. Dites-moi aussi, qu'est devenu le Prince des démons[3], avec sa légion[4]? J'espère qu'on aura trouvé vos lettres dans ses papiers. Pour l'honneur de l'armée, il est nécessaire qu'on voie que ce ne sont pas tous traîtres qui la commandent. Mais comment, comment M. de Narbonne a-t-il attendu, pour partir, d'être renvoyé *de par le Roi?* C'est vraiment vouloir le coup de pied de l'âne. La réponse qu'il vous a faite m'a paru aussi plate et aussi suspecte que sa conduite. Tout cela est, au moins, bien louche.

Avez-vous reçu des nouvelles de celui que vous aimez mieux[5], que vous n'estimez guère davantage et qui ne marche sûrement pas plus droit? Son retour en France aura bien valu son ambassade en Angleterre. Je crois que d'apprendre tout cela en débarquant l'aura, comme on dit, un peu étourdi du bateau. A qui se sera-t-il adressé, en arrivant à Paris? Tous les bureaux d'intrigues qui avaient sa pratique étaient fermés ou séquestrés. Mais peut-être la boutique Staël[6] était-elle encore ouverte. Je la soupçonne de fermer le plus tard possible.

A propos d'intrigue, que dites-vous de celle qui a chassé M. de Florida B...ca[7]? Si elle est jacobine, vous conviendrez qu'ils y vont de main de maître. J'espère que M. d'Aranda[8] n'oubliera pas, comme le cardinal de Rohan[9], que qui a été la victime du despotisme n'en doit jamais être l'apôtre.

Le cabinet de Londres a été aussi surpris de sa nomination, qu'il a été charmé de la mort de l'Empereur[10].

Sa liaison intime avec la Prusse le faisait craindre, c'est-à-dire détester de M. Pitt. L'Opposition prétend que c'est l'étoile de celui-ci qui l'a tué.

Quand est-ce donc que la vôtre vous débarrassera de tous ceux que vous honorez du mépris que vous ne leur prodiguez pas assurément. Qu'est devenu, en parlant d'eux, le général [11]? N'est-il pas un peu compromis dans toute cette déconfiture? Mon Dieu! que je voudrais qu'il en fût le Gilles! C'est son vrai nom de baptême et de guerre.

Je suis charmée que vous ayez à vous louer de son ennemi [12], et surtout qu'il n'ait pas pensé à s'en vanter à vous.

Je suis excédée des bienfaits à usure. Pour vous en offrir qui ne soient pas de ce genre, je vous propose 600 louis, que ma mère [13] vient de me donner et que je chargerai qu'on vous remette dans le caractère d'une dette. N'en soyez embarrassé pour vous ni pour moi. Ils ne sont nécessaires à l'un ni à l'autre, et ils seront ainsi agréables à tous deux.

Adieu. Ecrivez-moi pour les accepter. Vous voyez que je veux être payée en papier.

J'ai reçu une lettre charmante d'Archambaud et de Bozon [14] à votre sujet. Je les aime pour la vénération qu'ils vous portent, de loin comme de près.

Je ne pense pas, quoi que vous en disiez, que M. de Ca...y puisse être traduit en justice. Il a prouvé à M. de Gontaut que ce ne pouvait être lui, et celui-ci a mieux aimé le croire que d'y aller voir. Quel bêta!

Je suis bien aise que vous soyez charmé de sa

femme. Je lui adresse une jolie petite lettre et une jolie petite robe, en reconnaissance.

Il me vient dans la tête que vous devriez, dans ces temps de troubles, brûler mes lettres. Rien n'est plus bien sûr et bien pur que le feu.

Je serais curieuse de voir la pièce justificative du prince C...

1. *La catastrophe ministérielle.* — Le comte de Narbonne, ministre de la guerre, fut renvoyé, *de par le roi,* du ministère, le 10 mars 1792, « brusquement, brutalement, presque grossièrement », selon les expressions de F. Masson, dans son ouvrage intitulé : *le Département des Affaires étrangères pendant la Révolution* (Paris, 1877, p. 135).

2. *On a chassé l'un, arrêté l'autre, et conduit le troisième dans les prisons.* — C'est Narbonne qui fut chassé, Delessart arrêté, et Bertrand de Molleville menacé seulement de la prison. Delessart, ministre des affaires étrangères, ayant été mis en jugement, sur la motion de Brissot, avait été conduit d'abord à Orléans pour paraître devant la Haute Cour de justice; mais, étant ramené à Paris sur un ordre de Danton, il périt, massacré à Versailles, le 9 septembre 1792.

Quant à Bertrand de Molleville, ministre de la marine, il avait été dénoncé par l'Assemblée, qui voulait aussi le mettre en jugement, mais il eut la prudence de donner sa démission avant d'être arrêté.

3. *Le Prince des démons.* — Ce ne peut être qu'un haut personnage, probablement le duc d'Orléans, que la marquise de Coigny semble avoir pris en aversion depuis les journées des 5 et 6 octobre 1790, quoiqu'elle eût fait partie de la société intime de ce prince, qui fut, jusqu'au dernier moment, le fidèle ami de Lauzun. Mais, en se rappelant les soupçons épouvantables que Mme de Coigny a évoqués contre Nar-

bonne, on pourrait croire que c'est lui qu'elle qualifie de *Prince des démons.*

4. *Avec sa légion.* — Allusion à cette phrase de la lettre troisième du comte de Narbonne (Voy. l'Appendice), lettre que Lauzun avait probablement communiquée à Mme de Coigny : « Certainement il faut que tu aies une légion. »

5. *Celui que vous aimez mieux... et qui ne marche pas plus droit.* — M. de Talleyrand, qui revenait de sa mission en Angleterre. On sait qu'il était boiteux.

6. *La boutique Staël.* — Le *Dictionnaire biographique et historique des Hommes marquants du XVIIIe siècle* (Londres, 1800) nous explique l'expression dont se sert la marquise de Coigny pour qualifier, à cette époque, le salon de la baronne de Staël : « Le baron de Staël, employé en France comme ambassadeur de Suède, y épouse Mlle Necker, unique héritière de l'immense fortune de ce ministre, se mêle aux intrigues de sa femme et de son beau-père, au moment de la Révolution, et continue à résider à Paris jusqu'au règne de Robespierre. » Mme de Staël ne quitta Paris qu'après le 2 septembre 1792, où elle avait couru les plus grands dangers.

7. *Florida B...ca.* — Le comte de Florida-Bianca, premier ministre d'Espagne, disgracié et exilé en 1792, mort en 1809.

8. *Aranda.* — Le comte d'Aranda succède au comte de Florida Bianca dans les fonctions de premier ministre; mais, accusé d'être partisan des idées françaises, malgré les excès de la Révolution, il est renversé au bout de quelques mois (15 novembre 1792) et fait place à Godoy, devenu plus tard prince de la Paix.

9. *Le cardinal de Rohan.* — Le *Dictionnaire des Hommes marquants de la fin du XVIIIe siècle,* publié à Londres en 1800, nous fera comprendre pourquoi la marquise de Coigny ne pardonnait pas au cardinal d'oublier le mal qu'on lui avait fait dans le procès du collier. « Exilé à Saverne depuis cette époque, il fut nommé, en 1789, député aux États généraux par l'influence du parti révolutionnaire, qui voulut par là braver la Cour... Les révolutionnaires avaient espéré que l'es-

prit de vengeance le jetterait dans les partis ; mais, après les avoir flattés un instant et avoir même prêté le serment civique, il s'éloigna d'eux et quitta l'Assemblée. » Il s'était retiré alors dans sa principauté de Strasbourg, mais de l'autre côté du Rhin.

10 *La mort de l'Empereur.*—Léopold II, empereur d'Allemagne, mort le 2 mars 1792.

11. *Le général.* — C'est à coup sûr le général La Fayette,

12. *Son ennemi.* — Le général Rochambeau avait toujours été en rivalité avec La Fayette, dans la guerre de l'indépendance des États-Unis ; mais on peut supposer que l'ennemi ou plutôt l'adversaire politique de La Fayette était alors Luckner, nommé généralissime, ou le général Dumouriez, devenu ministre de la guerre.

13. *Ma mère.* — Marie-Jeanne-Antoinette Portail, née en 1738, mariée en 1755 au marquis de Conflans.

14. *Archambaud et Bozon.* — Ce sont les frères cadets de Talleyrand, l'ancien évêque d'Autun. Archambaud de Talleyrand-Périgord, était né en 1762, et son frère Bozon en 1764. C'est un des descendants d'Archambaud, qui a été créé, en 1864, par Napoléon III, duc de Montmorency.

XII

Hertford-street, n° 4, may fair,
Ce 1er (avril 1792).

QU'EST-CE qui peut faire que, me sachant également inquiète de votre position et de votre santé, vous soyez si longtemps sans me donner des nouvelles des deux? Vraiment, la tête me tourne de votre silence, et mon cœur tremble de n'avoir pas à vous le reprocher. Mais pourquoi, cependant, si vous êtes malade, ne me le faites-vous pas écrire par un de vos gens? Vous savez bien qu'à telle distance que je sois de vous, un mot m'en rapprochera, si vous avez besoin ou désir de mes soins.

De grâce, adressez-m'en un tel que tel.

Le Prince[1] est assez malade, depuis six jours; il a été saigné deux fois hier. C'est une espèce de fluxion de poitrine.

Votre cousin Gontaut[2] est reparti *en toute diligence,* comme il était venu, à ce qu'on dit. J'ai appris, par lui, que vous aviez été arrêté seulement pour huit cents louis. Si le fait est vrai, jamais je ne vous pardonnerai de n'avoir pas envoyé chercher mes diamants. J'aurais été si heureuse et si fière d'avoir jamais pu en tirer un tel parti; non, jamais je ne me consolerai que vous m'ayez refusé la plus douce jouissance que vous-même puissiez me procurer. Ne sachant à qui m'en plaindre, j'en ai parlé à ma Fanny[3]. Je lui dois la justice de dire qu'elle a entendu mes regrets d'une manière si sensible que je puis dire partagés.

Adieu, aimez-la, aimez-moi, en attendant que nous puissions nous dire : *Aimons-nous.*

Ma vie est bien triste depuis que la vôtre est si tourmentée et si indignement persécutée.

1. *Le Prince.* — C'est le prince de Galles, depuis George IV.

2. *Votre cousin de Gontaut.* — Voyez la note 2 de la lettre IX.

3. *Ma Fanny.* — C'est la fille aînée de la marquise de Coigny. Elle épousa en 1805 le général Sébastiani, et mourut en couches, le 5 mai 1807, à Constantinople, pendant que son mari y était ambassadeur. Elle avait reçu à sa naissance, le 23 juin 1778, les noms d'Antoinette-Françoise-Jeanne; le nom de Fanny, que sa mère lui donnait toujours, n'était donc qu'un surnom de caprice et d'affection.

XIII

Hertford-street, n° 41, may fair.
Ce 6 (avril 1792).

JE suis inquiète, triste, affligée de votre silence, et voudrais bien n'avoir qu'à m'en plaindre. De grâce, ne perdez pas un moment pour me rassurer. Je veux l'être avant de partir, et peut-être ne resterai-je pas longtemps ici.

J'attends une réponse de ma mère[1] à ce sujet. Si elle me demande à traverser le bras de mer qui nous sépare, je revolerai dans les siens. Dites-moi ce que vous devenez, ce que vous pensez de la dernière réponse du roi de Hongrie. J'ai peur que nous n'ayons perdu au change. On dit ici que le roi de Suède a été assassiné à un bal masqué[2]. J'en ferai volontiers mon deuil.

Que dites-vous du jeune Chauvelin[3], qui nous arrive ici, de jeudi en huit, monté sur ses grands chevaux que lui donne Walkiers. On dit qu'ils sont superbes. J'ignore comment le Prince sera pour lui. Je ferai de mon mieux pour que ce soit bien, mais je ne l'espère pas trop. Les Tarente, Piennes et Carency ont répandu que c'était un homme à souffleter sans qu'il soufflât. —

La ressource de tous ces braves est toujours la poltronnerie.

Adieu. Je pars pour New-Market et Brighton, où le Prince veut que je passe quelques jours chez lui. Madame Fitz-Herbert, etc., y sera. Honni soit qui mal y pense ! Je vous promets que Dieu n'y sera pas offensé.

MM. de Piennes[4] et Belzunce[5] reviennent dans quinze jours. On devrait bien ne pas leur laisser toucher leur bien de si loin. Ils prétendent qu'ils se tireront d'affaire en touchant terre de France, tous les mois, vingt-quatre heures. Tâchez que ce ne soit pas vrai. Je les aime mieux de loin que de près. Ce n'est pourtant pas exact pour le dernier du tout.

1. *La mère de la marquise de Coigny.* — Voyez la note 13 de la lettre XI.

2. *Le roi de Suède.* — Gustave III, assassiné, le 20 mars 1792, par Ankarstroem.

3. *Le jeune Chauvelin.* — Bernard-François de Chauvelin, né en 1766, maître de la garde-robe du roi. « Ayant embrassé le parti révolutionnaire, les jacobins et Dumouriez le firent nommer, en avril 1792, à l'ambassade d'Angleterre, mais il ne servit que de prête-nom à l'évêque d'Autun (Talleyrand), qui partit avec lui et qu'on n'avait pu nommer lui-même, à cause de sa qualité de député à l'Assemblée constituante. » *Dictionnaire biographique et historique des Hommes marquants à la fin du XVIIIe siècle.* Londres, 1800, 3 vol. in-8.

4. *M. de Piennes.* — Le duc de Piennes était arrivé à Londres, comme émigré, au mois d'avril 1790 (*Lettres d'Horace Walpole,* en anglais, t. IX, p. 308), mais cette lettre de Mme de Coigny nous apprend qu'il revenait de temps en temps à Paris, pour toucher ses revenus et ses pensions.

5. *Belzunce*. — Le comte de Belzunce, major en second
du régiment de Bourbon, infanterie, en garnison à Caen,
avait été massacré par le peuple, en 1790, sur une dénon-
ciation de Marat, qui l'accusait d'être un ennemi de la liberté.
Il s'agit sans doute ici du chevalier Jean de Belzunce, reçu
chevalier de Malte en 1777.

XIV

Hertford-street, n° 41, may fair.
Ce 23 (avril 1792).

JE ne crois pas que nous soyons les premiers à lire nos lettres[1]. Les vôtres restent un temps en chemin, qui me prouve qu'elles s'y arrêtent. Pourvu qu'un beau jour elles ne s'y fixent pas jusqu'à s'y confisquer! Ah! je vous avoue, par exemple, que, si telle chose arrivait, je deviendrais plus antirévolutionnaire qu'aucun aristocrate.

J'ai soupé hier à côté de quelqu'un qui ne l'est guère. Il a nom M. Sheridan[2]. Nous avons beaucoup causé de vous d'abord, et puis de l'état des choses. Il croit beaucoup en l'un, et espère encore de l'autre. Tout lui paraît si peu perdu en France qu'il se flattait qu'ils en gagneront quelque chose[3] en Angleterre. La province de Manchester vient de voter des remercîments à M. Payne pour son admirable livre[4]. On parle beaucoup des droits du peuple, des vices de la représentation : « Et incessamment, me disait-il, la lumière luira dans les ténèbres du ministère. Encore un peu de temps, et vous verrez. » Je me suis plu particulièrement à écouter sa conversation. Il y a une âme dans son esprit et un esprit dans son âme, qui vivifie toutes ses expressions et communique toutes ses impressions. Je crois véritablement qu'il est l'homme de feu de Prométhée [5].

Mais quittons le genre fabuleux pour nous remettre un peu terre à terre. De bonne foi, concevez-vous que la France, dans de si grandes et de si terribles circonstances, puisse choisir un si petit génie pour les conduire, le chevalier de Grave [6], enfin, si connu dans le militaire par la *Folle de Saint-Joseph* [7] ! Ah ! vraiment, pour avoir de ces ministres-là, il n'y a, comme on dit, qu'à se baisser et en prendre.

Est-il vrai que le ci-devant [8] a rapproché, réuni, coalisé M. d'Orléans de La Fayette ? On prétend que par ses soins ils ne font plus qu'un cœur et qu'une âme ; bien plus sûrement encore, à eux deux, ils ne feront qu'un esprit.

A propos d'esprit, on nous envoie ici le petit Chauvelin [9] pour ambassadeur. Il professera, et l'évêque de *** [10] exercera. Je trouve que c'est trop et trop peu pour lui. Il ne doit être ni le représentant de la France, ni le mannequin d'un autre. Ne le pensez-vous pas ? Que pensez-vous de Bozon [11] que le conseil des princes a détaché de Coblentz à Naples à titre de chargé d'affaires ? Assurément, ils n'en veulent pas faire de bonnes.

Je pars après-demain pour la campagne. Je vais chez une lady Melbourne [12], ci-devant maîtresse du prince, à présent du duc de Bedford ; mais toujours tant tenu, tant payé. Elle a retourné le proverbe ainsi : Tant vaut la terre, tant vaut l'homme.

La *French Duchess* [13] y sera probablement. Ses soins et son zèle ont échoué à m'empêcher d'y être priée. Ils sont plus fructueux auprès de la Salisbury [14]. L'entrée de Hatfield [15] m'est interdite. J'espère que ce lieu n'est pas si délicieux que ce soit comme être chassé du paradis terrestre.

Charles de Noailles [16] repart dans huit ou dix jours. Le prince [17] en est d'une jalousie exemplaire. Il ne quitte plus Madame Fitz-Herbert nuit et jour. Je crois cependant que l'autre jour, pendant son lever [18], elle a couché avec Charles. C'est un bon enfant, qui aurait eu beaucoup de succès ici, si les Français n'avaient pas toujours déjoué sa figure en parlant de sa stupidité. MM. de Ta....e et de Car... [19] se sont particulièrement distingués à son sujet.

Ce dernier est parti pour Paris. Il est allé arranger ses affaires. J'espère que ce ne sera plus aux dépens des vôtres. Parlez-m'en donc, quand vous m'écrirez ; elles me touchent bien autrement que celles du moment ne m'intéressent. Si vous y pensez aussi, envoyez-moi la lettre de M. de Car...y.

Pour Dieu, répondez à Saint-Léger. Je vous ferai remords tant que vous ferez paresse avec lui.

Le Prince a chargé M. de C...y [20] de vous dire les choses les plus tendres et les plus aimables de sa part. Je suis très contente de lui et d'elle [21] pour vous et moi.

Adieu. Il est possible que, dans peu, j'aille, pour peu aussi, à Paris. J'ai envie d'y voir ma mère, d'y faire mes paquets devant elle, et de m'y faire arracher une dent. Tout cela n'est pas gai, mais très raisonnable et bien lumineusement et sagement imaginé.

1. *Je ne crois pas que nous soyons les premiers à lire nos lettres.* — L'année précédente, Pierre [Manuel, procureur-syndic de la ville de Paris, avait dénoncé avec indignation, dans son curieux ouvrage : *La Police de Paris dévoilée* (Paris, 1791, 2 vol. in-8), les coupables agissements de la police de M. de Sartines, qui ne respectait pas le secret des lettres ; mais la nouvelle administration policière, établie depuis la prise de la Bastille, et confiée à la Commune de Paris, n'avait eu garde de supprimer le cabinet noir, chargé d'ouvrir les lettres suspectes, au profit du règne de la Liberté.

2. *M. Sheridan.* — C'est le célèbre auteur dramatique et homme d'État anglais, né à Dublin en 1751, mort en 1816, Il fut le plus redoutable orateur de l'Opposition sous le ministère Pitt.

Une remarque générale à faire, c'est qu'en fait d'Anglais et d'Anglaises, la marquise de Coigny ne voyait à Londres que les personnes de l'Opposition, c'est-à-dire du parti libéral (*whig*). Les amis du prince de Galles étaient de ce parti-là.

3. *Il se flattait qu'ils en gagneraient quelque chose en Angleterre.* — Sheridan entendait par là, que la nation anglaise devrait à la Révolution française un accroissement de ses droits et de ses libertés politiques.

4 *L'admirable livre de Payne.* — Ce livre sur les *Droits de l'homme* avait paru en mars 1791. Il fut traduit en français immédiatement par F. Soulès et publié à Paris, en 1791, sous le titre : *les Droits de l'homme, ou Réponse à l'attaque de M. Burke sur la Révolution française.*

5. *L'homme de feu de Prométhée.* — Selon la Fable, Prométhée, fils de Iapet et de Clymène, déroba le feu du ciel pour animer l'homme, qu'il avait formé avec le limon de la terre. Mme de Coigny veut dire que Sheridan était, en quelque sorte, le type divin d'un nouvel homme.

6. *Le chevalier de Grave.* — Le chevalier de Grave était, avant
la Révolution, colonel du régiment d'Orléans; sa liaison avec
le parti orléaniste et les chefs du parti révolutionnaire le
porta, le 9 mars 1792, au ministère de la guerre, où il remplaça le comte de Narbonne. Mme Roland, dans ses *Mémoires,*
dit de lui : « C'était un petit homme, que la nature avait fait
doux; à qui ses préjugés inspirèrent de la fierté; que son
cœur sollicitait d'être aimable, et qui, faute d'esprit pour les
concilier, finissait par n'être rien. »

7. *La Folle de Saint-Joseph.* — C'est le titre d'une nouvelle, composée par le chevalier, depuis marquis, de Grave, et
imprimée dans *les Folies sentimentales, ou l'Égarement de l'esprit par le cœur* (Paris, Royez, 1787, 2 vol. in-12).

8. *Le ci-devant.* — Ce doit être le ci-devant ministre de
la guerre, le comte de Narbonne, qui venait d'être remercié
ou plutôt révoqué.

9. *Le petit Chauvelin.* — Voyez la note 3 de la lettre précédente.

10. *L'Évêque de...* — C'est Talleyrand, évêque d'Autun,
envoyé alors en Angleterre comme chargé d'une mission
spéciale.

11. *Bozon.* — C'est Bozon de Périgord, frère cadet de
Talleyrand.

12. *Lady Melbourne.* — Voyez la note 13 de la lettre I.

13. *La French Duchess* (la duchesse française). C'est la
duchesse de Piennes.

14. *La Salisbury.* — Marie-Amélie Hill, fille du marquis
de Downshire, née en 1750, mariée en 1773 au comte de
Salisbury, périt malheureusement, en 1835, dans l'incendie de
son château de Hatfield. Passionnée pour la chasse, elle fut
une des élégantes de son époque; elle avait fixé pendant
quelque temps l'attention du prince de Galles (George IV).
Son mari, fait marquis de Salisbury en 1789, devint chevalier
de la Jarretière en 1793.

15. *Hatfield.* — Un des plus beaux châteaux de l'Angleterre, situé dans le comté de Hertford, à huit lieues de Londres, résidence du marquis de Salisbury.

16. *Charles de Noailles.* — Charles-Arthur-Jean-Tristan-Languedoc de Noailles, fils aîné de Louis-Philippe-Marc-Antoine de Noailles, prince de Poix; né en 1771. Il avait épousé, en 1790, Nathalie de Laborde, fille du célèbre banquier de la Cour. Il émigra en 1791, peu de mois après la naissance d'une fille, en laissant sa jeune femme à Paris, chez M. de Laborde, qui devait périr sur l'échafaud révolutionnaire : il quitta Londres pour faire la campagne de 1791, dans l'armée des Princes, et repassa en Angleterre, après le licenciement de cette armée. Il devint duc de Mouchy, à la mort de son grand-père, le maréchal de Mouchy, guillotiné en 1794. Ayant été rayé sur la liste des émigrés par l'intercession de Mme Bonaparte, il rentra en France vers 1800, mais vécut toujours séparé de sa femme, quoiqu'il n'y eût pas de rupture entre eux. Sous la Restauration, il fut créé maréchal de camp, en 1815, et lieutenant général, en 1816. A la mort de son père, en 1819, il prit le titre de prince-duc de Poix; il n'est mort qu'en 1834. Voy. la notice sur Mme la vicomtesse de Noailles, par S. N. S. (Sabine Noailles Standish), publiée dans les *Mélanges de littérature et d'histoire de la Société des bibliophiles français* (Paris, Techener, 1856, in-8°).

17. *Le Prince.* — Le prince de Galles.

18. *Le lever du prince de Galles.* — Grande réception, où les hommes ayant leur entrée à la Cour défilent devant le prince. Les dames n'y assistent pas.

19. *MM. de Ta....e et de Car...y.* — Le nom de Tarente a été à moitié gratté, parce qu'il était écrit en toutes lettres. Quant au nom de Car...y, c'est évidemment Carency.

20. *M. de Co...y.* — Le marquis de Coigny.

21. *Je suis très content de lui et d'elle.* — Lui, c'est le prince de Galles; *elle*, c'est Mme Fitzherbert, sa maîtresse et sa favorite.

XV

Ce 4 mai (1792).

Il y a quinze jours que je n'ai reçu de vos nouvelles, mais je le regrette trop pour vous donner, par ma paresse, la même cause d'inquiétude et chagrin. Je cherche inutilement à deviner votre situation actuelle. Ma pénétration ne saurait la découvrir. Les uns disent que vous êtes en trêve, d'autres, en guerre, mais tout cela ne saurait me laisser en paix.

De grâce, donnez-moi donc des moments de tranquillité le plus que vous pourrez. Songez qu'au lieu de languir dans l'attente, j'y mourrais dans ces circonstances.

On me mande de Paris que vous êtes chargé d'attaquer Mons [1]. Je vous y espère autant de succès que je vous en souhaite. Je crois qu'il y a tout à gagner à ne pas perdre de temps. Adieu ; je n'ai que celui de vous assurer que mon tendre intérêt ne permettra pas plus à mon souvenir qu'à mon cœur de se détacher ou de se distraire de vous.

Il n'y a pas de calomnie atroce qu'on ne débite sur M. de Chauvelin [2]. Enfin, M. Carency a été dire à M. Burke [3], qu'il était déguisé en poissarde, le 6 octobre [4] !

1. *Lauzun chargé d'attaquer Mons.* — Voy. la note 1 de la lettre qui suit;

2. *M. de Chauvelin.* — Voy. la note 3 de la lettre XIII. Chauvelin avait été accrédité, à Londres, en qualité de ministre plénipotentiaire de Louis XVI, le 2 mai 1792. A la nouvelle de l'exécution de Louis XVI, le Gouvernement anglais lui signifia, le 24 janvier 1793, que sa mission avait nécessairement cessé par la mort du souverain dont il tenait ses lettres de créance, et lui envoya ses passeports, avec l'invitation de quitter la Grande-Bretagne dans l'espace de huit jours. (Correspondance imprimée dans l'*Annual Register* pour l'année 1793.)

3. *Burke.* — Edmond Burke, né à Dublin, en 1730, orateur et publiciste, qui ne cessa d'attaquer dans ses écrits la Révolution française, mort en 1797.

4. *Le 6 octobre.* — Ces déplorables journées des 5 et 6 octobre 1789 furent incontestablement l'œuvre du duc d'Orléans, ou du moins de son parti. La *Biographie moderne*, publiée en 1806, raconte ainsi l'invasion du château de Versailles par les conjurés : « Un attroupement immense de femmes, escortées de brigands armés de piques et de fusils, se dirigea, le 6 octobre, sur Versailles. La garde nationale le suivit pour empêcher le désordre ; mais, dans la nuit, des scélérats déguisés en femmes, forcent les sentinelles, entrent dans le château, enfoncent les portes, massacrent les gardes, cherchent vainement la reine pour l'immoler à leur furie, et frappent à coups de sabre le lit dont elle venait de s'échapper. » Le résultat prévu de cette insurrection fut de ramener le roi et la famille royale à Paris, où vint s'établir alors l'Assemblée nationale. « On a souvent mis en question, dit la *Biographie*

moderne, si le duc d'Orléans s'était trouvé en personne, pendant la nuit du 5 au 6, à Versailles ; ses partisans l'ont nié, mais il est difficile cependant de révoquer en doute le témoignage d'un homme tel que M. Malouet, qui assura, dans sa déposition au Châtelet, l'y avoir vu et même lui avoir parlé. »

XVI

Hertford-street, may fair.

Ce 7 mai (1792).

A tête me tourne d'inquiétude. Qu'est-ce que ces nouvelles de Flandre [1], qui se répandent aujourd'hui? On dit que vous avez été battu, que M. Dillon [2] a été massacré, et que vous n'avez eu juste que le temps d'échapper! Mon Dieu! à quelles scènes d'horreur sommes-nous donc réservés, et dans quelles cruelles angoisses je vais passer le temps de cette maudite guerre! Par grâce, faites-moi donner de vos nouvelles, chaque poste, ne serait-ce que par votre laquais! J'ai besoin d'en recevoir exactement, pour ne pas mourir d'inquiétude. Je vous assure que c'est bien assez d'être condamnée à en vivre.

Mais qu'est-ce donc que cette désertion qui s'est mise dans votre armée? D'où peut venir cette lâcheté dans des âmes dont le cri naturel est : *Vivre libre ou mourir!* Ah! comment ne pas croire à présent que l'avilissement de la servitude forme un meilleur esprit de corps que l'enthousiasme de la liberté! Et comment ne pas s'effrayer de voir ce qu'on aime exposé au danger de périr par ceux mêmes qu'il défend!

M. de Chauvelin est aussi consterné que moi de

cette malheureuse nouvelle. Nous gémissons sur le présent, nous tremblons pour l'avenir. Il n'y a que regretter le passé que nous ne puissions encore faire.

Adieu. Jamais je n'ai si cruellement souffert de vous, si tendrement aimé. Tout le monde ici est aussi . bien pour vous, que mal pour votre cause. En vérité, il faut être juste : elle se défend mal.

1. *Qu'est-ce que ces nouvelles de Flandre?* — Biron avait un commandement dans l'armée qui était sous les ordres de Rochambeau et qui devait agir entre l'Océan et la Meuse ; le quartier général était au camp de Famars, près de Valenciennes. Le 28 avril 1792, Biron reçoit l'ordre de partir, avec 10,000 hommes, de Valenciennes, pour attaquer Mons, pendant que Dillon, avec 4,000, marcherait, de Lille, sur Tournay. Ayant passé la frontière, Biron rencontra à Jemmapes une colonne autrichienne d'environ 4,000 hommes, et n'osa l'attaquer. Le lendemain, c'est lui qui est attaqué par l'ennemi : deux régiments de dragons français tournent bride, l'effroi se communique de proche en proche, et toute la division est entraînée. Voy. l'*Invasion prussienne en* 1792, par Alf. Michiels, p. 228-229.

2. *M. Dillon.* — Le comte Théobald de Dillon, colonel au service de France et maréchal de camp constitutionnel à l'armée de Flandre en 1791. Le 28 avril 1792, il reçut l'ordre, à la fin d'avril, de sortir de Lille avec un corps de troupes et d'aller attaquer Tournay ; mais, ayant été battu par le général autrichien d'Harnoncourt, il fut accusé de trahison et aussitôt massacré par ses soldats unis à la populace.

XVII

Chapel-street, west, may fair, n° 3.
Ce 25 (mai 1792).

VOTRE position me fait mourir d'impatience et d'inquiétude. Je crains vos ennemis [1] autant que je les méprise. C'est vous dire assez la terreur qu'ils m'inspirent à votre sujet. Croyez-moi, méfiez-vous de leurs embûches plus encore que de celles du général Beaulieu [2] et compagnie. Je n'estime pas plus votre maréchal [3] que ses agents, et je pense que vous ne pouvez trop vous tenir avec lui sur cette *défensive* où vous dites qu'il est si fort.

Plus j'y réfléchis, et plus je trouve que Luckner [4] vaudrait mille fois mieux à conserver. Je crois ce vaurien de bien meilleure foi que tous vos gens de probité et d'honneur. Ah! mon Dieu! que je suis lasse et dégoûtée de toutes ces vieilles réputations de vertu! Celle de patriotisme du vicomte de Noailles [5] me paraît également usurpée actuellement. Je lui en ai écrit mon sentiment, qui ne m'a pas paru son avis. Mon Dieu! quelle drôle d'idée que celle des rations de célébrité que vous voudriez pouvoir lui faire obtenir! quelle aimable manière vous avez de ridiculiser ce qui n'est que pitoyablement coupable!

J'apprends, dans l'instant, qu'une nouvelle affaire s'est engagée avec les Autrichiens, et que l'issue, quoique moins funeste, n'a guère été plus favorable à notre cause. Votre nom ne s'y trouvant pas, mon intérêt en attend les détails avec moins d'impatience.

Depuis quelques jours, il y a eu ici des émeutes dans quelques villages, qui ont inspiré la proclamation du Roi [6], que je vous envoie avec son commentaire. On parle aussi beaucoup d'un camp, pour le 14 juillet, près Windsor [7], qui annonce plus de craintes qu'il n'inspirera de sécurité. On voit de très mauvais œil, dans l'Opposition, ces précautions ministérielles.

Adieu. Quand les intrigues de ce genre seront-elles au moins suspendues en France?

Je suis, depuis huit jours, établie, malade, dans une si jolie petite maison, que je la garderais pour mon plaisir si je pouvais quelquefois vous y attendre. Ah! quand donc viendra ce moment!

1. *Vos ennemis.* — C'étaient les généraux républicains et royalistes, qui se trouvaient sous les ordres de Lauzun, entre autres le général Valence. Voy. ci-dessous la lettre de Lauzun au ministre de la guerre.

2. *Le général Beaulieu.* — Le baron de Beaulieu, originaire du Brabant, fut d'abord général d'artillerie au service de l'empereur d'Autriche: il avait pris sa retraite, à l'âge de 55 ans, lorsqu'il eut le commandement de l'armée impériale, en 1789, à la place du général d'Alton. « Le 29 mai 1792, se trouvant à la tête de 1,800 hommes d'infanterie et de 14 ou 1,500 de cavalerie, et ayant pour toute artillerie dix pièces de canon de 3 livres, il fut attaqué par le général Biron, qui avait sous ses ordres 12 à 13,000 hommes. Il n'y eut, ce

jour-là, qu'une canonnade sans effet ; mais Beaulieu, ayant reçu un renfort de deux bataillons d'infanterie et 200 hommes de cavalerie de l'armée de Bourbon, attaqua, à son tour, les Français, les battit complètement, leur tua 200 hommes, et, après leur avoir pris 5 pièces de canon, les força de se retirer sur Valenciennes. » *Dictionnaire biographique et historique des Hommes marquants de la fin du XVIIIe siècle*. Londres, 1800, 3 vol. in-8.

3. *Votre maréchal.* — C'est le maréchal de Rochambeau, qui commandait l'armée du Nord et dont le parti révolutionnaire demandait le rappel. Lauzun le défendait et le soutenait de telle sorte qu'il avait écrit au ministre de la guerre la lettre suivante, que Servan, successeur du chevalier de Grave au ministère, communiqua à l'Assemblée dans la séance du jeudi 10 mai :

« Mon honneur m'oblige à vous déclarer positivement que l'armée du Nord doit être considérée comme perdue, si M. le général de Rochambeau l'abandonne ; qu'un très grand nombre d'officiers distingués, ceux qui servent le plus utilement, sont invariablement déterminés à quitter l'armée, et qu'alors elle sera dans un tel état, qu'on peut la regarder comme détruite, si elle est attaquée. Je puis m'y faire tuer comme soldat, mais je puis moins qu'un autre me charger de l'extraordinaire responsabilité d'un commandement d'intérim, pendant lequel les plus désastreux événements doivent se passer. Je finirai la campagne sous les ordres de Rochambeau : j'ai fort à cœur de lui prouver encore une fois que la manière dont mes généraux me traitent n'influe nullement sur celle dont je sers, et qu'il s'est trompé, en annonçant que nous avions perdu tous deux la confiance des troupes.

« Le lieutenant général BIRON. »

Après la lecture de cette lettre, que la marquise de Coigny avait pu voir imprimée dans le *Moniteur universel* du samedi 12 mai 1792, l'Assemblée passa à l'ordre du jour.

4. *Luckner.* — Le vieux maréchal Luckner (né en 1722, guillotiné en 1794) commandait une armée de cinquante

mille hommes, chargée d'opérer entre les Vosges et le Rhin. Lorsque Rochambeau, après les malheureuses affaires de Mons et de Tournay, eut obtenu un congé illimité, Luckner le remplaça dans le commandement de l'armée de Flandre, où se trouvait Lauzun.

5. *Patriotisme du vicomte de Noailles.* — Expression ironique, à propos du départ du vicomte de Noailles pour Coblentz.

6. *La proclamation du Roi.* — Cette proclamation de George III, en date du 21 mai 1792, avait pour objet de prévenir et d'empêcher les rassemblements et les écrits séditieux ; car la fièvre révolutionnaire qui sévissait en France commençait à gagner l'Angleterre.

7. *Un camp, pour le 14 juillet, près Windsor.* —On lit dans une correspondance, datée de Londres, le 23 mai 1792, que l'*Argus patriote* publia dans son n° 94, p. 909 :

« Le duc de Richmond et le colonel Moncriffe se sont rendus, avant-hier, à Bagshot, village situé à 15 milles environ de la capitale, pour examiner le terrain et lever le plan d'un camp, qui doit être formé dans les premiers jours de juillet. Ce camp sera composé de 7,000 hommes, dont 5,000 d'infanterie, deux escadrons de dragons légers et deux bataillons d'artillerie. Le duc d'York commandera ces troupes et le roi les passera en revue. Il est probable que les ministres ont cru devoir disposer des moyens de force, prêts à être employés dans le cas où l'anniversaire de la Révolution française occasionnerait quelque désordre dans la capitale. »

XVIII

Chapel-street, west, may fair, n° 3.
Ce 12 (juin).

Je vous remercie, ou plutôt je vous bénis de l'exactitude aimable avec laquelle vous me donnez des nouvelles, et surtout des vôtres, depuis quinze jours. Si elles ne dissipent pas mes inquiétudes, du moins elles les calment, et pour qui ne saurait être content, c'est déjà beaucoup d'être tranquille. Conservez-vous, je vous conjure, l'amour de l'armée. Il sera peut-être bien aussi utile pour la chose publique que pour vous-même.

Il se répand un bruit sourd, comme disait M. Necker, que M. de La Fayette doit venir à Paris[1], fortifié d'un parti puissant qu'il s'est fait, et qu'il y rétablira la Constitution sur des bases inébranlables, c'est-à-dire avec deux Chambres ; beaucoup d'aristocrates, même de Coblentz, se rallieront volontiers à ce plan. Ils sont très découragés pour les Princes, qui ne les paient plus, et très choqués contre le roi de Hongrie, qui ne les encourage pas même de quelques égards.

Prenez ceci pour des bêtises, si vous voulez, mais ne les regardez pas comme des fables de ma composition. Je vous assure que mes conjectures ne sont pour rien dans ces projets, et que ma prévoyance n'ajoute rien à mes connaissances dans ce genre.

Au reste, l'argent manque au trésor des Princes, à Coblentz, tout comme au trésor royal. Lord Malmesbury [2], qui arrive de Coblentz, m'a dit qu'ils ne savaient plus de quel côté donner de la tête, et que le déficit la tournait même à M. de Calonne, qui en a pourtant l'usage. Il m'a appris que l'impératrice de Russie [3] leur avait donné deux millions; Léopold [4], promis deux et donné un, ce qui n'était tromper que de moitié, et, par conséquent, pas trop pour lui; que le roi de Naples [5] avait donné douze cent mille francs, et qu'on attendait un million du roi d'Espagne [6], qu'on craignait beaucoup de ne plus voir venir, depuis l'avénement de M. d'Aranda [7]. En tout, il m'a fort intéressée et extrêmement amusée par les détails qu'il m'a donnés de cette petite Cour et de ses intrigues, ou plutôt de cette société et de ses commérages. Vraiment, le Français est alternativement l'enfant ou la vieille femme de l'Europe.

Nous avons causé longtemps aussi de Madame Nigretta [8], avec qui il a passé l'hiver à Naples. Comme de raison, il l'aime avec passion, et en parle avec enthousiasme. Elle est toujours à Paris, et il lui propose sa maison à Londres pour venir y faire ses couches, car enfin elle est grosse de quatre mois. Son mari [9] doit aller à Coblentz, en dépit des conseils de lord Malmesbury, qui m'a dit lui avoir écrit pour l'en empêcher. Il m'a dit aussi avoir vu une lettre de huit pages, sur la table de Nigretta, à mon adresse, mais je crois que mon nom ne servait que d'anonyme [10] à cette production épistolaire, car jamais je ne l'ai reçue. Ses préventions aristocratiques sont particulièrement *orléanaises*, à ce qu'il m'a assurée. Ce n'est pas bien aimable pour nous; mais qu'importe? il lui faut pardonner, parce qu'il la faut aimer.

Adieu. Je pars pour aller passer huit jours à Bagshot, chez le Prince, pour les jours d'Ascot [11], mais je reviendrai vendredi pour le jour de la poste. Voilà le véritable intérêt de ma vie, le reste n'en est que le remplissage.

1. *M. de La Fayette doit venir à Paris.* — La Fayette commandait une armée de soixante mille hommes, dont le quartier général était à Metz et qui devait agir entre la Meuse et les Vosges. Il vint, en effet, à Paris, mais seulement après avoir appris les détails de la journée du 20 juin. C'est le 28 juin 1792 qu'il se présenta à la barre de l'Assemblée.

2. *Lord Malmesbury.* — Ce diplomate, né en 1746, mort en 1820, avait été successivement ministre d'Angleterre à Berlin, à Saint-Pétersbourg et à La Haye. Il était allé à Naples, dans l'hiver de 1791, puisque c'est à Naples qu'il avait rencontré la duchesse de Fleury, et, lorsque la marquise de Coigny eut occasion de se rencontrer avec lui à Londres, il revenait, depuis peu, de Coblentz, ayant débarqué à Douvres le 2 juin 1792. Voy. MALMESBURY's *Diaries and Correspondence*, II, 415.

3. *L'impératrice de Russie.* — Catherine II, morte en 1796.

4. *Léopold.* — L'empereur Léopold II était mort le 2 mars 1792.

5. *Le roi de Naples.* — Ferdinand IV, roi des Deux-Siciles, s'étant joint à l'Autriche et à l'Angleterre contre la France en 1795, fut forcé de demander la paix. Il perdit son royaume de

Naples en 1798 et le recouvra en 1815. Mort en 1825. Sa femme, la fameuse reine Caroline, était la propre sœur de Marie-Antoinette.

6. *Le roi d'Espagne.* — Charles IV, né en 1748, fils de Charles III ; il devint roi d'Espagne en 1788. Il déclara la guerre à la République française, en 1793, après l'exécution de Louis XVI. Mort en 1819.

7. *M. d'Aranda.* — Voy. la note 7 de la lettre XI.

8. *Nigretta* — C'est le nom de guerre ou le surnom de la charmante Aimée de Coigny, duchesse de Fleury, qui fut, en 1794, la *Jeune Captive*, célébrée par André Chénier, dans la prison de Saint-Lazare. Sa cousine, la marquise de Coigny, la nommait Zilia, dans la seconde des Lettres, que nous publions d'après les originaux. Voy. cette lettre et les notes qui s'y rapportent. Ainsi Aimée de Coigny se faisait appeler, par ses amis, *Zilia, fille du Soleil*, par allusion à l'héroïne des *Lettres d'une Péruvienne*, roman de Mme de Graffigny, et *Nigretta*, probablement à cause de la couleur de ses cheveux et de ses yeux noirs, ainsi que de son teint de jolie brunette.

9. *Son mari.* — Aimée de Coigny avait épousé, à l'âge de quinze ans, André-Hercule de Rosset de Rocozel, petit-neveu du cardinal de Fleury ; ce jeune duc de Fleury, né le 30 mars 1770, était encore plus jeune que sa femme.

10. *Mon nom ne servait que d'anonyme.* — Mme de Coigny s'est trompé de mot ; c'est *pseudonyme*, au lieu d'*anonyme*, qu'elle aurait dû dire.

11. *Les jours d'Ascot.* — Ce sont les jours des courses d'Ascot, qui ont lieu dans la première semaine de juin. Ces courses réunissent l'aristocratie, en ce moment-là présente à Londres. Le prince de Galles y assiste invariablement, et en fait, pour ainsi dire, les honneurs, en offrant un grand déjeuner à ses nombreuses connaissances.

XIX

Chapel-street, west, may fair, n° 9.
Ce 18 (juillet ?) 1792.

EH BIEN ! où en sont les affaires publiques ? Tournent-elles toujours aussi honteusement que prochainement à une chute absolue ? Je vous avoue que je le crois bien autant que je le crains. La conduite lâche et féroce de l'armée [1] ne promet que des revers et des crimes. Pourvu encore qu'ils vous épargnent dans leurs implacables soupçons !

Ah ! mon Dieu ! que je voudrais vous voir sorti patriotiquement et honorablement de ce dédale de périls et de perfidie [2] ! Ah ! je vous assure que la chose publique m'importe peu, en comparaison de cet intérêt particulier, et que le *Salvum fac legem et regem* est bien négligé dans mes prières.

Exaucez donc celle que je vous fais de m'écrire régulièrement ou plutôt de me faire donner de vos nouvelles, car c'est là justement ce que je veux dire ; songez que mon âme est tellement en vous, que je ne sens rien en moi que souffrance et inquiétudes, lorsqu'elle n'est pas rassurée sur vous.

Je me surprends souvent à me féliciter de ne pas être à Paris, depuis l'affaire de Mons et de Tournay. Les congratulations aristocratiques me choqueraient mille fois plus que l'insouciance britannique. Au moins, ce dernier inconvénient n'est que passif.

On parie toujours, dans l'Opposition, que la France se relèvera de ses premières défaites et que l'armée retrouvera son courage et obtiendra des succès à la première occasion. Est-il vrai que Maubeuge a été sommé par le général Beaulieu de se rendre sous trois jours, ou menacé d'être tiré à boulets rouges, et que la prudence nationale n'a pas hésité dans le choix?

Adieu. Aimez-moi ainsi que je pense à vous, c'est-à-dire constamment et tendrement.

1. La marquise de Coigny avait toujours sous les yeux et dans la pensée l'insurrection militaire du corps de troupes, commandé par le général Dillon, qui avait été massacré par ses propres soldats.

2. Lauzun, à la date de cette lettre, avait déjà passé ou était sur le point de passer, de l'armée du Nord, à l'armée du Rhin, sa nomination au commandement en chef de cette armée étant du 9 juillet 1792. Carnot, Coustard, Prieur et Riller, commissaires de l'Assemblée nationale auprès de l'armée du Rhin, écrivaient à l'Assemblée, du quartier général de Weissembourg, à la date du 17 août 1792: « Nous n'avons pu ne pas voir que l'armée du général Biron est travaillée dans tous les sens par les plus dangereuses intrigues. Le général Biron seul la contient contre la séduction, par l'ascendant que lui donnent sa droiture, son courage et son dévouement sans bornes à la cause qu'il a embrassée et dans laquelle il a constamment marché, sans dévier un seul instant. »

XX

(Fin juillet 1791.)

IL faut prendre le temps comme il vient, et voilà ce qui fait que vous êtes si triste. En vérité, le moment est sérieux, au moins.

Cette lettre de La Fayette [1] nous semble ici également pouvoir être signée *Monck* et soupçonnée *Cromwell*, et, quant à moi, le soupçon est tout prêt de faire la preuve.

Les propos de votre Charles [2] ne sont que le délire des raisons de ce général. Ils le démasquent mieux encore qu'ils ne peuvent le servir. Ne l'arrêtez pas trop tôt, quand il commence à les tenir. Il faut que son impétueuse indiscrétion accuse la profonde dissimulation de ses maîtres.

Quant à votre Luckner [3], je le laisserais à son Valence [4], et je maîtriserais la vanité de celui-ci, en lui donnant de l'ombrage des projets ambitieux de ses rivaux, Lameth, etc. Un sot est toujours plus à l'envie qu'à tout autre sentiment.

A propos de sot, le duc de Coigny [5] m'est tombé sur les bras depuis avant-hier, et je porte son désœuvrement et son ennui cruellement sur les épaules. Ses rabâchages politiques sont encore plus ennuyeux que ses radotages économiques, et la parcimonie de l'esprit est encore pis que celle de l'écu. J'espère que l'amour de la gloire l'arrachera bientôt à celui de sa famille, dans laquelle il prétend ici vivre exclusivement. Le vicomte de Noailles est toujours à Londres, buvant, mangeant, tellement qu'il parle toujours la bouche pleine. On le nourrit mieux qu'on ne l'écoute, mais, cependant, on le traite bien. Le Prince même [6] l'a reçu ainsi chez lui.

Adieu. Je crois que Charles va partir, pour servir avec les Autrichiens, demain où après.

1. *Lettre de La Fayette.* — Le 30 juin 1792, ayant pris congé du roi Louis XVI pour retourner à son armée, La Fayette écrivit à l'Assemblée une lettre, dans laquelle il protestait de son attachement à la royauté, de son amour pour la personne du roi, etc.

2. *Votre Charles.* — Ce Charles doit être Charles Lameth, qui, au début de la campagne de 1792, commandait, en qualité de maréchal de camp, la division de cavalerie dans l'armée de Flandre et qui, par conséquent, était le compagnon d'armes de Lauzun.

3. *Luckner.* — Ce général bavarois, au service de France, avait pris le commandement de l'armée de Flandre, le 4 mai 1792. Le 28 juin, il écrivit au roi, pour lui témoigner l'indignation qu'il avait éprouvée en apprenant les événements de la journée du 20 juin à Paris, et pour l'inviter à déjouer par son énergie les projets des anarchistes. Le lendemain, il annonçait que la faiblesse, l'inexpérience et l'indiscipline de son armée l'obligeaient à concentrer ses troupes sur la frontière. Le 5 juillet, il passa son armée en revue, accompagné du général La Fayette, et il exprima hautement son dévouement

pour le roi constitutionnel. Dans le courant du même mois, il fut nommé généralissime des armées françaises, et, laissant le commandement de celle de Flandre à Biron, il se rendit à l'armée du Centre ou de la Moselle, destinée à opérer entre les Vosges et le Rhin, dont le quartier général était à Weisse.

4. *Valence.* — Le comte de Valence (Cyrus de Tymbrune), colonel de dragons au service de France, s'attacha, dès 1789, au parti d'Orléans, après avoir épousé une fille de la comtesse de Genlis. Il devint officier général en 1791, et fut attaché à l'armée de Flandre en 1792, commandée par Luckner, qui lui céda une partie de son commandement, en se rendant à l'armée de la Moselle. Il servit plus tard sous Dumouriez, dont il partagea la disgrâce, lorsque la Convention les mit hors la loi l'un et l'autre. Il se retira alors dans le Holstein, « où il demeura, dit le *Dictionnaire biographique et historique des Hommes marquants du XVIIIe siècle* (1800), enseveli dans une obscurité conforme à son caractère et à ses talents ».

5. *Le duc de Coigny.* — C'est le beau-père de la marquise de Coigny. D'après cette lettre, il faudrait croire qu'il n'avait pas attendu le licenciement de l'armée des Princes, pour la quitter. Le mouvement de retraite de cette armée commença seulement le 30 septembre 1792, et ce n'est que le 10 octobre suivant que les Princes publièrent, dans des termes déguisés, l'ordre de licenciement.

6. *Le Prince même.* — Le prince de Galles.

XXI

Ce 17 (août 1792).

MON intérêt pour vous est l'âme de mon existence; ainsi, ne me sachez pas plus gré de vous aimer que de vivre. Mais prenez pitié de mes inquiétudes, auxquelles ce tendre sentiment me laisse en proie. J'ai vraiment l'âme glacée d'effroi et l'esprit frappé de terreur des événements que je viens d'apprendre [1]. Vous pensez bien que c'est surtout pour leurs conséquences relatives qu'ils m'occupent et me tourmentent à cet excès.

Sauf les massacres publics et particuliers [2], qui font toujours horreur à penser comme à voir, la conséquence directe de la déchéance [3] me trouverait très philosophe, et je ne croirais pas le royaume perdu, parce qu'un roi qu'on soupçonne de conspirer contre lui n'est plus chargé du soin de le défendre. Mais ce qui me trouble, me désole, me terrifie, au delà même de l'exagération, c'est l'effet que produira sur l'armée ce grand événement [4]. Je crains que sa confiance en son vieux chef [5] ne la conduise directement à la trahison, et que vous ne deveniez une malheureuse victime de tant de lâches et abominables perfidies.

De grâce, prenez pitié de mon bonheur, et aux dépens même de votre honneur sauvez-vous des dangers, non pas que vous courez, mais qui vous courent, pour ainsi dire. Par tous les courriers adressez-moi un : *Je vous aime et je me porte bien.* Mon cœur ne forme pas d'autres vœux. Le Ciel lui est témoin que ce sont là les premiers et derniers de ses souhaits, et je lui jure que de longtemps je ne l'importunerai d'autres prières.

Il arrive, au moment où j'en suis là de ma lettre, un courrier à la maison Thélusson[6], qui annonce que la Normandie s'est déclarée contre les mesures prises par l'Assemblée et que les troupes sont prêtes à marcher sur Paris. Cette nouvelle est certaine et bien effrayante. Mon Dieu ! voici donc la guerre civile et la guerre étrangère établies à la fois dans ce malheureux pays ! O Liberté, quel mal tu nous causes pour les biens que tu nous as promis[7] !

Adieu, croyez que mon cœur, mon âme et mon esprit sont tout à vous et en vous. Ceci est vrai à la lettre, dans ce moment.

---

1. *L'esprit frappé de terreur des événements.* — Il s'agit certainement de la journée terrible du 10 août et de ses conséquences immédiates.

2. *Les massacres publics et particuliers.* — Outre le massacre général des suisses et des soldats nationaux, qui avaient défendu le roi et le palais des Tuileries contre la populace des faubourgs et les brigands appelés Marseillais, il y eut des massacres dans tous les quartiers de Paris. On estime à plus de cinq mille le nombre des victimes de l'épouvantable journée du 10 août !

3. *La déchéance.* — Le lendemain du 10 août, lorsque Louis XVI et sa famille s'étaient réfugiés dans la salle de l'Assemblée nationale, en réclamant la protection de cette Assemblée, une bande d'hommes du peuple en haillons, teints de sang et armés, envahit la salle et vint demander la déchéance du roi. Un décret fut rendu, en sa présence, qui le suspendait de ses fonctions royales, en proclamant l'établissement d'une Convention, « qui prononcera sur les mesures nécessaires pour assurer la liberté du peuple et le règne de la liberté ».

4. *L'effet que produira sur l'armée ce grand événement.* — Voyez la note 2 de la lettre XIX.

5. *Le vieux chef de l'armée.* — C'est Luckner, nommé généralissime, plutôt que le général Dumouriez, qui s'empara bientôt du commandement de l'armée du Nord. Dumouriez avait alors cinquante-quatre ans ; Luckner, soixante et onze ans.

6. La maison de banque Thélusson, fondée à Paris par un des fils d'Isaac Thélusson, qui fut ambassadeur de Genève à la Cour de Louis XV, avait une succursale à Londres. Necker avait été l'associé du créateur de cette importante maison de banque. Un autre fils d'Isaac Thélusson s'était établi à Londres, vers le milieu du XVIIIe siècle, et avait acquis dans le commerce une immense fortune. Il mourut en 1797, laissant trois fils, dont l'aîné fut élevé, en 1806, à la dignité de pair d'Irlande, sous le nom de baron Rendlesham.

7. *O Liberté ! quel mal tu nous causes pour les biens que tu nous as promis !* — Cette belle phrase offre une analogie frappante avec la parole célèbre de Mme Roland, montant sur l'échafaud : « O Liberté, que de crimes on commet en ton nom ! » Nous donnons la préférence à la phrase de Mme de Coigny.

NOTICE

SUR

LADY ÉLISABETH FOSTER

ET SON AMIE

LA DUCHESSE DE DEVONSHIRE

NÉE SPENCER

———

ADY ELISABETH HERVEY, fille du duc de Bristol, mariée en 1776 à John-Thomas Foster, étant devenue veuve, fut en même temps la maîtresse du duc de Devonshire et la plus fidèle amie de la femme de son amant, sans que cette situation équivoque ait jamais altéré leur amitié mutuelle. Elles vivaient, côte à côte, dans la même maison, comme deux inséparables. La célèbre et belle duchesse de Devonshire loin d'être jalouse de sa rivale, lui savait gré de la délivrer ainsi de ses devoirs de femme mariée. Rien ne troublait donc la bonne intelligence des trois intéressés, dans cette étrange association. La duchesse de Devonshire mourut en 1806; lady Foster la pleura sincèrement et finit par légitimer sa liaison avec le duc de Devonshire, en l'épousant, trois ans après. Elle fut, à son tour, duchesse de Devonshire jusqu'à sa mort en 1824. On voit, dans les lettres qui lui sont adressées par la marquise de Coigny, que le monde aristocratique s'était accoutumé à tolérer ce qu'il y avait

d'anormal dans la position de lady Foster entretenant un
commerce illégitime avec le duc de Devonshire au su et au
vu de la duchesse, qui semblait l'approuver et l'autoriser

On comprendra le mystère de ce mariage à trois, en lisant
ce long extrait de la correspondance de Ferdinand Christin et
de la princesse Tourkestanow, correspondance aussi curieuse
qu'intéressante, qui a paru l'année dernière, à Moscou, dans les
Archives russes ; c'est Ferdinand Christin, qui écrit cette lettre,
le 18 juin 1817.

« J'ai beaucoup connu la duchesse de Devonshire, avant la
naissance de son fils, et quand celui-ci était tout petit, il s'appelait le marquis de Hartington. Cette duchesse était la plus
jolie, la plus aimable et la plus gracieuse des femmes ; elle
avait eu le secret de se faire adorer de tous ceux qui la con-
naissaient. La naissance de ce jeune duc d'aujourd'hui a coûté
150 mille livres sterling à son père. C'est une anecdote dont
j'ai été témoin. Milady Spencer maria sa fille malgré elle,
au duc de Devonshire, qui était sans contredit le premier parti
des trois royaumes, tant pour la fortune que pour la naissance ;
les pleurs de la jeune personne n'eurent pas le pouvoir de
rompre un engagement aussi avantageux ; elle aimait le duc
de Hamilton, et elle en était aimée. Tout cela fut compté pour
rien : on la fit duchesse de Devonshire, elle obéit, mais jura de
demeurer fidèle à celui qu'on lui faisait sacrifier, et pour cet
effet, elle fit, dès le jour de ses noces, ce que fit depuis la
princesse Galitzine, née Ismaïlow : elle refusa toute communi-
cation avec son mari et tint bon pendant plusieurs années. Le
duc de Hamilton ne fut pas moins fidèle, ni moins romanesque ;
il se retira dans ses terres, en Écosse, et laissa croître sa barbe
qu'il porta comme nos mougiks jusqu'à sa mort, que le désespoir hâta.

« Cependant la jeune duchesse demeurait chez son mari,
faisait les honneurs de sa maison, et le duc avait une épouse,
sans avoir de femme ; ce qui ne l'accommodait point. C'était
le plus froid et le plus triste des mortels en société, et on
assure que c'était aussi le plus ardent des hommes en amour.
Ne pouvant vaincre le caprice de sa femme, il prit chez lui

une amie appelée lady Elisabeth Foster et en eut plusieurs enfants. La duchesse le savait et le trouvait fort bon ; elle était
la meilleure amie de lady Elisabeth, et on n'allait point à
Devonshire-House, sans y trouver les deux amies. Le secret de
ce singulier ménage fut bientôt connu publiquement. Le docteur Farquar élevait les enfants du duc et de lady Elisabeth,
sous des noms supposés, et l'on croyait que cette riche et
illustre maison des Cavendish allait s'éteindre dans la ligne
légitime.

« Heureusement que la jeune duchesse, ennuyée du vide
de sa vie, donna à plein collier dans le jeu. Elle perdit, un
hiver, cent mille livres sterling : ce qui fait aujourd'hui deux
millions et demi de roubles. Effrayée de sa situation, elle ouvrit son cœur à Milady Spencer, sa mère, et à son frère lord
Spencer, alors ministre d'État ; ceux-ci firent leur possible
pour la sauver, rassemblèrent tous leurs fonds disponibles,
mais ne purent jamais arriver à la moitié de la somme. Il fallut parler au mari. Lady Spencer va le trouver, et, après un
long préambule, où elle faisait entrer la bonne volonté de
la famille, elle avoua la dette de sa fille et le besoin qu'on avait
du secours du mari, pour en achever le paiement. Le duc
très flegmatiquement demanda à combien se montait la
somme totale : « A cent mille livres ! lui dit-on. — C'est beaucoup, reprit-il, mais je veux la payer seul, à condition de devenir enfin le mari de ma femme. » Les parents, désolés de
la résistance de la duchesse depuis tant d'années, trouvèrent
le procédé du mari fort généreux et ses conditions très légitimes et très raisonnables. On se hâta d'en écrire à la duchesse,
qui pendant cette négociation était allée faire un tour à Spa,
pour éviter la colère du duc.

« On lui manda qu'on avait conclu ce traité avantageux
pour elle, et qu'elle eût à venir sur-le-champ pour le ratifier en
personne ; mais le duc, fort galant, voulut être le porteur de
la lettre : il paya tout, parut à Spa chez sa femme, lui remit
d'une main la quittance de ses dettes et de l'autre les lettres
de toute sa famille. Vous dire si ce fut avec répugnance ou de
bonne grâce qu'elle accéda au traité, c'est ce que je ne pour-

rais faire. Ce que je sais seulement, c'est qu'elle revint enceinte de Spa, à la très grande joie de son mari et de tous ses parents. Mais elle ne mit au monde qu'une fille et retomba dans ses rigueurs pendant plusieurs années encore.

« Les joueurs, qui la trouvaient bonne pratique et qui peut-être s'entendirent cette fois avec le mari, l'engagèrent de nouveau dans le pharaon, et elle y perdit, sur nouveaux frais, cinquante mille livres sterling, que le mari s'engagea à payer, à condition que le traité de Spa serait renouvelé pour toujours, et qu'il en mettrait les clauses en exécution, toutes et quantes fois que cela lui semblerait agréable. C'est à la suite de ce renouvellement d'alliance, que vint au monde le jeune homme que vous voyez aujourd'hui. Les faits m'ont été contés par sa mère, et fort en détail par la grand'mère lady Spencer et par sa tante lady Besborough. Cette pauvre duchesse est morte fort jeune, et son mari lui a peu survécu, mais il avait épousé lady Elisabeth Foster, en secondes noces. »

Sauf quelques inexactitudes de détail, ce charmant récit, croyons-nous, est conforme à la vérité.

LETTRES

DE LA

MARQUISE DE COIGNY

A LADY FOSTER

DEPUIS DUCHESSE DE DEVONSHIRE

1803 - 1806

I

Ce 24 messidor an XI (12 juillet 1803).

Dear lady Elisabeth,

COMME je suis destinée à vous apprendre toujours les bonnes nouvelles, mais à vous les annoncer un peu longtemps d'avance, je vous fais part que lord Duncanon [1] et M. Foster [2] ont obtenu la permission de vous revenir [3]; qu'ils ne passeront pas par Paris et se rendront directement d'Amiens à Calais, ainsi qu'il a été convenu, à ce que me dit M. Green, que je viens de rencontrer sortant de chez Junot[4] et allant écrire à Mengaud[5], pour lui recommander vos deux enfants.

Bonjour, chère lady Élisabeth; j'ai bien du mérite à partager votre joie à toutes deux[6], puisqu'elle nous privera de celle de nous revoir. Mais je vous suis trop généreusement attachée pour ne pas étouffer en mon cœur tout mouvement *selfish* et ne pas vous féliciter de votre bonheur aussi sincèrement que s'il ne nous coûtait pas celui de passer ici l'été avec vous.

Mille congratulations à lady Besborough[7]. J'espère qu'on sera assez content de nous à Devon-House et qu'on y pensera et dira un peu de bien de nos procédés envers les enfants et l'ami de la maison.

Il y a, ce soir, une grande fête chez Madame Divoff[8], pour son jour de naissance, que la bonne dame célèbre, comme étant encore dans son printemps, mais elle en a sûrement beaucoup plus que les roses : les roses n'en ont qu'un, et l'on dit qu'elle en a cinquante et peut-être cinquante et un.

Mille choses à M. Fitz Patrick[9], s'il se souvient encore de nous. M. Hare[10] est à Calais.

1. *Lord Duncanon.* — Fils aîné de lady Besborough, sœur de la duchesse de Devonshire.

2. *M. Foster.* — Lady Foster avait deux fils : Thomas Foster, membre du Parlement, né en 1777 ; Auguste-John Foster né en 1780 ; nommé, en 1804, secrétaire de légation aux États-Unis ; en 1808, ministre en Suède ; plus tard, ministre en Sardaigne ; créé baronnet en 1831 ; mort en 1848.

3. *Ont obtenu la permission de vous revenir.* — Les historiens anglais disent qu'après la rupture de la paix d'Amiens, au mois de mai 1803, le premier acte d'hostilité de Bonaparte, à l'égard de l'Angleterre, fut de faire arrêter et emprisonner tous les Anglais qui se trouvaient alors en France, au nombre d'environ 10,000, pour la plupart voyageurs et commerçants. On assurait même que leurs biens meubles et immeubles avaient été confisqués, sans forme de procès. Cet acte de violence inqualifiable souleva l'indignation de toute l'Angleterre. Voy. *Mémoirs of the Court and Cabinets of George the third*, by the Duke of Buckingham (London, 1855, III, p. 298). Nous croyons qu'il y a beaucoup d'exagération dans le fait tel que le rapportent les historiens anglais. La vérité est qu'un certain nombre d'Anglais de distinction, qui résidaient en France, au moment où l'ambassadeur d'Angleterre, lord Whitworth, quitta Paris, le 13 mai 1803, furent retenus en France tant que dura la guerre, et soumis probablement à des vexations, à des tracasseries de police, durant leur séjour forcé dans le pays qui les gardait comme otages. Cependant quelques-uns de ces étrangers obtinrent l'autorisation de retourner chez eux, comme lord Duncanon et M. Foster.

4. *Junot.* — Le général Junot, qui devint plus tard duc d'Abrantès, avait été nommé, depuis la fin de juillet 1800, commandant de la place de Paris, et il occupa ce poste important jusqu'en février 1804, où il fut mis à la tête d'une division de l'armée d'Angleterre. C'est donc lui qui, comme gouverneur de Paris, avait été chargé de prendre des mesures de surveillance contre les Anglais, que la rupture de la paix d'Amiens avait surpris en France.

5. *Mengaud.* — Cet agent diplomatique, originaire de Bélort, avait d'abord été chargé d'affaires de la République française en Suisse, où il présida, pour ainsi dire, à la révolution de ce pays, lorsque les troupes françaises y pénétrèrent. L'audace et la violence de son caractère l'avaient fait craindre dans toutes les circonstances où il eut l'occasion de se montrer. Nommé, en 1801, commissaire dans les ports de la Manche et du Pas-de-Calais, il déploya la surveillance la plus active,

mais les réclamations qui s'élevaient de toutes parts contre lui le firent destituer en 1804.

7. *J'ai bien du mérite à partager votre joie à toutes deux.* — Cette phrase incomplète est presque inintelligible. La marquise de Coigny a voulu dire qu'elle partageait la joie de lady Elisabeth et de sa sœur lady Besborough, qui allaient revoir leurs fils, lord Duncanon et M. Foster.

7. *Lady Besborough.* Elle était sœur cadette de la duchesse de Devonshire, et avait épousé lord Besborough en 1780. Elle est morte en 1821. — Devon-House est l'habitation des ducs de Devonshire à Londres. La date de cette lettre coïncide avec la *season*, époque où toute l'aristocratie anglaise est réunie à Londres.

8. *Madame Divoff.* — Née comtesse Boutourlin, morte le 8 mars 1813.

9. *M. Fitz Patrick.* — Un Fitz Patrick a été élevé, en 1869, à la pairie sous le nom de lord Castletown. Il est difficile de dire si celui dont il est question ici appartenait à la même famille.

10. *M. Hare.* — Sir Thomas Hare, entré dans l'armée anglaise en 1772, servit avec distinction dans la guerre d'Amérique ; il mourut en 1834.

II

(Août) 1803.

Dear ennemie,

Si vous vous plaignez de mon silence, vous avez raison, mais si je m'en justifie, je n'ai pas tort, comme je vous en ai écrit, il y a à peu près trois semaines, par ce même M. Hare[1], dont je vous ai annoncé le retour et qui ne finit pas de partir, quoiqu'il soit cependant très impatient de nous quitter.

Vous dire pourquoi et comment il est retenu, soit à Paris, soit à Calais, serait trop long à vous détailler, et je lui en laisse le soin, connaissant le talent qu'il a, pour faire valoir les choses les plus insipides, d'intéresser à toutes celles qui le concernent de près ou de loin.

Ne vous le cédant en rien en générosité, nous n'avons pas eu l'idée de retenir le citoyen Green, qui se rendait notre prisonnier pour la délivrance de son ami, et admirant ce beau trait de dévouement, nous vous les renvoyons tous deux, emportant chacun notre estime et nos regrets.

Les miens seraient bien adoucis par votre présence, si, comme vous m'en flattez, vous nous la rendiez cet été, et je vous assure que vous le passeriez très agréablement, au milieu de quelques-uns de vos amis et de beaucoup de vos connaissances, qui seraient charmés de vous retrouver encore des nôtres.

Oh! venez, tendres mères, chères ennemies, embrasser vos enfants, et nous pardonner de les retenir pour vous attirer. Vous resterez tant et si peu qu'il vous plaira parmi nous : pas la moindre difficulté, pour les femmes sans maris, d'aller et venir librement de chez vous chez nous. *After all,* songez que nous sommes si voisins qu'il n'y a qu'un *pas* entre nous, et franchissez-le pour venir nous donner l'accolade, en attendant que ce soit le baiser de paix. Adieu! C'est le vœu de mon cœur : que ce ne peut-il en être l'espoir!

Mille tendresses à la duchesse *par excellence*[2]. Je compte bien que vous ne vous y tromperez pas, et que vous trouvez, comme moi, qu'il n'y a pas lieu à méprise.

Adrien de Mun[3] revient demain de la campagne ; je lui dirai le succès de sa lettre et l'honneur qu'elle lui fait jusqu'au delà des mers. Mais, mon Dieu! comme la duchesse de G...[4] doit être triomphante de son succès! Bonaparte lui-même ne fit jamais une conquête plus brillante et qui semblât plus entourée d'obstacles. Mais il faut avouer que lady Georgina méritait bien d'être heureuse.

Nous disons ici que sir Huntley[5] finira par épouser lady Sarah Fane[6]. Qu'en dira lord Villers[7] et lady Jersey[8], qui ne *match* pas mal non plus ses enfants?

M. de Narbonne 9 est parti pour les eaux avec Adrien de Montmorency 10. Mille souvenirs à lady Charlotte. Je lui ai écrit par M. Green et envoyé une lettre de suite; mais *God knows* quand et si jamais elle recevra ces lettres-là!

J'espère que M. Greville 11 est bien. Mille compliments à lady Besborough. Ma Fanny 12 la conjure de prendre avec elle sa *Caro* 13, si elle vient.

Oh! pray, do come, and believe me when I assure you that you shall be very welcome.

1. *M. Hare.* — Voyez la note qui le concerne, au sujet de la lettre précédente, où il est nommé.

2. *La duchesse par excellence.* — C'est la duchesse de Devonshire, née Spencer, morte en 1806.

3. *Adrien de Mun.* — Jean-Antoine-Claude-Adrien, marquis de Mun, né en 1773, mort en 1843. Il épousa en 1805 Henriette d'Ursel, fille du duc d'Ursel et de la duchesse, née d'Aremberg.

4. *La duchesse de G.* — C'est la duchesse de Gordon: Jane Maxwell, première femme d'Alexandre Gordon, duc de Gordon, morte en 1812. Lady Georgina, leur fille, avait été mariée, le 21 juin 1803, à John, sixième duc de Bedford, né en 1766, qui était veuf et avait des enfants lorsqu'il l'épousa; il mourut en 1839; elle, en 1853.

5. *Lord Huntley.* — Ce lord, né en 1770, frère aîné de lady Georgina, duchesse de Bedford, devint duc de Gordon, à la mort de son père, en 1827. Il épousa, en 1813, Élisabeth Brodie et mourut sans postérité en 1836.

6. *Lady Sarah Fane.* — Sarah-Sophie Fane, fille du dixième comte de Westmoreland et héritière d'une immense fortune, qui lui avait été léguée par son grand-père maternel, Child, épousa, en 1804, lord George Villers, qui était amou-

reux d'elle, au moment où cette lettre fut écrite. Elle mourut avant 1867.

7. *Lord Villers.* — George Villers, fils de la célèbre lady Jersey, devint lord Jersey, à la mort de son père.

8. *Lady Jersey.* — La marquise de Coigny avait été en relation avec elle, comme on le voit dans ses lettres à Lauzun.

9. *Narbonne.* — L'ancien ministre de la guerre et l'ami de Lauzun en 1792. Il avait eu la prudence, à sa sortie du ministère, d'émigrer en Suisse, et il y passa plusieurs années sans avoir été inquiété. Le 18 Brumaire le rappela en France, avec plusieurs membres du parti royaliste constitutionnel. Il était rentré à Paris, en 1802.

10. *Adrien de Montmorency.* — Anne-Adrien-Pierre de Montmorency, duc de Laval et de Fernando, né en 1768, mort en 1837. Il avait épousé, en 1788, Charlotte de Montmorency-Luxembourg.

11. *M. Gréville.* — C'est probablement Charles Gréville, petit-fils du cinquième lord Warwick. Né en 1762, il avait épousé, en 1793, une fille du duc de Portland. Il est mort en 1832. C'est son fils, Ch. Gréville, dont les Mémoires, publiées en 1874, eurent tant de retentissement.

12. *Ma Fanny.* — C'est la fille de la marquise de Coigny, qui la maria, en 1806, au général Sébastiani, ambassadeur de France à Constantinople.

13. *Caro.* — C'est le petit nom familier de Caroline, fille de lady Besborough.

III

15 août 1806

Dear lady Elisabeth,

OUCHÉE jusqu'au fond du cœur de votre tendre intérêt pour mon bonheur et pour celui de ma Fanny, assuré[1], j'en ai bien la confiance, par son mariage, je ne vous dirai jamais assez, et vous ne croirez jamais trop, combien je suis reconnaissante de votre aimable lettre et combien je vous sais gré de distraire un moment la tristesse de votre âme[2] par l'idée du contentement de la mienne.

Il est certain qu'il est au comble et serait sans mélange, s'il n'était pas acheté au prix de cette cruelle séparation, qui me paraît la mort placée au milieu de la vie[3] et qui me fait trouver celle-ci si longue, que je ne puis me persuader qu'il n'y ait encore que six semaines que j'ai quitté cette chère petite à Strasbourg.

Ses dernières nouvelles, puisque vous avez la bonté de désirer en savoir le détail, sont des frontières de la Valachie, où un hospodar[4], ancienne connaissance du général Sébastiani à son premier voyage, était venu les complimenter et leur offrir son toit hospitalier pour passer la nuit, offre qui n'était pas de refus, dans un lieu où Fanny ne comptait que sur l'impériale de sa voiture pour ciel de son lit. Au reste, à l'excessive chaleur près, dont elle se plaignait, elle continuait, me disait-elle, à n'avoir rien à désirer que de m'avoir pour témoin de son bonheur et de leur gaieté à tous deux, car vous saurez qu'elle a emmené aussi son frère [5] avec elle, et que Constantinople est, à présent, le point central et presque exclusif de toutes mes affections.

Celles de *toute nature*, qui vous attachaient à Corisande [6], doivent vous faire trouver une douce consolation à avoir accompli, par son mariage, les vœux de cette *dear and celeste creature* [7], qu'aucune autre sur la terre ne pourra jamais vous rappeler ni vous faire oublier.

Adieu. Je n'ai pas besoin, j'espère, de vous assurer que mon cœur partage sensiblement toutes les douloureuses impressions du vôtre et que, pour son propre compte, il chérit et nourrit le triste souvenir de celle que je ne veux pas nommer et que vous ne cesserez jamais de pleurer.

J'embrasse votre chère Caroline et l'assure qu'elle peut compter avoir en ma Fanny une amie pour la vie, telle que soit la différence des destinées qui les attendent et séparent.

L. C.

Veuillez me rappeler au souvenir de *dear* lady Besborough. Ah! quelle perte vous avez faite l'une et l'autre! Je suis sûre que toutes deux vous êtes étonnées d'y survivre.

Je vois si peu lord Lauderdale [8] qu'en vérité, excepté
la paix que, j'espère, nous gagnerons à sa venue ici,
j'aimerais presque autant qu'il fût resté parmi vous à
consoler vos peines, que vous dites et que je sais qu'il
a si tendrement partagées.

1. *Le bonheur de ma Fanny assuré.* — Le comte de Sebas-
tiani, qui s'était distingué à la bataille d'Austerlitz, où il fut
blessé, avait été nommé général de division le 1er décembre 1805. L'empereur le destinait depuis longtemps à lutter
contre l'influence anglaise dans le Levant; il le nomma ambassadeur près la Porte Ottomane, le 2 mai 1806, peu de
temps après que le général eut épousé Mlle de Coigny.

2. *La tristesse de votre âme.* — Allusion à la mort de la
duchesse de Devonshire, amie de lady Élisabeth, qui refusa,
pendant plusieurs années, de la remplacer comme femme légitime du duc, que son veuvage avait fait libre de l'épouser
immédiatement.

3. *La mort placée au milieu de la vie.* — En écrivant cette
phrase touchante, la marquise de Coigny ne prévoyait pas
que la séparation, dont elle souffrait déjà, devait être éter-
nelle, et qu'elle ne reverrait plus sa fille, qui mourut, l'année
suivante, à Constantinople.

4. *Un hospodar.* — Le prince Michel Soutzo, hospodar
de la Valachie. Après sa première mission à Constantinople,
en 1802, le général Sébastiani, alors chef de brigade, le dé-
peignait ainsi :

« Le prince grec Michel Soutzo, qui gouverne aujourd'hui la Valachie, est un homme sans talents, et puis,
pour réparer une fortune dissipée dans les intrigues du Divan,
il l'écrase de contributions arbitraires, et la réduit au désespoir. Je me suis présenté à lui, lors de mon passage à Bucha-
rest; il m'a accueilli d'une manière très distinguée et m'a
facilité, autant qu'il dépendait de lui, les moyens de me rendre
à ma destination.

« Le prince Soutzo est, comme tous les Grecs, sans attachement particulier pour aucune des Puissances de l'Europe. Cependant la conformité de religion et l'espérance ou la crainte de voir passer cette province sous la domination russe ou autrichienne lui ont fait établir avec ces deux Gouvernements plus de rapports. »

Testa, *Recueil des Traités de la Porte Ottomane avec les Puissances*, etc. (Paris, Amyot, 1864, t. Ier, p. 505.)

5. *Son frère.* Gustave de Franquetot, dernier duc de Coigny, né en 1788, mort en 1865.

6. *Corisande.* — Armandine-Sophie-Léonie-Corisande de Grammont, fille du duc de Grammont, née en 1782. Elle épousa, le 28 juillet 1806, lord Ossulston, qui devint, à la mort de son père, en 1822, lord Tankerville, et qui mourut, en 1859, à l'âge de quatre-vingt-quatre ans.

7. *Dear and celeste creature.* — C'est de la duchesse de Devonshire, morte le 30 mars 1806, qu'il est ici question. Georgina Spencer, fille de lord Spencer, avait épousé, en 1771, le duc de Devonshire ; femme célèbre par sa beauté autant que par son attachement passionné aux principes politiques des whigs, elle était l'amie de Fox.

8. *Lord Lauderdale.* — James Maitland, comte de Lauderdale, né en 1759, mort en 1839. Partisan de la Révolution française et l'un des adversaires de Pitt ; en 1806, lorsque les whigs parvinrent au pouvoir, il fut envoyé à Paris, comme ambassadeur extraordinaire, pour traiter de la paix. Ces négociations n'aboutirent point, et il quitta Paris, lorsque Napoléon partit pour la campagne de Prusse.

Cette dernière lettre de la marquise de Coigny contenait
le billet suivant, écrit sur un petit morceau de papier [1].

Chère Caroline [2],

VOILA un vilain petit bijou d'Allemagne
pour serrer vos pelotons de belle laine anglaise, pour vos jolies tapisseries berli-
noises. Veuillez vous en servir, pour mémoire d'Aix-
la-Chapelle et du plaisir de vous y avoir retrouvée,
avant d'être séparée de vous encore par des mondes et
des temps de distance.

L. C. DE COIGNY.

1. L'autographe de ce billet offre cette particularité, qu'il
donne la signature de la marquise de Coigny, qu'elle n'avait
pas l'habitude de mettre dans ses lettres intimes. Les deux
initiales L. C. représentent son nom de baptême *Louise*, et
son nom de famille paternel, *Conflans*.

2. *Caroline*. — C'est la fille de lady Besborough, que la
marquise désigne, par son petit nom de *Caro*, dans la deuxième
lettre à lady Foster. Cette Caroline Ponsonby s'était mariée
la même année que Fanny de Coigny, et elle avait épousé
lord Melbourne. Elle mourut en 1828.

LETTRE

DUCHESSE DE COIGNY

LETTRE

DE LA

DUCHESSE DE COIGNY

NOTICE

SUR LA LETTRE SUIVANTE

A duchesse de Coigny qui a écrit cette lettre était la seconde femme du beau-père de la marquise de Coigny. Le duc de Coigny avait épousé, en premières noces, Marie-Jeanne-Olympe de Bonnevie, marquise de Vervins, veuve de Louis-Auguste, comte de Chabot. Elle mourut, le 27 septembre 1757, en laissant deux fils nés de son second mariage : François-Marie-Casimir de Franquetot, marquis de Coigny, et Pierre-Auguste, marquis du Bordage, né en 1757, dix-huit jours avant la mort de sa mère. Voyez le *Nobiliaire universel de France, ou Recueil général des généalogies historiques des maisons nobles de ce royaume,* par de Saint-Allais (Paris, Bachelin-Deflorenne, 1876, t. X, p. 40).

Les généalogies ne font aucune mention du second mariage du duc de Coigny, et nous ne savons à quelle époque en faire remonter la date. La *Correspondance secrète inédite sur Louis XVI, Marie-Antoinette, la Cour et la Ville,* publiée par de Lescure (Paris, Henri Plon, 1866, t. II, p. 242), parle cependant de cette duchesse de Coigny, dans une lettre du 24 mars 1788 : « Le luxe et la magnificence avec lesquels la duchesse de Coigny s'est montrée à Longchamps a exercé la malignité. On s'est mis à jaser sur la pension de 80,000 livres, que le duc, son époux, a obtenue dans le moment où l'on fait retentir aux oreilles du peuple le mot épouvantable de *déficit*. » Cette duchesse était certainement, quelle qu'elle fût, en pleine faveur à la Cour et dans l'intimité de Marie-Antoinette, car la même *Correspondance secrète inédite* enregistrait cette nouvelle, au mois d'août suivant : « La Reine tient toujours sa Cour à Trianon. Cette Cour est composée des familles de Coigny, Polignac et Vaudreuil. Le Roi fait de fréquents voyages à Rambouillet. Il y couche trois nuits de chaque semaine et revient toujours dîner à Trianon. »

Une note des *Mémoires du Comte Alexandre de Tilly* (Paris, 1828, t. Ier, p. 145) nous donne plus de détails sur la Cour de la Reine à Trianon et nous fait connaître quelle était la seconde duchesse de Coigny : « A cette époque, la société intime de la Reine se composait, en femmes, de la duchesse de Polignac, de la duchesse de Guiche, de la comtesse Diane de Polignac, de la comtesse de Polastron et de la comtesse de Châlons, née d'Andlau, cousine et amie de Mme de Polignac; en hommes, du duc de Polignac, du duc de Guiche, du duc et du comte de Coigny, du comte d'Adhémar, du prince d'Esterhazy, du comte de Vaudreuil, du comte d'Andlau et du baron de Bezenval. » Nul autre n'était admis dans la *petite maison* de Marie-Antoinette à Trianon, tant que Mme de Polignac fut la favorite de la Reine. Une note du comte de Tilly nous apprend comment Mme de Châlons, devenue veuve, épousa le duc de Coigny en secondes noces : « M. de Vaudreuil, tout en restant l'ami de Mme de Polignac, s'attacha plus particulièrement à Mme de Châlons, qui avait une belle figure, était aimable et spirituelle. Le duc de Coigny en devint épris également. »

« Le duc de Coigny, dit le comte de Tilly (t. II, p. 112), n'était pas un très bel homme, pas un homme de beaucoup d'esprit; il avait mieux que cela : un excellent maintien, un ton exquis, une belle tournure, une raison simple et juste, du calme et de la politesse; un cœur droit, que l'élévation n'avait pas corrompu, que la faveur n'avait pas gâté. » En un mot, le duc de Coigny était le favori de la Reine et peut-être davantage : « Cet attachement fut long, continue le comte de

Tilly ; la Reine y fut fidèle, sans avoir, je crois, l'excuse d'une grande passion ; elle eut à disputer avec douceur et modération celui qu'elle estimait, à une femme qu'il a épousée depuis, et cette femme n'a jamais été maltraitée par elle. » Et l'éditeur de ces mémoires authentiques du comte de Tilly met en note : « Le duc de Coigny avait épousé, en premières noces, Mlle de Bonnevie, qui lui apporta en dot le marquisat de Vervins. La femme, qu'il épousa depuis et dont il est ici question, est Mme la comtesse de Châlons, née d'Andlau, veuve du comte de Châlons, ambassadeur à Venise et à Lisbonne. » Ce mariage doit avoir eu lieu vers 1786, et l'on pourrait supposer que la Reine l'avait accepté, sinon conseillé, comme une sauvegarde de ses rapports journaliers avec le duc de Coigny.

On peut deviner que la marquise de Coigny, qui s'était dès lors jetée dans l'opposition politique et qui passait pour une des plus fines langues du parti *orléanais*, ne pouvait avoir aucune relation avec la seconde femme de son beau-père. Elles se retrouvèrent pourtant à Londres, en émigration, dans l'année 1792, lorsque le duc de Coigny vint y passer quelques mois, après avoir quitté Coblentz et l'armée des Princes. La duchesse se lia depuis avec lady Foster, qui ne devint duchesse de Devonshire qu'en 1809. Le duc, qui avait passé au service du roi de Portugal, rentra en France avec les Bourbons, aussitôt après la chute de l'Empire. Il fut nommé successivement pair de France (comme il l'avait été en 1787), maréchal de France et gouverneur des Invalides, en 1816. Son fils, le marquis de Coigny, était mort, cette année-là, sans avoir obtenu, du gouvernement de Louis XVIII, aucune autre récompense de son dévouement à la cause des Bourbons, que le titre et la pension de lieutenant général.

Il est probable que la duchesse de Coigny avait précédé son mari dans la capitale, occupée par l'armée des alliés, lorsque le comte d'Artois y fit son entrée le 13 avril 1814. Quand le duc vint la rejoindre, ils prirent d'abord domicile rue de la Madeleine, n° 18, comme nous l'apprend l'*Almanach royal pour les années 1814 et 1815.*

Nous ne savons pas si la marquise de Coigny était restée à Paris depuis la chute du gouvernement impérial. La douleur et l'indignation qu'elle dut éprouver, quand le Sénat eut osé proclamer la déchéance de l'empereur, le 3 avril 1814, la décidèrent sans doute à ne pas attendre le retour de la famille des Coigny, qui revenaient en France avec les Bourbons; elle avait, d'ailleurs, divorcé avec son mari et ne se souciait pas de le revoir. Son ami, le général Sébastiani, s'était résigné à passer en Angleterre, à la suite de l'abdication de Napoléon, qu'il espérait retrouver bientôt à la tête d'une nouvelle armée. Il y a donc tout lieu de présumer que la marquise de Coigny suivit le général dans cet exil momentané et alla s'établir à Londres avec son fils, Gustave de Coigny, qui avait quitté le service, après avoir perdu un bras à la bataille de Smolensk, en 1812. Le général Sébastiani n'étant pas revenu à Paris pendant les Cent-jours, on peut croire que la marquise de Coigny n'y retourna pas avant la mort de son mari, décédé le 27 janvier 1816. Son fils, devenu alors marquis de Coigny, puis duc de Coigny, à la mort de son grand-père, le 3 juillet de la même année, épousa, en 1822, Henriette Dundas, fille unique de sir Henri Dalrymple-Hamilton, et fit souche dans la noblesse anglaise par ce mariage, qui ne lui donna que deux filles. Il y eut alors deux duchesses de Coigny en même temps : l'une, la veuve douairière, à Paris; l'autre, la femme du dernier duc de Coigny, à Londres.

LETTRE

DE

LA DUCHESSE DE COIGNY

A LA

DUCHESSE DE DEVONSHIRE

A la Duchesse de Devonshire.

(Décembre?) 1814.

CHÈRE duchesse, dans tout ce que j'éprouve, il me semblait qu'il me manquait un souvenir de vous. Je vous remercie mille fois; vous connaissez bien le cœur de Monsieur[1], en pensant qu'il va jouir et souffrir; je suis persuadée que le noble abandon qu'il a montré aux Français, dans son voyage en France, a donné l'élan à tout.

Bonjour, aimable duchesse.

D'A.[2], DUCHESSE DE COIGNY.

1. *Monsieur.* — Le comte d'Artois, dernier frère de Louis XVI, était rentré en France avant son frère le comte de Provence, qui devint Louis XVIII, et dont il fut le successeur sous le nom de Charles X; car il se trouvait à Vesoul dès le 21 février 1814. Louis XVIII ayant pris possession du trône de ses ancêtres, le comte d'Artois fut nommé, le 13 mai suivant, colonel général des gardes nationales du royaume. C'est en cette qualité, qu'après la distribution des drapeaux à la garde nationale de Paris, il alla visiter les départements du Midi : il arrivait à Lyon le 17 septembre, à Marseille le 1er octobre; il revint, par Avignon, à Vesoul, où il fit son entrée solennelle, le 28 octobre, et retourna ensuite à Paris.

2. *D'A.* — C'est-à-dire : d'Andlau, nom de famille de la duchesse.

LETTRES

DE

AIMÉE DE COIGNY

DUCHESSE DE FLEURY

NOTICE

AIMÉE DE COIGNY

———

Es lettres de la duchesse de Fleury, devenue depuis comtesse de Montrond, qui reprit et garda son nom de famille, Aimée de Coigny, après un second divorce, appartiennent à deux époques bien différentes de sa vie : en 1792 et 1793, elle était duchesse de Fleury; en 1813 et 1818, elle n'était plus et ne voulait plus être qu'Aimée de Coigny.

Aimée de Coigny, qu'André Chénier a immortalisée dans une exquise élégie intitulée *La Jeune Captive*, était fille du comte de Coigny, frère cadet du duc de Coigny, et chevalier d'honneur de Madame Elisabeth, en 1789. Elle se nommait Anne-Françoise-Aimée Franquetot de Coigny, lorsqu'elle épousa, à l'âge de quinze ans, le 5 décembre 1784, André-Hercule de Rosset de Rocozel, marquis de Fleury, petit-neveu du cardinal de ce nom, premier ministre de Louis XV. Le mari, né le 30 mars 1770, était encore plus jeune que sa femme : une pareille union ne pouvait être heureuse. Le marquis de Fleury, sans éducation et sans expérience, se laissa entraîner à mille folies et à de ruineuses prodigalités; la jeune duchesse n'était pas plus raisonnable : livrée à elle-même, son caractère romanesque et aventureux la portait à toutes les excentricités. C'est alors que, s'étant passionnée à la lecture des *Lettres d'une Péruvienne*, de Mme de Graffigny, elle s'attribua le nom de l'héroïne de ce roman, Zilia, fille du Soleil, c'est-à-dire vouée au culte du Soleil, qu'on adorait au Pérou. Ce surnom de *Zilia* lui était donné dans sa famille et aussi dans l'intimité, car, nonchalante et rêveuse, elle avait voué une espèce de culte à la lune, la reine des nuits (voyez ses lettres adressées à Lauzun; voyez aussi la seconde lettre de Mme de Coigny à Lauzun).

Cependant le petit nom ou sobriquet d'enfance, sous lequel ses parents et ses amis l'avaient toujours désignée, n'était pas Zilia, mais Nigretta, qui semble annoncer qu'elle avait le teint un peu basané, les yeux et les cheveux noirs, comme ceux d'une créole. Elle n'en était pas moins jolie, et elle le fut jusque dans un âge assez avancé. La marquise de Coigny (voy. sa lettre XXe) et Lauzun (voy. les lettres que Nigretta lui adresse) ne l'appelaient pas autrement.

Aimée de Coigny, malgré la grande position de son père à la Cour, n'y avait été présentée que plus de deux ans et demi après son mariage, sous le nom de *marquise de Fleury,* le 21 avril 1787, et ensuite, pour la seconde fois, le 23 novembre 1788, sous le nom de *duchesse de Fleury,* lorsque le marquis fut devenu duc de Fleury par la mort de son grand-père (15 avril 1788). Elle n'est pourtant pas nommée une seule fois dans la *Correspondance secrète inédite,* qu'un agent anonyme de la Cour de Russie adressait, quatre fois par mois, de Versailles à Varsovie et à Saint-Pétersbourg, depuis 1777 jusqu'à 1792. C'était donc surtout dans les salons de la haute aristocratie française et dans la société intime du Palais-Royal que s'était faite sa réputation de beauté, de grâce et d'esprit, qui rivalisait avec celle de sa cousine, la marquise de Coigny [1].

---

1. « L'esprit, l'instruction, la grâce et tous les attraits réunis, dit F. Barrière, plaçaient la duchesse de Fleury au premier rang parmi les femmes de son temps. » *Tableaux de genre et d'histoire.* Paris, Ponthieu. 1828, in-8, p. 231.

Mme de Genlis ne l'a pas oubliée dans les *Souvenirs de Félicie*, qui parurent en 1804, mais qui étaient composés de notes écrites sur le vif quinze ou vingt ans auparavant : « Mme de F... est légère, étourdie, et elle a des accès de gaieté qui ressemblent un peu à la folie; mais, quoiqu'on ait la perfidie de s'amuser de ses travers et de les exciter autant qu'on peut, ils ne réussissent point. Elle est jeune et jolie, et elle trouve, dans les femmes, de sévères censeurs; il est vrai aussi que la jeunesse et la beauté donnent à ses tournures extraordinaires quelque chose d'indécent. Si Mme de F..., qui ne manque point d'esprit, étoit bien laide, elle ne paroîtroit qu'originale. C'est un Anglois qui a fait d'elle la meilleure critique. M. Horace Walpole soupoit avec elle, pour la première fois, en nombreuse compagnie, et voyant tout le monde occupé d'elle et rire de ses folies, dit à l'oreille de son voisin : « Elle est fort drôle ici ; mais que fait-on de cela à la « maison ? »

On sait combien Mme de Genlis était peu indulgente à l'égard des femmes de sa société qui avaient le malheur d'être plus entourées et plus applaudies qu'elle. Voici les deux pages curieuses et piquantes qu'elle consacre, dans ses *Mémoires* (Paris, Ladvocat, 1825, tome IV, p. 348 et suiv.), à Aimée de Coigny :

« La marquise de Fleury avoit un beau visage et des yeux admirables, quoiqu'elle eût la vue très basse et qu'elle l'ait perdue depuis. Elle étoit bonne, spirituelle et naturelle. J'ai été fort liée avec elle, et jusqu'à sa mort. A propos d'elle, je veux réfuter une calomnie tout à fait absurde. Dans je ne sais quel *Souvenir* imprimé (car depuis les miens on en a fait des quantités), on dit que M. le duc de Chartres avoit écrit sur des tablettes les noms, posés sur des colonnes différentes, de toutes les jeunes personnes qui venoient au Palais-Royal, avec ces indications : *les Jolies, les Agréables* et *les Abominables;* et que, dans cette dernière colonne, il y avoit mis Mme de Fleury, qui le sut et ne le lui pardonna jamais. Il n'y a pas à tout cela la moindre vérité. Mme de Fleury étoit fort jolie ; M. le duc de Chartres l'aimoit tellement, qu'il l'appeloit sa *sœur*; elle l'appeloit aussi son *frère*; elle a toujours été intimement liée avec lui, et lui a montré constamment la plus vive amitié. On la loua trop sur son naturel : elle finit par mettre de la prétention à cet agrément, qui en donne tant à tous les autres, et alors elle en perdit le charme par les singularités les plus bizarres.

« J'ai fait, sans la nommer, son portrait dans les *Souvenirs de Félicie*, mais je n'y ai point conté le trait suivant, qui achèvera de donner l'idée de sa manière d'être dans la société. Elle étoit, un soir, à souper, à Versailles, chez Mme la princesse de Guéménée, où, comme à l'ordinaire, il y avoit beaucoup de monde. Mme de Fleury venoit de faire sa cour; elle étoit en grand habit. Au lieu d'ôter son bas de robe (c'est-à-dire une queue de plusieurs aunes) dans l'antichambre, elle ne s'en débarrassa que dans le salon. Mme de Guéménée lui conseilla, en riant, de se défaire aussi de son immense panier. « Très volontiers », répondit Mme de Fleury. A ces mots très inattendus, plusieurs femmes s'élancent vers elle pour l'exhorter à faire cette folie : on lui ôte son panier, sa jupe de superbe étoffe; on la déshabille en un clin d'œil, et elle se trouve avec son grand corps et sa palatine, et en petit jupon court de basin, sur lequel ballottoient ses deux poches. Tout cela se passa en présence de cinquante personnes. J'étois dans ce nombre. Mme de Fleury resta dans cet étrange costume, toute la soirée entière, depuis neuf heures et demie jusqu'à deux heures après minuit, sans montrer le moindre embarras, et comme si elle n'eût fait que la chose du monde la plus simple. »

Il est certain que la marquise de Coigny avait été associée, par la comtesse de Genlis, à l'ordre chevaleresque de la *Persévérance*, que celle-ci fonda au Palais-Royal, et qui tenait ses assises, tous les quinze jours, dans le jardin d'une maison que Lauzun avait hors des barrières (peut-être à Montrouge). Lauzun avait été le troisième chevalier reçu dans l'ordre. « J'ai conservé très longtemps une copie des statuts de cet ordre, que j'avais composés, dit Mme de Genlis dans ses *Mémoires* (*ibid.*, tome II, p. 372). Un jour, à Belle-Chasse, le duc de Lauzun

me demanda instamment de les lui prêter; il les donna à
Mme la marquise de Coigny, qui les garda, de mon consentement. »

La conduite de la duchesse de Fleury, qui avait été assez
légère en France, le fut peut-être encore plus en Italie, où
elle passa plusieurs mois, séjournant d'abord à Rome [1], puis
à Naples, où elle rencontra lord Malmesbury, qui s'était
épris d'elle (Voy. la lettre XXe de la marquise de Coigny).
Elle paraît avoir eu avec Lauzun des relations de galanterie
avant son voyage en Italie (Voy. sa première lettre à Lauzun). Sa cousine, la marquise de Coigny, qui devait lui garder
un peu de jalousie et même de ressentiment, lui écrivait à
Naples, « pour la dégoûter de ses succès aristocratiques ».

De Naples, elle vint en Angleterre, vers le mois de juin
1792. Elle était grosse de quatre mois, et lord Malmesbury, qu'elle paraît avoir voulu rejoindre à Londres, offrait
alors de la recevoir chez lui. Ce fut sans doute depuis ses
couches qu'elle rentra en France, quatre ou cinq mois après
le 10 Août 1792, quoiqu'elle fût inscrite sur la liste des
émigrés, par suite de son séjour hors de France pendant
l'année 1791. Ses lettres à Lauzun nous la montrent fort
inquiétée et même poursuivie, sans doute à cause de sa
fâcheuse situation d'émigrée. On a tout lieu de penser que
Lauzun eut assez de crédit pour lui assurer au moins quelques
mois de tranquillité. Elle passa ces mois-là dans son château
de Mareuil-en-Brie. Mais le duc de Fleury n'avait eu garde

---

1. Mme Vigée-Lebrun, qui était à Rome en 1789, fait le portrait
physique et moral de la charmante duchesse de Fleury, qu'elle y rencontra : « Son visage était enchanteur, son regard brûlant, sa taille celle
qu'on donne à Vénus, et son esprit supérieur..... Cette femme si sédui-
sante me semblait dès lors exposée aux dangers qui menacent tous les
êtres doués d'une imagination vive et d'une âme ardente. Elle était tellement susceptible de se passionner, qu'en songeant combien elle était
jeune, combien elle était belle, je tremblais pour le repos de sa vie. Je
la voyais souvent écrire au duc de Lauzun, qui était bel homme, plein
d'esprit et très aimable, mais d'une grande immoralité, et je craignais
pour cette liaison, quoique je puisse penser qu'elle était fort innocente »
(*Souvenirs* de Mme Vigée-Lebrun, édit. de 1833-37, t. II, p. 60).

de revenir en France[1]; il était allé prendre du service dans l'armée des Princes ; mais son frère cadet, le comte de Fleury, âgé de vingt-trois ans, ayant cru pouvoir rester à Paris, fut arrêté et détenu au Luxembourg jusqu'au 29 prairial de l'an II, où le tribunal révolutionnaire le fit périr sur l'échafaud.

La duchesse de Fleury avait été aussi arrêtée, comme émigrée, vers le mois de juin ou juillet 1793, et envoyée à la prison de Saint-Lazare. Elle s'y trouvait en compagnie avec plusieurs personnes de sa famille et de son intimité, entre autres la duchesse douairière, veuve du maréchal de Biron, la duchesse de Biron (Amélie de Boufflers), femme de Lauzun, la comtesse de Boufflers, la duchesse de Mouchy, femme du maréchal de Noailles, etc. Horace Walpole, qui, dans ses lettres écrites à Londres, parle d'elle et de son emprisonnement, la traite de *jeune folle* et dit qu'elle chantait toute la journée[2]. Son caractère léger et insouciant avait pris le dessus, dans le milieu lugubre et désolé où elle se trouvait avec d'anciens amis et de nouvelles connaissances, qu'elle voyait disparaître tous les jours sur la charrette des condamnés à mort. Elle s'était fait aimer de tous ses compagnons de captivité, et André Chénier se fit, en quelque sorte, leur éloquent interprète dans la belle pièce de vers qu'il composa exprès pour elle, sous le titre de *la Jeune Captive*. Dans cette pièce charmante, il faisait ainsi le portrait de l'aimable prisonnière, qui répandait autour d'elle les consolations de l'espoir et de la confiance :

> *L'illusion féconde habite dans mon sein ;*
> *D'une prison sur moi les murs pèsent en vain ;*

---

1. La duchesse de Fleury était en assez mauvaise intelligence avec son mari, qui avait dissipé déjà une partie de leur fortune ; ce fut sans doute son père, qui convoqua un conseil de famille, pour faire interdire le jeune prodigue. M. Orville nous communique la mention suivante qu'il a relevée dans les archives de son château de Mareuil-en-Brie : « 9 juin 1792. Le conseil de famille du duc de Fleury décide que les faits de dissipation continuelle, articulés contre le susdit, sont vrais. »

2   On lit dans l'édition complète des *Lettres d'Horace Walpole,*

J'ai les ailes de l'espérance :
Échappée aux réseaux de l'oiseleur cruel,
Plus vive, plus heureuse, aux campagnes du ciel,
Philomèle chante et s'élance.

Est-ce à moi de mourir? Tranquille je m'endors,
Et tranquille je veille, et ma veille aux remords
Ni mon sommeil ne sont en proie.
Ma bienvenue au jour me rit dans tous les yeux;
Sur des fronts abattus, mon aspect dans ces lieux
Ramène presque de la joie.

Elle devait pourtant quelquefois pleurer en cachette
Lauzun, qu'elle avait aimé plus que tous ses autres amants
et qui était monté sur l'échafaud le 31 décembre 1793.
Quant à son mari, qu'elle n'aimait pas et dont la présence
dans l'armée des Princes ne pouvait que la compromettre
davantage, elle avait eu l'adresse de demander son divorce
et l'habileté de l'obtenir [1]. Ce fut peut-être ce qui la sauva,
en motivant la levée de son écrou. Dès qu'elle fut sortie de
prison, elle réclama contre la qualification d'émigrée, qui
avait failli la conduire au tribunal révolutionnaire, et le Comité de Législation, approuvant les motifs qu'elle invoquait
pour justifier son absence à l'étranger en 1791 et 1792, pro-

publiée à Londres en 1866 : « On dit que la pauvre duchesse de Biron
est de nouveau arrêtée et qu'elle est aux Jacobins, et avec elle une
jeune étourdie, qui ne fait que chanter toute la journée. Eh! qui
pensez-vous que ce puisse être? Personne d'autre que notre gentille
petite malicieuse, Mme la duchesse de Fleury. Puisqu'elle chantait, au lieu
de sangloter, je suppose qu'elle était fatiguée de son Tircis et qu'elle
est bien aise d'en être débarrassée. Ce nouveau coup, je le crains,
accablera Mme de Biron. » Quelque temps après, H. Walpole écrit,
dans une lettre, à la date du 4 décembre 1793, p. 424 : « Dimanche
soir, j'ai trouvé le comte de Coigny chez lady Lucan. Je lui ai
demandé des nouvelles de sa fille : il a dit qu'il ne croyait pas qu'elle
fût en prison. D'autres disent que c'est la duchesse de Fleury, sa
belle-mère. »

1. M. Orville, propriétaire du château de Mareuil-en-Brie, nous a
fait connaître la date de ce divorce : « 7 mai 1793. Acte de divorce de
Anne-Aimée Franquetot de Coigny, âgée de vingt-trois ans, et de
André-Hercule-Marie Rosset-Fleury, âgé de vingt-trois ans, capitaine de
dragons. »

nonça enfin sa radiation définitive sur la liste des émigrés, le 4 pluviôse an III (23 janvier 1795).

Elle avait rencontré dans la prison de Saint-Lazare le comte de Montrond, qui devint amoureux d'elle et qui fut sur le point de l'accompagner à l'échafaud, car ils avaient été accusés, avec d'autres détenus, de vouloir s'évader, ce qui était bien excusable, mais c'était alors un crime irrémissible; par bonheur, un sieur Jobert parvint à les faire rayer l'un et l'autre sur la liste du complot d'évasion. Voy. le *Tableau des prisons de Paris, sous le règne de Robespierre, pour faire suite à l'Almanach des prisons* (Paris, 1794-95, in-12, p. 167 et 170). La *jeune captive*, épouse divorcée du duc de Fleury, se remaria donc au comte de Montrond, en sacrifiant son titre de duchesse à une liaison qui survivait à leur triste séjour dans la prison de Saint-Lazare ; mais la bonne harmonie ne régna pas longtemps entre eux, malgré toutes les séductions de l'esprit fin et délié du comte de Montrond [1]. Un nouveau divorce [2] rendit à Aimée de Coigny toute sa liberté [3]. Une de ses passions, qui firent le plus de bruit, fut celle que lui inspira un neveu de l'ancien mi-

---

1. Mme Vigée-Lebrun, dans ses *Souvenirs*, s'occupe beaucoup d'Aimée de Coigny, qu'elle avait revue à Paris sous l'Empire; elle parle du divorce de la duchesse de Fleury, de son second mariage avec M. de Montrond, de son second divorce, de sa passion pour un frère de Garat, etc.

2. D'après une note que M. Orville a bien voulu nous communiquer avec d'autres pièces relatives à Aimée de Coigny, son château de Mareuil aurait été saisi, par ses créanciers, le 14 prairial an IX, ce qui nous donne à penser que le comte de Montrond n'avait pas été meilleur ménager de la fortune de sa femme, que son prédécesseur le duc de Fleury. Les époux en vinrent à divorcer par consentement mutuel. C'est encore M. Orville qui nous fait connaître, à la date du 6 germinal an X, une demande en divorce de Françoise-Aimée Franquetot de Coigny avec son second mari Mouret-Montrond, « pour cause d'incompatibilité d'humeur et de caractère entre eux ».

3. Aimée de Coigny, sous l'Empire, allait seule aux réceptions de la Cour, après avoir fréquenté avec son second mari, M. de Montrond, les salons du Directoire et du Consulat. « Aimez-vous toujours les hommes? lui demanda un jour Napoléon.

— Oui, Sire, quand ils sont polis! » répliqua-t-elle avec une audacieuse présence d'esprit.

nistre Garat, nommé Mailla Garat, lequel avait été membre du Tribunat jusqu'en 1801. Ce Mailla, qui était un très bel homme, vivait « dans une grande intimité avec la veuve de Condorcet », dit la *Biographie moderne* (Leipzig, 1807). Aimée de Coigny vint troubler cette intimité : elle n'eut qu'à jouer de la coquetterie pour enlever le beau Mailla à la belle Mme de Condorcet[1]. Quant à M. de Montrond, on sait le rôle de confident, de conseiller et de favori, qu'il remplissait auprès du prince de Talleyrand, sous l'Empire et la Restauration.

Les quatre lettres d'Aimée de Coigny, adressées à M. de Jouy, en 1813, 1818 et 1819, appartiennent à une autre phase de la vie de Nigretta. Elle était toujours un peu folle et toujours très galante. Elle devint éprise de l'*Ermite de la Chaussée-d'Antin*, qui venait de faire représenter au Théâtre-Français, avec succès, en 1813, la tragédie de *Tippo-Saëb*. On sait que Jouy était un homme à bonnes fortunes irrésistible. L'exemple de ce spirituel écrivain invita sans doute Aimée de Coigny à écrire et à faire imprimer un roman, tiré à vingt-cinq exemplaires : *Alvar* (Paris, Firmin Didot, 1818, 2 vol. in-12), et à rédiger des Mémoires qui n'ont pas été publiés, ainsi que des Portraits contemporains, qu'elle se plaisait à lire aux habitués de sa société intime.

Elle resta jusqu'à sa mort en bonne intelligence avec sa cousine, la marquise de Coigny, qui ne réussit pas à la rendre plus sage et plus réservée. C'était encore, à quarante-trois ans, Zilia et Nigretta. Elle mourut, à Paris, le 17 janvier 1820, à l'âge de quarante-neuf ans.

---

1. *Souvenirs du Directoire et de l'Empire*, par Mme la baronne de V*** (Vaudey). Paris, impr. Cosson, 1843, in-8 de 90 pages. Cet ouvrage piquant n'a pas été mis dans le commerce.

LETTRES

D'AIMÉE DE COIGNY

DUCHESSE DE FLEURY

A LAUZUN, DUC DE BIRON

I

Naples (1791).

NON, mon ami, votre Nigretta[1] n'est point ingrate ni faible, mais seulement très paresseuse. Depuis deux mois que je suis ici, toujours au moment d'en partir, je remets toujours à vous écrire d'être fixée à un endroit où je suis décidée à passer l'hiver. Enfin, je viens de me déterminer et de choisir cette ville, dont le climat et l'habitation me conviennent également, sans compter que la lune y est plus notre divinité que partout ailleurs[2]. La mer semble être là exprès, pour la réfléchir, l'adorer : à peine veut-elle être agitée devant elle, et on voit bien seulement, quand elle gémit, que c'est l'amour uniquement qui l'agite.

Vous vous attendez peut-être, ami à moi (et, en vérité, vous le mériteriez bien), que je vais vous parler, avec un peu de détail, de ma vie et de mes occupations. Eh bien! vous avez trop bonne opinion de moi. Je me sens encore trop engourdie aujourd'hui. Je trouverais fort doux et même nécessaire de vous voir là étendu sur cette chaise longue, près de la mienne; de causer avec vous tranquillement, d'y lire ou de n'y rien faire du tout, d'ouvrir tout simplement ma fenêtre qui donne sur la mer, d'écouter les flots qui battent presque contre ma maison, de rêver, de pleurer même; mais, pour vous écrire, cela me dérange. Il me faut de la lumière d'abord, et j'aime mieux l'obscurité d'abord, pour écouter la mer; puis, je vous parle toute seule, pendant une heure, sans que vous ayez seulement l'air de m'entendre. Puis, je suis affectée d'une manière, et vous l'êtes de l'autre. Je ne pense qu'à ce que je sens dans cet instant, et vous ne pensez point la même chose, puisque vous n'êtes pas là!

Cette maudite Révolution vous occupe, vous fait agir, que sais-je? vous tourne la tête, peut-être, et moi, je l'ai oubliée, je ne la suis plus du tout et je la déteste[3]. En un mot, je ne veux pas aujourd'hui changer mes sensations douces et le bonheur de penser à vous, contre la contrariété de vous le dire. Un autre jour, je serai peut-être mieux disposée. En l'attendant, je vous avertis que je n'ai pas reçu votre papier[4], ni M. de Flavy[5].

Adieu. Écrivez-moi bien souvent, car j'aime beaucoup vos lettres, hors la politique.

1. *Nigretta*. — Dans une lettre à laquelle nous avons attribué la date du 12 juin 1792 (voy. la lettre XVIII), la marquise de Coigny consacre à sa cousine, la duchesse de Fleury, un paragraphe qui accuse un peu d'acrimonie et de ressentiment. Elle résume ainsi la conversation qu'elle avait eue avec lord Malmesbury, récemment arrivé à Londres:

« Nous avons aussi causé de Mme Nigretta, avec qui il a passé l'hiver à Naples. Comme de raison, il l'aime avec passion; il en parle avec enthousiasme. Elle est toujours à Paris, et il lui propose sa maison à Londres pour venir y faire ses couches, car enfin elle est grosse de quatre mois. Son mari doit aller à Coblentz, en dépit des conseils de lord Malmesbury, qui m'a dit lui avoir écrit pour l'en empêcher. Il m'a dit aussi avoir vu une lettre de huit pages, sur la table de Nigretta, à mon adresse, mais je crois que mon nom ne servait que d'*anonyme* à cette production épistolaire, car jamais je ne l'ai reçue ; ses préventions aristocratiques sont particulièrement orléanaises, à ce qu'il m'a assuré. Ce n'est pas bien aimable pour nous; mais qu'importe! Il lui faut pardonner, parce qu'il la faut aimer. »

La jalousie semble avoir aiguisé les épigrammes malicieuses et indirectes, que la marquise semble décocher, à mots couverts, contre une ancienne rivale.

2. *La lune y est plus notre divinité que partout ailleurs.* — Il est assez difficile de s'expliquer cette espèce de culte qu'Aimée de Coigny avait pour la lune et qu'elle exprime assez poétiquement dans ses lettres à Lauzun. Nous sommes disposés à croire que, dans un de leurs rendez-vous nocturnes, la lune avait été la divinité à laquelle s'était vouée la rêveuse Nigretta. Il faut se rappeler aussi que cette belle capricieuse s'était donné d'abord le surnom de *Zilia*, en se comparant à l'héroïne des *Lettres d'une Péruvienne*. C'est, au reste, dans le

joli roman de Mme de Graffigny que nous trouvons cette description du clair de lune, qui avait bien pu frapper l'imagination d'Aimée de Coigny, puisqu'on en retrouve comme une
réminiscence dans sa lettre, écrite à Naples, par un beau soir
d'été.

« A la fin d'un beau jour, le ciel présente des nuages dont
la pompe et la magnificence surpassent de beaucoup celles de
la terre. D'un côté, des nuées transparentes assemblées autour
du soleil couchant offrent à mes yeux des montagnes d'ombre
et de lumière, dont le majestueux désordre attire notre admiration jusqu'à l'oubli de nous-mêmes ; de l'autre, un astre
moins brillant s'élève, reçoit et répand une lumière moins vive
sur les objets, qui, perdant leur activité par l'absence du
soleil, ne frappent plus nos sens que d'une manière douce,
paisible, et parfaitement harmonique avec le silence qui règne
sur la terre. Alors, revenant à nous-mêmes, un calme délicieux pénètre dans notre âme : nous jouissons de l'univers,
comme le possédant seuls ; nous ne voyons rien qui ne nous
appartienne. »

Voilà bien la situation morale dans laquelle Aimée de
Coigny se trouvait, à Naples, en écrivant à Lauzun, à son
Aza, l'amant absent de Zilia.

3. *Cette maudite Révolution qui vous occupe...* — On voit
que les opinions d'Aimée de Coigny, à l'égard des événements politiques, étaient absolument contraires à celles de sa
cousine, la marquise de Coigny, qui, tout émigrée qu'elle se
fût faite, *par peur,* comme elle le dit dans une de ses lettres,
suivait avec intérêt la marche progressive de la Révolution.

4. *Je n'ai pas reçu votre papier.* — Le papier que Lauzun
devait envoyer à la duchesse de Fleury était sans doute le
modèle d'une déclaration que devaient signer les personnes
absentes de France, en 1791, pour n'être pas considérées
comme émigrées et pour échapper aux conséquences légales
de l'émigration.

5. *M. de Flavy.* — Nous serions portés à croire que *M. de
Flavy* (abréviation familière du nom de Flavigny) n'est autre
que le comte de Flavigny, ex-lieutenant au régiment des

gardes françaises, qui fut détenu depuis dans la prison de Saint-Lazare, en même temps que la duchesse de Fleury, et qui périt sur l'échafaud, le 24 juillet 1794, comme complice d'une conspiration royaliste tramée dans cette prison.

Cependant, sur la lettre autographe, le nom de *Flavy* est écrit si peu nettement, qu'on pourrait lire *Fleury* aussi bien que *Flavy*; d'où il résulterait que la duchesse de Fleury attendait l'arrivée de son mari, mais ne l'avait pas encore vu à Naples.

II

A Monsieur Armand Lauzun-Biron,

GÉNÉRAL DE L'ARMÉE FRANÇAISE, A STRASBOURG (FRANCE[1]).

Londres (décembre 1792 ?).

MON cher ami, je suis encore votre Nigretta. Je vous aime toujours, et, à la lune près[2], je vous chéris autant qu'à Montrouge. Écrivez-moi ici tous vos désastres ou vos succès : tous deux ne m'offriront qu'un intérêt, empoisonné par le malheur de votre position[3]. Je n'ai que le temps de vous dire: *Adieu, l'ami de Nigretta!* Votre sentiment fera toujours le bonheur de ma vie, et je me plais à me redire dans tous les instants : « Il est honnête, il est loyal, il est mon ami ! »

P. S. — Mon adresse[4] : *Monsieur Hermann Home, Frederick place, Old Jewry, London.*

---

1. *Lauzun-Biron, à Strasbourg.* — Le général Biron, après l'échec de l'entrée en campagne de l'armée du Nord, à la fin d'avril et au commencement de mai 1792, avait passé de cette armée à celle du Rhin, le 17 juillet; il ne garda ce nouveau commandement que jusqu'au mois de décembre de

cette malheureuse année; il fut ensuite envoyé à l'armée de Savoie.

2. *A la lune près.* — Cette nouvelle allusion à la lune prouve que cet astre, cher aux amants, avait joué un grand rôle dans les entrevues nocturnes de Lauzun et de la duchesse de Fleury, entrevues qui eurent certainement pour lieu de rendez-vous la petite maison que le galant Lauzun possédait à Montrouge.

3. *Le malheur de votre position.* — Ce *malheur*-là doit être certainement, aux yeux de la duchesse de Fleury, l'obligation où Lauzun s'était trouvé de déclarer aux commissaires de l'Assemblée nationale, après le 10 Août 1792, qu'il acceptait, sans restriction, les décrets de cette Assemblée qui proclamaient la suspension du roi, l'établissement d'une Convention, etc.

4. *Mon adresse.* — La duchesse de Fleury ne restait à Londres que pour faire ses couches. car elle y était arrivée grosse de trois ou quatre mois, et elle osa, quoique émigrée, retourner en France, dans le premier mois de 1793, lorsque Lauzun était allé déjà prendre le commandement de l'armée de Savoie, à la place du général Anselme.

III

Au citoyen général Biron,

A l'armée du Rhin [1]. Strasbourg, Alsace.

Mareuil, par Montmort, en Brie [2] (janvier 1792?).

NE faut-il pas, quand on m'aime, qu'on ne connaisse plus sur la terre d'autres ressources qu'en moi, et par conséquent [3] en vous, et que la première menace de danger, qui me fait vous invoquer, apprenne votre nom à celui qui a besoin d'une grande confiance pour n'en être pas jaloux? Je sais que vous avez dû recevoir un courrier, bien pressé et bien effrayé, de quelqu'un actuellement près de moi, et que je vous ai toujours laissé deviner, sans positivement vous en parler [4]. Il a été arrêté par un quiproquo inconcevable, et comme les motifs n'étaient pas énoncés, quoique aucuns ne fussent probables, leur mystère l'effrayait : il est sorti comme entré, c'est-à-dire sans raison expliquée, mais enfin il est sorti, et c'est tout ce que j'en veux.

Je lui sais gré de son impertinente fatuité d'avoir recours à vous, dans un moment de détresse, avec la

persuasion de vous intéresser par votre commun sentiment. S'il s'est un peu targué du mien, ne vous en
choquez pas plus que moi, mon ami, et ne vous
fâchez pas si je suis fière qu'il veuille bien s'en vanter.
Je me flatte qu'au travers des dangers réels et glorieux
de votre position, quoique étourdi par la continuité et
l'importunité de la nôtre, vous conservez à Nigretta
la même tendresse et les mêmes souvenirs.

C'est à l'espoir de vous revoir ici que j'attache l'idée
d'un avenir heureux. Il m'est doux, mon ami, de rentrer souvent dans mon cœur. Vous y êtes toujours le
plus constamment cher objet. Aucun sentiment ne peut
altérer celui que la fille du Soleil[5] vous a voué dans la
pureté et douce chaleur de son âme, dont les doux et
bienfaisants rayons ont allumé le vôtre, du feu sacré de
la plus enivrante amitié.

Adieu, mon sensible et généreux ami. Écrivez-moi
donc plus souvent. Si j'ai eu des torts de paresse, est-ce
à vous à m'imiter, et n'avez-vous pas senti le mal que
cela cause, et voulez-vous me le faire éprouver?

1. *Biron, à l'armée du Rhin...* — Aimée de Coigny, en
adressant cette lettre à Strasbourg, ignorait que Lauzun avait
changé de commandement depuis la fin de l'année 1792 et se
trouvait alors à Nice, quartier général de l'armée de Savoie
ou du Midi.

2. *Mareuil.* — Le château de Mareuil, en Brie, appartenait
alors à Aimée de Coigny, qui l'avait eu en donation parmi
les biens-fonds composant sa dot. Son père, le comte de
Coigny, avait acquis, en 1771, ce vieux château historique,
dont l'origine remontait aux premiers sires de Conflans. Le

château, rebâti d'abord en partie sous François Ier, avait été reconstruit en totalité, sous le règne de Louis XIII, par Charles de Valois, duc d'Angoulême, fils naturel de Charles IX. C'était une habitation princière, dans un domaine de plus de deux cents arpents. L'entretien du château étant fort coûteux et les terres qui en dépendaient ne produisant pas de revenu depuis la révolution de 1789, la duchesse de Fleury les avait grevés d'hypothèques. Elle fut obligée de les vendre, en l'an X, après son second mariage avec le comte de Montrond. Une partie des terres fut détachée du château, qui passa en différentes mains, avant d'être acheté par M. de Salverte, qui le conserva dans sa famille pendant plus de quarante ans. Il est devenu aujourd'hui la propriété de M. Orville, ancien magistrat, qui commence à le faire restaurer avec beaucoup de soin et de goût.

3. Les mots : *par conséquent*, sont écrits si indistinctement, qu'on pourrait, à la rigueur, lire : *par Sauvigny*. Dans ce cas, il s'agirait, croyons-nous, de Edme Billardon de Sauvigny, né en 1730, ancien censeur royal, auteur d'un grand nombre d'ouvrages de différents genres, comédies, tragédies, poésies, etc., lequel avait été en faveur à la Cour de Marie-Antoinette, avant de devenir un des fidèles du parti d'Orléans. Son joli recueil des *Après-soupers de la société, ou Petit Théâtre lyrique et moral*, avec gravures et musique (1782-89), se compose des pièces qu'il avait faites pour les théâtres de société et qui furent représentées à Versailles, à Trianon, au Palais-Royal. Il jouait lui-même dans ses pièces, d'une manière très agréable. Il était alors homme de cour et se faisait appeler le chevalier de Sauvigny. Trois de ses tragédies, représentées à la Comédie-Française, se rapportent à l'histoire des Etats-Unis de l'Amérique du Nord et ne contribuèrent pas peu sans doute à le mettre dans les bonnes grâces de Lauzun ; ce sont : *Hirza ou les Illinois ; Abjir*, qui n'est autre que l'officier anglais Assgil, le héros d'un touchant épisode de la guerre américaine, et *Washington, ou la Liberté du Nouveau Monde.* « Lorsque la Révolution vint l'arracher aux lettres et le jeter dans la carrière militaire et politique, dit la *Biographie*

moderne (1806), il fit partie de l'état-major général de la garde
nationale parisienne, la commanda provisoirement en 1792 et
parut, en cette qualité, à la barre de la Convention, pour y
rendre compte des troubles survenus dans la rue de Varennes. Il passa ensuite dans les vétérans, avec le grade de colonel. » Il ne mourut qu'en 1809. Un de ses derniers ouvrages avait été un *Recueil d'apologues et de faits historiques,
mis en vers, et relatifs aux Révolutions française et américaine.*

4. *Sans positivement vous en parler.* — Dans ces phrases
embarrassées et vagues, Aimée de Coigny laisse entendre
qu'elle avait alors une liaison, et sans doute avec un aristocrate, qui fut arrêté, mis en prison, mais heureusement relâché, et qui pouvait être encore caché au château de Mareuil.

5. *La fille du Soleil.* — C'est la qualification que la romanesque Aimée de Coigny s'était donnée, en prenant le nom
de Zilia, qui est une prêtresse du Soleil au Pérou, dans le
roman des *Lettres d'une Péruvienne.* « Les vierges consacrées
au Soleil, dit une note de ce roman, entraient dans le temple,
presque en naissant, et n'en sortaient que le jour de leur
mariage. »

IV

Au citoyen Biron,

Général d'armée, a Nice, département du Var.

Mareuil, 12 février (1793).

J'AI enfin, à sept ou huit lettres, reçu une réponse de vous, un peu plus satisfaisante que la dernière que vous m'avez écrite[1], quoique l'humeur y règne encore un peu. La plus légère tache en ce genre ne m'est pas supportable, et je vous propose son amendement, en dernière analyse : que vous me renvoyiez mon portrait, mes lettres, et qu'à notre première entrevue nous nous assassinions, ou que vous m'envoyiez aussitôt une attestation[2] comme quoi vous m'avez tenue cachée avec vous à Strasbourg, pendant trois semaines, depuis la fin de septembre jusqu'au 15 octobre, effrayée que j'étais des attentats dont j'avais été témoin.

Si vous trouvez une objection ou un inconvénient, pour vous, à révéler cette secrète escapade, ne me l'envoyez pas. Je pourrai peut-être, quoique avec peine, m'en passer.

Envoyez-moi aussi la permission de loger à Montrouge[3], si la fantaisie m'en prend, et ne mettez aucune générosité à tout cela, car je ne l'accepte que dans le cas où, par la même occasion, vous me manderez que vous m'aimez, sans aigreur, sans regrets, et que vous renoncez à me quereller, me chagriner, par votre colère injuste et insensible.

Vous êtes mon plus tendre ami ; je ne puis supporter la manière dont nous sommes ensemble ; je vous ennuie depuis deux mois de détails et d'expressions de mon sentiment. Je vous le répète encore, mon ami, finissons cet état incertain et grognon. Tuons-nous, pour qu'il n'en soit plus question, ou aimons-nous tendrement, sans objection, sans contrainte.

Ce qui m'engage à vous demander mon pauvre Montrouge, c'est d'abord pour le sauver de votre brutale indignation, *dear moon! dear Montrouge!* Vous êtes un impie, vous voulez renoncer à notre divinité et la briser, mais la lune en sera victorieuse [4] ; elle vous poursuit, et vous allez la trouver à Nice plus belle et plus pleine de nos souvenirs que jamais, je vous en avertis. *My Husband is come here.* Et voilà la cause, qui me chassera probablement de chez la *great mother,* et me fait désirer d'être chez vous, froid et inconstant ami.

Adieu, songez que je vous aime, avant de vous décider à nous *étrangler.*

Que ce que vous m'enverrez soit a l'adresse de Tosi, mon valet de chambre, rue Notre-Dame-des-Champs.

1. *La dernière que vous m'avez écrite...* — On comprend que Lauzun, général d'une armée de la République, devait être

singulièrement mécontent de recevoir lettre sur lettre de la part d'une émigrée qui était revenue en France sans autorisation et qui se trouvait ainsi sous le coup des lois draconiennes de la Convention contre les émigrés. La saisie d'une seule de ces lettres pouvait perdre Lauzun, en le faisant accuser d'entretenir des intelligences avec les familles les plus compromises de l'émigration.

2. *Une attestation...* — La duchesse de Fleury, n'étant rentrée en France qu'après ses couches en Angleterre, voulait obtenir de Lauzun une déclaration mensongère, qui lui eût permis de soutenir qu'elle se trouvait, avant le 10 août 1792, sur le sol de la République, et, par conséquent, hors des atteintes de la loi contre les émigrés. Mais on peut être sûr que Lauzun ne consentit jamais à se prêter à un mensonge aussi déraisonnable et à signer un faux manifeste.

3. *La permission de loger à Montrouge...* — La duchesse de Fleury, comprenant qu'elle n'était pas en sûreté dans son château de Mareuil, aurait voulu se mettre à l'abri des espions et des poursuites, en allant résider dans la petite maison que Lauzun possédait à Montrouge et qui avait été l'asile mystérieux de leurs amours.

4. *La lune en sera victorieuse.* — La lune, qu'Aimée de Coigny invoque encore ici, avait été incontestablement l'astre tutélaire qu'elle prenait à témoin de son amour, dans ses rendez-vous nocturnes avec Lauzun. Elle invitait donc Lauzun à s'en souvenir, s'il voulait bien penser à elle, dans les belles soirées de Nice, où il avait établi le quartier général de l'armée du Midi.

NOTICE

SUR LES LETTRES SUIVANTES

OICI la *Jeune Captive*, qui, toujours romanesque,
exaltée, capricieuse, fantasque et galante, s'éprend
tout à coup de l'*Ermite de la Chaussée-d'Antin* et
se passionne pour lui et pour ses ouvrages. Elle
avait alors, en 1813, quarante-trois ans ; elle était encore fort
agréable de sa personne, presque jolie, fort spirituelle et vraiment intéressante à tous égards : elle rencontra Jouy, dont
les aventures galantes avaient eu de nombreux échos et qui
s'était fait un nom dans la littérature, depuis le succès de son
opéra de *la Vestale* (1807), et surtout depuis la vogue prodigieuse de son *Ermite de la Chaussée-d'Antin*, qu'il continuait
à publier en 1813, après avoir fait paraître seulement le
premier volume dans le cours de l'année précédente.

Étienne de Jouy, né au village de Jouy, près Versailles,
en 1769, était un enfant naturel, que le hasard de sa naissance avait poussé de bonne heure dans la carrière des armes.
Les premières années de sa jeunesse s'étaient passées dans
l'Inde française, et, à son retour en France, il avait pris du
service dans les armées de la République; il en sortit, sous
le Directoire, avec le grade d'adjudant général et chef d'état-
major, pour s'essayer dans la carrière administrative sous les
ordres du comte de Pontécoulant, mais son goût le portait
vers le théâtre, le journalisme et les lettres. Il fit représenter

beaucoup de comédies et de vaudevilles, avant de se consacrer de préférence au drame lyrique, où il réussit avec éclat. Les journaux, et surtout les petits journaux, lui fournirent l'occasion d'écrire des articles de mœurs, qui furent très remarqués et très appréciés. La réunion de ces articles avait été l'origine de son *Ermite de la Chaussée-d'Antin*. Il était donc, en 1813, un des littérateurs les plus vantés et les plus connus, lorsqu'il fit connaissance avec Aimée de Coigny, qui n'était plus la duchesse de Fleury, ni la comtesse de Montrond, mais qui n'était pas moins recherchée dans les salons à la mode, où la société militaire et financière de l'Empire formait une nouvelle aristocratie.

Il est probable que les succès de Jouy auprès des femmes n'avaient pas peu contribué à piquer la curiosité d'Aimée de Coigny et à l'entraîner dans une liaison passagère avec l'auteur de *la Vestale* et de l'*Ermite de la Chaussée-d'Antin*. Peut-être aussi qu'elle s'était laissé séduire par l'audace et l'assurance que ces succès multipliés avaient données à ce galant coureur d'aventures, qui s'était plu à raconter lui-même quelques-uns de ses plus beaux triomphes amoureux dans sa *Galerie des femmes* (1799), où il s'est peint d'après nature avec les pinceaux d'Ovide et de Gentil Bernard. En tout cas, les relations intimes du poète et de la grande dame ne durèrent que quelques mois de l'année 1813, et ne sont bien constatées que par deux lettres, qui furent suivies de deux autres lettres plus polies que familières, dans un intervalle de six années. Ces quatre lettres représentent tout ce qu'il y eut de sympathie, d'affection, de confiance et d'intérêt réciproques, entre deux amants de passage. Jouy les avait conservées comme les monuments secrets d'un souvenir qui ne lui laissait rien dans le cœur.

Les Mémoires inédits, que Jouy avait soigneusement rédigés et qui sont restés longtemps dans les mains de sa fille, Mme Boudonville, ne verront peut-être jamais le jour ; mais nous sommes certain qu'Aimée de Coigny serait peu satisfaite du peu de place qu'elle y occupe, elle qui avait exercé tant d'empire sur l'ami enthousiaste et passionné de la belle et spirituelle marquise de Coigny. Jouy, blessé dans sa vanité d'homme à bonnes fortunes, avait dû s'avouer à lui-même que l'ancienne duchesse de Fleury ne s'était liée avec lui que pour l'engager à revoir et à publier lui-même le petit roman d'*Alvar*, imprimé à vingt-cinq exemplaires en 1813.

Aimée de Fleury, dont la santé était déjà profondément altérée en novembre 1819, puisqu'elle ne pouvait plus se traîner chez ses *bons et excellents* amis Pontécoulant, mourut à Paris le 19 janvier 1820. Elle laissa en manuscrit, s'il faut en croire le bibliographe Beuchot, des Mémoires sur son temps et une collection de Portraits des Contemporains. Ces ouvrages n'ont pas vu le jour, et l'on peut supposer qu'ils ont été détruits.

LETTRES
D'AIMÉE DE COIGNY

CI-DEVANT DUCHESSE DE FLEURY

PUIS COMTESSE DE MONTROND

A ÉTIENNE DE JOUY

1813-1818

—————

I

(1813?).

Vos succès me flattent, et comme je les avais prévus, ils me donnent un orgueil et une suffisance extrêmes. *Voilà un auteur tragique véritable*[1], m'a dit de vous hier un vieux critique, habitué du théâtre, et qui ne vous a jamais vu.

Chaussez le cothurne, il vous sied bien ; vous monterez avec lui le chemin du Parnasse, mais ne négligez pas les bottes, mon cher Ermite[2] ; avec elles vous faites des voyages qui nous divertissent beaucoup, et vous en revenez en fiacre, à la satisfaction des bonnes gens d'esprit, qui n'ont guère le goût qu'on avait du temps des Chaulieu, des Voisenon, des Le Sage, et même de Voltaire, quand il faisait des contes, et comme Sterne, quand il philosophait[3].

A Monsieur, Monsieur de Jouy,
    Rue du Faubourg-Montmartre, n° 41, à Paris.

1. *Un auteur tragique véritable.* — La liaison d'Aimée de Coigny avec Jouy date certainement de la première représentation de *Tippo-Saëb,* tragédie en cinq actes et en vers, qui fut jouée avec succès au Théâtre-Français, le 27 janvier 1813. On voit, en effet, que l'*aimable folle,* comme l'appellent plusieurs de ses contemporains, fait ici allusion à cette tragédie, qui fut le premier essai de Jouy dans le genre tragique, et que le rédacteur de l'*Almanach des Muses* (1814) appréciait en ce peu de mots : « Pièce dans laquelle on a remarqué de beaux vers, des pensées élevées, des situations touchantes et des caractères bien tracés. Succès. »

2. *Mon cher Ermite...* — Jouy n'avait encore publié en 1813, que les deux premiers volumes de son *Ermite de la Chaussée-d'Antin, ou Observations sur les mœurs et les usages au commencement du XIXe siècle* (Paris, Pillet aîné, 1812-1813, in-12); mais les chapitres qui composent ce recueil avaient paru en partie dans le *Mercure de France* et dans d'autres feuilles littéraires, où ils furent très goûtés. « M. de Jouy, dit le rédacteur de sa biographie dans la *Galerie historique des Contemporains* (Genève, 1819, t. V), a cherché à se frayer une route nouvelle dans cette branche de littérature, en animant ses articles par la piquante variété des formes dramatiques; exemple que des écrivains anglais avaient donné avec tant de succès, mais qu'on n'avait pas encore osé imiter en France. De cette idée heureuse, qui a fourni à l'auteur un cadre pour passer en revue les mœurs, les ridicules et les tra-

vers du jour, sont sortis depuis 1812 une quantité d'articles, dont la collection a été publiée sous différents titres et a obtenu un succès, en quelque sorte, européen. »

3. *Du temps des Chaulieu, des Voisenon...* — Cette citation de noms d'auteurs, qu'Aimée de Coigny fait avec goût et discernement, prouve qu'elle les avait lus et bien jugés; mais Étienne de Jouy ne fut peut-être pas trop flatté de voir qu'on préférait leurs ouvrages aux siens.

II

(Mai 1813?)

J'AI écrit à Madame de Tracy, j'ai écrit à M. Rœderer, j'ai écrit à M. Suard, j'ai écrit à M. Lemercier, j'ai écrit à M. Duval, j'ai parlé à M. du Renaude pour M. Sieyès, j'ai parlé à M. de Talleyrand pour l'abbé Morellet[1], je me démène, et de tous mes mouvements, j'ai bien peur qu'il n'arrive que cet ennuyeux Campenon[2] n'entre dans cette chienne d'assemblée, comme dans une synagogue, pour son vilain petit *Enfant prodigue*[3]. Ils me promettent tous qu'une douzaine de places vont être vacantes, à commencer par Cailhava[4], et que toutes les voix que je réclame actuellement seront à vous; que déjà tous les avis sont pour vous; que vous êtes jeune, plein de mérite, de talents; enfin, des éloges inutiles et sans fin. Ce Campenon est un protégé de l'Université, et tous ces gros bonnets de docteurs le poussent au fauteuil, même votre ami Arnault!

Je suis bien fâchée d'être toujours sortie quand vous venez; c'est d'une maladresse dont je me veux du mal.

Adieu, soyez toujours aimable, gai, vous-même,

plein de talent et d'esprit, et s'il faut attendre Cailhava, ce ne sera pas long, et jusque-là nous pourrons faire rougir d'avoir préféré ce morveux d'*Enfant*[5] à nos fiers enfants du Gange et à nos femmes romaines[5]?

AIMÉE[6].

A Monsieur, Monsieur de Jouy,
  Rue du Faubourg-Montmartre, à Paris.

1. *M. de Tracy, M. Rœderer, etc.* — Tous ces noms, excepté celui de M. du Renaude, sont les noms des membres de l'Académie française auprès desquels Aimée de Coigny avait soutenu la candidature de Jouy, qui se présentait pour succéder à Jacques Delille, mort le 1er mai 1813.

2. *Campenon.* — Le concurrent qui devait l'emporter sur Jouy était le poète Campenon, âgé alors de quarante-deux ans, connu par deux poèmes descriptifs dans le genre de Delille : *la Maison des champs* (1809) et *l'Enfant prodigue* (1811). Ces deux poèmes avaient eu du succès.

3. *Son vilain petit Enfant prodigue.* — La seconde édition de *l'Enfant prodigue*, poème en quatre chants, venait de paraître chez Delaunay, 1812, in-8, avec figures.

4. *Cailhava.* — Cailhava, qui était fort âgé et valétudinaire, mourut le 27 juin 1813. Ce ne fut pas encore Jouy qui lui succéda, mais Michaud, auteur du *Printemps d'un proscrit*, poème descriptif.

5. *Ce morveux d'Enfant...* — Aimée de Coigny dénigre l'ennuyeux *Enfant prodigue* de Campenon et lui oppose *nos fiers enfants du Gange*, c'est-à-dire, le *Tippo-Saëb*, de Jouy, et *nos femmes romaines*, qui semblent se rapporter au *Bélisaire*, imprimé en 1818, ou bien à quelque autre tragédie romaine, que ce *véritable auteur tragique*, comme elle l'appelle dans la lettre précédente, avait déjà sur le chantier, soit *Julien dans les Gaules*, soit *Sylla*, qui ne furent représentés que beaucoup plus tard.

6. AIMÉE. — Aimée de Coigny, en signant cette lettre de son seul nom de baptême, accuse elle-même son intimité avec Jouy ; mais il est probable que cette intimité ne résista pas au refroidissement, que l'échec de la candidature académique de l'*Ermite* avait causé entre elle et lui. Il faut aussi remarquer que, dans cette lettre familière et toute chaleureuse, Aimée de Coigny ne donne aucun nom d'amitié à Jouy, qu'elle appelait *cher Ermite* dans la lettre précédente et qu'elle aurait pu qualifier ici d'une manière encore plus affectueuse.

III

Chenoise, 7 juin 1814.

MILLE fois merci, Monsieur, de votre obligeance à l'égard du chevalier de Saint-Louis, que je vous ai *recommandé*. Si l'on exige un nom d'auteur, je vous prie de donner celui d'*Émile Lubbert*[1]. J'ai la réponse à cette Lettre, que je ferai imprimer aussi à mon arrivée à Paris, pour faire suite et être vendue avec l'autre[2].

J'ai vu avec un plaisir bien grand le nom de notre cher marquis[3] sur la liste de ceux qui désormais seront les premiers de l'État par leur honorable fonction. J'avoue que cette Constitution[4] me paraît très belle, et que si elle fixe honorablement la fortune et l'existence de mon ami, M. de Pontécoulant[5], rien ne troublera la joie qu'elle me cause.

Je n'ai pas encore reçu les épreuves, j'espère qu'elles ne se feront pas longtemps attendre[6].

Adieu, Monsieur. Dimanche, je compte retourner à

Paris et avoir bientôt le plaisir de vous voir et de vous parler des sentiments que vous êtes si bien fait pour inspirer.

A. DE COIGNY.

A Monsieur, Monsieur de Jouy,
    Rue du Faubourg-Montmartre, à Paris.

1. *A l'égard du chevalier de Saint-Louis.* — Le chevalier de Saint-Louis, qu'Aimée de Coigny avait recommandé à Jouy, paraît être Émile Lubbert, né à Bordeaux en 1794, qui arrivait à Paris avec des opéras-comiques et des pièces de théâtre, qu'il fit représenter sous différents noms. Il devint plus tard directeur de l'Académie royale de musique.

2. *La réponse à cette Lettre.* — La bibliographie ne nous donne aucun renseignement sur cette Lettre, qu'Aimée de Coigny aurait fait imprimer à Paris, en 1814, avec son nom ou sans nom d'auteur, puisqu'elle fut « vendue avec une autre » Lettre. Il s'agit certainement de deux Lettres politiques et sans doute royalistes.

3. *Notre cher marquis...* — Ce n'est pas son cousin le marquis de Coigny, époux divorcé de Mme de Coigny, lequel venait d'être nommé lieutenant général par Louis XVIII, et n'a jamais été pair de France. Jouy, qui fut bientôt un des chefs de l'Opposition libérale, après s'être montré très ardent partisan de l'Empire, avait donc un ami entre les royalistes de la première heure.

4. *Cette Constitution.* — C'est le 4 juin que Louis XVIII, dans une séance solennelle du Corps législatif, annonça la promulgation de la Charte constitutionnelle.

5. *M. de Pontécoulant.* — Le comte Gustave Doulcet de Pontécoulant, qui avait joué un rôle considérable dans les assemblées législatives de la République, était un ami de la famille de Coigny. En 1814, il avait voté, au Sénat, la dé-

chéance de l'Empereur, et il fut nommé pair de France, par le Roi, le 4 juin de la même année.

6. *Les épreuves...* — Aimée de Coigny n'avait pas encore reçu les épreuves d'un livre ou d'une brochure, que Jouy faisait imprimer, pour elle, au mois de juin 1814; il s'agirait donc de découvrir ce livre ou cette brochure.

IV

Paris, 29 novembre 1818.
Place de Beauvau, n° 88.

Je vous remercie, Monsieur, du souvenir honorable que vous m'avez donné dans l'excellent article que vous avez fait sur l'ouvrage de M. Boissy d'Anglas[1]. J'ai été effectivement assez heureuse pour vous procurer l'exemplaire, unique alors, je crois, du Mémoire de M. de Malesherbes sur la presse. Vous vous êtes empressé d'attacher votre talent à l'avant-propos, qui précède la nouvelle édition, dont vous devez conserver tout l'honneur[2].

Si vous vous rappelez de moi quelquefois, Monsieur, je demande que ce soit pour m'unir aux nobles sentiments de liberté et d'ordre, dont j'espère que vous êtes toujours l'apôtre. Entrez dans la Force, qui doit contraindre l'Autorité à mettre en action les libertés contenues dans les lois et qui jusqu'à ce moment y sont captives. Je suis de cette Opposition-là[3], mais je ne serai jamais (ni vous non plus, j'espère) de celle qui ne veut point de la liberté, mais du changement.

Je salue respectueusement le casque et la lance de la *Minerve* [4].

Je viens de lire le *Bélisaire* [5]; permis ou défendu, je le trouve admirable, au rocher près, que je n'accorde pour demeure qu'à Philoctète.

Adieu, Monsieur, je suis malade, dans mon lit, bien languissante, de sorte que je n'ai pas l'espoir de vous rencontrer chez nos bons et excellents Pontécoulant [6], chez lesquels je ne puis me traîner.

Rappelez-vous les moments agréables que nous avons passés ensemble [7], et croyez qu'ils me seront toujours présents et précieux.

A. DE COIGNY.

A M. de Jouy.

1. *L'ouvrage de M. Boissy d'Anglas.* — Cet ouvrage ne peut être que le premier volume de son *Essai sur la vie, les écrits et les opinions de M. Malesherbes,* suivi de notes, de lettres et de pièces inédites. Ce premier volume parut, avec la date de 1819, chez Treuttel et Würtz ; mais le second ne fut publié qu'en 1821, avec un fascicule de supplément, contenant une réponse à la *Biographie universelle,* qui avait donné un article erroné et peu bienveillant sur Malesherbes.

2. *La nouvelle édition dont vous devez conserver tout l'honneur.* — Nous apprenons ici que le *Mémoire sur la liberté de la presse,* par Lamoignon de Malesherbes, qui avait paru en 1809 dans les *Mémoires sur la librairie et sur la liberté de la presse,* publiés en 1809 par A.-A. Barbier, bibliothécaire de l'empereur, était devenu fort rare, et fut réimprimé, en 1814, chez le libraire Pillet, par les soins de Jouy, qui y avait joint un avant-propos anonyme.

IV

Paris, 29 novembre 1818.
Place de Beauvau, n° 88.

Je vous remercie, Monsieur, du souvenir honorable que vous m'avez donné dans l'excellent article que vous avez fait sur l'ouvrage de M. Boissy d'Anglas [1]. J'ai été effectivement assez heureuse pour vous procurer l'exemplaire, unique alors, je crois, du Mémoire de M. de Malesherbes sur la presse. Vous vous êtes empressé d'attacher votre talent à l'avant-propos, qui précède la nouvelle édition, dont vous devez conserver tout l'honneur [2].

Si vous vous rappelez de moi quelquefois, Monsieur, je demande que ce soit pour m'unir aux nobles sentiments de liberté et d'ordre, dont j'espère que vous êtes toujours l'apôtre. Entrez dans la Force, qui doit contraindre l'Autorité à mettre en action les libertés contenues dans les lois et qui jusqu'à ce moment y sont captives. Je suis de cette Opposition-là [3], mais je ne serai jamais (ni vous non plus, j'espère) de celle qui ne veut point de la liberté, mais du changement.

3. *Je suis de cette opposition-là.* — Il est à remarquer, d'après ce passage, qu'Aimée de Coigny, qui avait été si opposée à l'esprit révolutionnaire sous la République et qui s'était attachée depuis si complètement à l'Empire, n'avait pas tardé à se séparer du parti royaliste, sous la Restauration, pour se rapprocher du parti libéral, allié au parti bonapartiste.

4. *La Minerve.* — Jouy était un des principaux rédacteurs de *la Minerve française*, revue politique qui paraissait alors par livraisons hebdomadaires et qui passait pour l'organe le plus autorisé du parti libéral.

5. *Le Bélisaire.* — La tragédie de *Bélisaire*, reçue et mise à l'étude au Théâtre-Français, avait été interdite par la Censure, à cause de diverses allusions à la chute de l'Empire et à la captivité de Napoléon dans l'île de Sainte-Hélène. L'auteur s'était donc décidé à faire imprimer cette pièce (*Paris, Corréard*, 1818, in-8), pour en appeler au jugement du public.

6. *Nos bons et excellents Pontécoulant.* — Le comte de Pontécoulant s'était trouvé compris dans l'ordonnance royale du 24 juillet 1815, qui déclarait démissionnaires tous les fonctionnaires que Napoléon avait nommés pendant les Cent-jours; il fut rappelé à la Chambre des pairs, par l'ordonnance du 5 mars 1819 et prit dès lors une part active à toutes les délibérations de ce premier corps de l'État. Il appartenait essentiellement au parti libéral, sans être de l'Opposition.

7. *Les moments agréables que nous avons passés ensemble.* — Ce dernier souvenir est un adieu qu'Aimée de Coigny adresse, quatorze mois avant sa mort, à un de ses derniers amants.

LETTRE

DE

MADAME DE BUFFON

NOTICE

MADAME DE BUFFON

ADAME de Buffon, femme du comte de Buffon, fils du célèbre naturaliste, était la maîtresse en titre du duc d'Orléans. « Se trouvant près de lui, au moment où il regardoit, avec complaisance, passer, au bout d'une pique, la tête de la princesse de Lamballe, qu'il venoit, dit-on, de payer très cher, elle tomba sur un fauteuil, en se cachant le visage de ses mains et s'écriant avec effroi : « Ah ! « mon Dieu ! ma tête se promènera, un jour, de cette ma- « nière-là. » Elle fut un des personnages du groupe que le duc d'Orléans fit peindre sans tête. » (*Dictionnaire biographique et historique des Hommes marquants de la fin du dix-huitième siècle*, rédigé par une société de gens de lettres. *Londres*, 1800, 3 vol. in-8, t. Ier, p. 235.)

Le prénom d'*Agnès*, que le *Dictionnaire biographique* de 1800 donnait à Mme de Buffon, la maîtresse avouée du duc d'Orléans, *Philippe-Égalité*, devait être un sobriquet satirique, sinon un petit nom d'amitié.

Selon l'*Annuaire de la Noblesse*, de Borel d'Hauterive (année 1867, p. 138), Marguerite-Françoise de Cépoy, née en 1767, avait épousé, le 4 janvier 1784, Georges-Louis-

Marie Le Clerc de Buffon, fils du grand Buffon, lequel était alors officier aux gardes, après avoir été major en second au régiment d'Angoumois. Il fut condamné à mort, le 22 messidor an II (10 juillet 1794), comme complice de la conspiration imaginaire des prisons du Luxembourg. Sa femme, fort belle et très galante, s'était affichée elle-même comme maîtresse de Philippe-Égalité. La lettre que nous publions ne dit pas positivement qu'elle ait été aussi une des maîtresses de Lauzun, mais ne nous défend pas de le supposer avec quelque apparence de raison. Le Cousin Jacques (Beffroy de Reigny) eut la prudence de ne pas lui accorder d'article dans le *Dictionnaire néologique des hommes et des choses*; mais il termina ainsi l'article du malheureux fils de l'illustre Buffon, égorgé à trente ans par le tribunal révolutionnaire de Paris : « Mes lecteurs voudroient peut-être que je disse un mot de sa femme; non pas, non pas! » Elle avait divorcé en 1793, et elle s'était remariée, à Rome, en septembre 1798, avec Raphaël-Julien Renouard de Bussière, banquier à Strasbourg, qui est mort en 1804, laissant un fils né de cette union. La mère de cet unique héritier de la famille de Bussière mourut le 15 mai 1808. Elle avait eu aussi du duc d'Orléans un fils naturel, qu'elle nommait son *fils adoptif* et qui fut tué dans la guerre d'Espagne, où il servait sous le drapeau de l'Angleterre.

LETTRE

DE

MADAME DE BUFFON

A LAUZUN, DUC DE BIRON

(Paris, ce 20 août 1792 ?)

Je vous ai promis de vous donner de mes nouvelles, et même de remplir trois ou quatre pages en votre faveur. Comme voici le moment où chacun est plus scrupuleux de tenir ce qu'il promet, je vais commencer mon récit, et ne parlerai de vous, de moi et de nos amis communs, qu'après vous avoir donné un extrait fidèle des différents événements de la capitale[1].

Les Chevaliers du poignard[2], faible soutien de Louis XVI, après avoir été les uns pris et renfermés, les autres tués, les autres se claquemurant pour se rendre introuvables, ont encore eu la douleur de voir ou de savoir que l'on a mis leur gros chef au Temple[3], où il est avec sa femme, sa fille et le prince royal; plus, Madame Elisabeth. On n'entre dans la Tour qu'avec une permission de M. Pétion[4].

Si nous connaissions de l'esprit au Roi, nous pourrions prendre son insouciance pour du courage. Il se promène dans son jardin, en calculant combien de pieds carrés en tel sens ou en tel autre. Il mange et boit bien, et joue au ballon avec son fils. La Reine est moins calme, dit-on. Elle n'a depuis hier aucune dame auprès d'elle. Mesdames de Lamballe, Tarente, Sainte-Aldegonde, Tourzel[5], encore deux autres, dont je n'ai pu savoir le nom, ont été transférées à la Force.

Il y a, selon le relevé des sections de Paris, six mille cinq cents personnes de péries dans la journée du 10. Le complot de la Cour était atroce et gauche, comme à l'ordinaire. Il faut avouer que nous avons une étoile préservatrice, et qu'avec bien de l'argent, bien des ruses, bien des moyens, ils ont toujours si fort précipité leurs projets, que le succès qu'ils attendaient a toujours été pour nous.

Les plus enragés aristocrates sont furieux contre le Roi de ce qu'ils se sont laissé couper le cou pour lui, et que bravement il s'en est allé trouver les députés[6]; trop heureux que l'Assemblée ait bien voulu lui permettre de dormir et de manger au milieu d'elle.

On assure qu'il y a quatre mille personnes d'arrêtées et compromises, plus ou moins, dans cette malheureuse affaire. On doit demain guillotiner, au Carrousel.

On assure que MM. de Poix et de La Porte seront les premiers[7]. On cherche partout MM. de Narbonne, Baumets et du Châtelet[8]. Ils sont dans Paris, et c'est la crainte qu'eux et d'autres, qu'on ne veut pas laisser aller, ne partent, que l'on ne délivre aucun passe-port. Au milieu de ces arrestations, Paris est calme pour ceux qui ne tripotent point.

J'oubliais de vous dire que Madame d'Ossun[9] est à l'Abbaye. Celles qui sont à la Force ne savent point pour combien de temps, et la ci-devant Princesse[10] est sans femme de chambre; elle se soigne elle-même. Pour une personne qui se trouve mal devant un homard en peinture, c'est une rude position.

On ne voit pas une belle dame dans les rues. Je roule, cependant, avec mon cocher, qui chatouille les lanternes avec son chapeau.

J'ai été hier à l'Opéra. Les aboyeurs[11] étaient occupés de mon seul service. J'avais le vestibule pour moi, et Roland, mon domestique, faisait promenade solitairement dans le couloir. Cependant la salle était pleine.

Vous savez, par les papiers, les choses dont je ne vous parle pas. Vous avez sans doute su que Suleau[12] a été expédié dans l'affaire du 10. On court après M. de La Fayette[13]. Je ne sais s'il se défendra avec une partie de son armée, ou s'il sera ramené à Paris. Voilà encore un événement marquant, mais que j'ignore. La fourberie de ce général prouvera assez la faveur du plus franc et du moins ambitieux des citoyens, *notre ami Philippe*[14].

Vous savez que lorsque M. Luckner a appris le décret de suspension, il a dit : « Sacretié ! moi, *che si jacobi !* » Pourvu que M. La Fayette n'ait pas eu le temps de vouloir travailler sa façon de penser !

Il y a une dame de la rue du Bac, qui avait des yeux *culotte de velours noir* [15] (disait son beau-frère), qui a assuré notre ami [16] qu'elle n'osait respirer et qu'elle mourait de peur. Elle est fort drôle, dit-on, dans sa frayeur, quoique n'ayant rien qui l'agite personnellement. Mais ses amis ! elle n'en *peut respirer.*

Je vais cesser mon bavardage. J'ai rempli mon engagement. C'est un plaisir avec vous. Je vous ai voué, il y a longtemps, et pour deux, amitié, reconnaissance et un tendre intérêt. Je vous désire du bonheur, des succès, de la santé et de l'argent.

C. B.

Je me porte à merveille. J'espère tout de cette crise pour le bonheur et la santé de mon ami [17]. On n'en parle pas même en bien ! C'est très heureux. Il a, je crois, une conduite parfaite, et j'espère qu'un jour on saura l'apprécier.

Tous ses ingrats amis sont dans un moment de presse pénible. Il y en a bien quelques-uns qui ont eu la bassesse de chercher à se raccrocher à lui. Nous sommes bien *bon,* mais pas *bête.*

Charles Lameth [18] est, pour sûr, arrêté à Barentin. M. de Liancourt [19] s'est sauvé par le Havre.

Monseigneur[20] a reçu votre lettre, par laquelle vous lui apprenez que vous allez à Strasbourg[21].

1. *Différents événements de la capitale.* — Mme de Buffon, dans cette lettre si pleine de renseignements nouveaux sur les suites de la journée du 10 Août, ne donne aucun détail sur les causes, encore inconnues, de cette épouvantable journée. Nous citerons, à cet égard, une lettre inédite, adressée, le 13 août, par un nommé La Montagne, à une dame Lascade, dont le mari était officier au régiment de Bourbon-dragons. L'auteur de cette lettre paraît sans doute pénétré des calomnies que les Jacobins avaient répandues dans le peuple, mais son récit n'en est pas moins très précieux par les faits qu'il contient et qu'il exprime naïvement.

 « Madame,

« Je réponds à la lettre que vous m'avez fait l'honneur de m'écrire, le 11. Vous me dites que notre ville est calmée dans ce moment-ci. Elle ne l'était pas, le jour que vous m'avez écrit. Il s'en fallait de beaucoup! mais, aujourd'hui 13, elle est un peu plus tranquille. Voici comment cela a commencé :

« Jeudi de la semaine passée, le roi a fait la revue des Suisses et de la gendarmerie à cheval. Alors les officiers de la gendarmerie et des Suisses ont crié à leurs soldats de crier : *Vive le Roi! vive la Reine!* et que ceux qui ne voudraient pas le faire, n'avaient qu'à se retirer. Alors la gendarmerie a répondu qu'elle ne le ferait pas, qu'elle serait fidèle à la Nation, et elle s'est retirée. Il n'y a que les Suisses qui ont tenu bon pour le Roi et ont crié : *Vivent le Roi et la Reine!*

« Le lendemain, vendredi, le Roi a rendu la couronne lui-même, en disant qu'il voyait bien qu'il fallait cela pour contenter le peuple. Aussitôt on a tiré un coup de canon de réjouissance. Les Suisses étaient dans leurs appartements, à ce moment; ils ont fait venir les Marseillais, en les flattant et leur disant qu'ils étaient leurs amis; ils les ont fait venir dans le Carrousel, qui est le derrière de leurs appartements ; alors ils leur ont jeté des cartouches, et les Marseillais les ont ramassées ; du temps qu'ils étaient baissés, les Suisses avaient leur canon braqué à mitraille, ils ont fait feu sur ces pauvres Marseillais, et en ont tué quarante-deux. Jugez quel coup de traîtres !

« Aussitôt on a sonné le tocsin et battu la générale par toute la ville : que tous les citoyens s'arment et viennent aux Tuileries ! Aussitôt tous les hommes se sont rassemblés et ont été trouver les Suisses, pour les tuer : ils se sont mis à genoux et ont demandé grâce, mais il n'y avait plus de grâce à espérer pour eux. On les faisait voltiger par les fenêtres, et tous ceux qui étaient dans le bas et qui sortaient, on tirait dessus. On ne voyait que des corps morts étendus sur le carreau. C'était un spectacle terrible. Ce qu'il y a de plus malheureux, c'est que nous avons eu beaucoup de citoyens tués, et souvent des pères de famille ; chacun allait reconnaître des parents, la nuit du jeudi au vendredi.

« Sur les neuf heures du matin, l'on a rencontré une fausse patrouille de vingt-deux hommes, aristocrates et gardes du Roi. On les a pris et menés à l'Assemblée nationale, et on en a pendu huit à la place Vendôme. Il n'y en avait encore que six de morts lorsque j'y fus voir. L'on en a encore expédié deux devant moi. On les traînait comme des bêtes. Ces malheureux avaient un projet de formé de mettre le feu aux quatre coins de Paris. Heureusement qu'ils n'ont pas réussi.

« Le vendredi, à onze heures du matin, l'on crie à haute voix, par toutes les rues de Paris : *Fermez les boutiques ! fermez les portes !* Les canons sont braqués tout aussitôt. L'on voyait un tourbillon de monde, dans les rues, qui se sauvait. Il n'y avait rien de si triste. Il y avait quatre-vingt-seize pièces de canon de braquées devant le château. Les uns couraient avec des piques, des pioches, des sabres, des fusils ; enfin, ce qu'on trouvait sous sa main. Il y a eu beaucoup de femmes tuées, qui allaient chercher leurs maris dans le tumulte. Il y a eu un nombre de trois mille personnes de tuées, tant Suisses que citoyens, femmes et fédérés qui étaient à Paris. Il y a

encore à peu près deux cents Suisses, que l'on a renfermés.
Ceux qui mériteront d'être jugés le seront, et les autres, qui
sont des suisses de portes et d'églises, l'Assemblée a décidé
de les renvoyer dans leur pays.

« Samedi, l'on a encore été en crise toute la journée. A
midi, l'on a encore crié de fermer les portes et les boutiques,
car l'on craignait beaucoup de pillage. On a, malgré cela,
pillé dans le faubourg Saint-Antoine; on a mis le feu chez les
Suisses; on a pillé chez le Roi; ceux que l'on attrapait qui
emportaient quelque chose, on les tuait sur-le-champ. Tout
a été abîmé chez le Roi; tous les gardes-meubles et toute la
garde-robe de la reine sont abîmés.

« Le Roi et sa femme et ses enfants étaient à l'Assemblée,
pendant tout ce tapage; ils n'en sont pas encore sortis depuis ce temps-là. On voulait leur monter un lit; ils ont répondu qu'ils n'avaient besoin de rien : qu'on leur apporte de
la paille, que c'était assez bon. Cela n'empêcha pas que le
Roi voulut encore partir, la nuit du samedi au dimanche. On
l'a arrêté. Les personnes qui étaient du complot avec lui sont
arrêtées. L'on assure que le Roi va faire sa demeure au
Temple : on voulait le mettre au Luxembourg, mais l'on a
trouvé que cet endroit n'était pas assez fermé, et qu'il valait
beaucoup mieux qu'il soit au Temple. Les lampions sont
allumés toujours au soir, crainte de pillage.

« LA MONTAGNE. »

2. *Les Chevaliers du poignard.* — Depuis le 28 février,
qu'on nomma la *journée des poignards,* parce que La Fayette
fit désarmer deux ou trois cents nobles qui s'étaient réunis
au palais des Tuileries pour défendre le Roi et la famille royale
contre un soulèvement de la populace de Paris, on qualifiait
de *chevaliers du poignard* tous les royalistes qui avaient juré
de se porter en armes aux Tuileries, dans le cas où la vie de
Louis XVI serait menacée par un complot révolutionnaire.

3. *On a mis leur gros chef au Temple.* — Le dimanche,

12 août, à peine l'Assemblée nationale avait-elle décrété que Louis XVI et sa famille seraient logés dans l'hôtel du ministère de la justice, place Vendôme, qu'une députation de la Commune vint demander à l'Assemblée, que le Roi et sa famille fussent envoyés au Temple, avec une garde de vingt hommes que fourniraient les trente-huit sections de Paris. La translation de la famille royale au Temple eut lieu, dans la soirée du 13 août, sous la conduite du maire Pétion, au milieu des cris et des injures de la populace. Ce fut la municipalité qui ordonna, le lendemain, que les prisonniers du Temple fussent enfermés dans la grosse Tour et ne communiquassent plus avec personne sans un ordre de Pétion.

4. *M. Pétion.* — Pétion de Villeneuve, qui avait succédé à Bailly comme maire de Paris, fut un des auteurs les plus actifs de la journée du 10 Août. Il s'était montré jusqu'alors dévoué au parti du duc d'Orléans. Depuis la déchéance de Louis XVI, qu'il avait provoquée, il semble n'avoir plus d'autre rôle, à la Convention, que de faire mettre le Roi en jugement. C'était un homme médiocre, d'un caractère faible et pourtant audacieux, mais obstiné et implacable. Il ne fit aucun effort pour arrêter les massacres de Septembre.

5. *Mmes de Lamballe, Tarente, Tourzel, Sainte-Aldegonde.* — Ces dames, qu'on avait conduites à la prison de la Force, en les séparant de la Reine, furent détenues dans cette prison jusqu'aux massacres de Septembre. Dans la nuit du 2 au 3, le Conseil de la Commune, qui avait fait le triage des victimes, suivant l'expression de Dulaure, envoya deux commissaires, pour mettre en liberté vingt-quatre femmes de la Cour, arrêtées à la suite des événements du 10 Août, entre autres, Mmes de Tourzel, de Saint-Brice et de Sainte-Aldegonde; mais on retint la princesse de Lamballe, qui était vouée à la mort, comme la plus fidèle amie de Marie-Antoinette et qui fut égorgée, le lendemain, à huit heures du matin, après avoir comparu devant le sanglant tribunal des massacreurs.

6. *Le roi... s'en est allé trouver les députés.* — Louis XVI, écoutant le funeste conseil de Rœderer, procureur-syndic du département, résolut de se réfugier avec sa famille dans la

salle de l'Assemblée nationale, à huit heures et demie du matin, lorsque le peuple insurgé allait assiéger le château des Tuileries. Les augustes fugitifs avaient couru les plus grands dangers, en traversant le jardin, au milieu d'une foule menaçante. Le Roi dit, à son entrée dans la salle du Manège : « Je pense que je ne saurais être plus en sûreté qu'au milieu des représentants de la nation. » Il était désormais l'otage et le prisonnier de la Révolution.

7. *MM. de Poix et de La Porte.* — Le prince de Poix, capitaine des gardes du corps, qui s'était tenu constamment auprès de Louis XVI pendant les événements du 10 Août, fut arrêté, par ordre du Comité de Surveillance, mais relâché, au moment des massacres de Septembre, « par le crédit de Panis et de Sergent, qui lui firent payer chèrement sa rançon », dit le *Dictionnaire biographique des Hommes marquants* (Londres, 1800). Quant au malheureux La Porte, intendant de la liste civile, qui avait toujours montré l'attachement le plus désintéressé et le plus fidèle à la personne de Louis XVI, il fut incarcéré, le 11 août, et condamné à mort, le 28, par le tribunal criminel de Paris, comme un des agents de la conspiration du Roi et de sa famille contre le peuple français dans la journée du 10 Août.

8. *Narbonne, Baumets et du Châtelet.* — Le comte de Narbonne, ex-ministre de la guerre, qui avait accepté le poste de maréchal de camp dans l'armée du Centre, se trouvait à Paris, peu de jours avant le 10 Août : on le décréta d'accusation, mais il eut le bonheur d'échapper à ces poursuites et de se retirer à Londres. Il ne rentra en France qu'après le 18 Brumaire.

Le duc du Châtelet, qui avait remplacé le maréchal de Biron, en qualité de colonel du régiment des gardes françaises, était membre de l'Assemblée nationale : il fut sans doute inquiété après le 10 Août, mais son arrestation n'eut pas lieu alors ; ce n'est que sous le règne de la Convention révolutionnaire qu'il fut emprisonné par les ordres d'André Dumont, et condamné à mort, le 18 décembre 1793, comme

ayant participé au massacre des patriotes, dans la journée du
10 Août, au château des Tuileries.

Brion de Baumets, qui avait été président de la Constituante en 1790, s'était rattaché au parti royaliste, depuis l'arrestation du Roi à Varennes ; on le regardait comme un faux
frère, et il eut la prudence d'émigrer, après le 10 Août.

9. *Mme d'Ossun.* Geneviève de Gramont, née en 1750,
mariée en 1766 au comte d'Ossun, était dame d'atours de la
Reine. Elle a été guillotinée, le 8 thermidor an II (26 juillet
1794), la veille de la chute de Robespierre.

10. *La ci-devant Princesse.* — Mme de Lamballe.

11. *Les aboyeurs.* — On appelait ainsi, au XVIIIe siècle,
les valets gagistes de l'Opéra, qui appelaient à haute voix,
dans le vestibule du théâtre et dans la rue, les cochers et les
laquais des personnes qui assistaient à la représentation, lorsque celles-ci demandaient leurs gens et leurs carrosses.

12. *Suleau.* — Cet avocat au parlement de Paris, quoique
camarade de collège de Robespierre et de Camille Desmou-
lins, avait embrassé la cause du Roi avec un véritable fana-
tisme ; ses écrits l'avaient signalé comme un des instruments
les plus actifs de la Cour : « Le 10 Août, entre quatre et cinq
heures du matin, dit l'auteur de sa biographie dans la *Galerie
historique des Contemporains* (Bruxelles, 1820, t. VIII), il
fut rencontré, sur la place Vendôme, à la tête d'une fausse
patrouille de la garde nationale. Reconnu aussitôt par une
multitude furieuse, Suleau et cinq de ses camarades furent
entraînés dans la cour du couvent des Feuillants, et leurs
têtes coupées, mises au bout des piques, furent promenées
dans les Tuileries. »

13. *M. de La Fayette.* — Le général La Fayette s'était porté,
avec son armée, vers Sedan, pour faire face aux Prussiens, qui
commençaient à pénétrer en France, lorsqu'il apprit les événements du 10 Août 1792. Entouré de ses troupes qui lui
étaient dévouées, il fit arrêter les commissaires de l'Assemblée nationale venus de Paris pour le destituer, mais on apprit,
le lendemain, qu'il était parti, pendant la nuit, avec quelques
officiers de son état-major, pour passer en Allemagne. Arrivé

aux avant-postes autrichiens, il fut arrêté, traité en prisonnier d'État et conduit à Luxembourg, d'où on le transféra dans plusieurs prisons de la Prusse, avant de l'envoyer à la citadelle d'Olmutz.

14. *Notre ami Philippe.* — C'est le duc d'Orléans, Philippe-Égalité.

15. *Des yeux culotte de velours noir.* — Cette bizarre et triviale expression caractérise cependant assez bien la couleur chatoyante de beaux yeux noirs. Mme de Genlis, dans les *Souvenirs de Félicie* (édit. de 1804, p. 323), parle d'un marquis de ***, qui n'avait qu'une connaissance confuse de la signification des mots et qui, pour louer la douceur du regard de sa belle-sœur, disait que « ses yeux ressemblaient à une culotte de velours ». Il est évident que Mme de Buffon fait ici allusion au même marquis de ***.

16. *Notre ami.* — Le même duc d'Orléans.

17. *Mon ami.* — C'est son amant, le duc d'Orléans.

18. *Charles Lameth.* — Mme de Buffon, en disant que « Charles Lameth est poursuivi, arrêté à Barentin », fait allusion à un épisode burlesque de la vie politique de ce député aux États généraux, qui, membre zélé du club des Feuillants, alors ennemi ardent de la Cour, exécuta, au nom du Comité de Surveillance, une invasion nocturne dans le couvent des Annonciades, pour y rechercher le garde des sceaux Barentin. Charles Lameth, qui s'était rattaché au parti monarchique et qui avait pris du service dans l'armée de La Fayette, s'enfuit au Havre, pour passer en Angleterre, après la journée du 10 Août. Il fut arrêté, mais, remis bientôt en liberté, il émigra depuis définitivement.

19. *M. de Liancourt.* — La Rochefoucauld d'Estissac, duc de Liancourt, avait embrassé d'abord la cause de la Révolution, mais la marche fatale des événements le fit rentrer dans le parti des royalistes dévoués à la monarchie. Après le 20 juin 1792, il avait proposé à Louis XVI de quitter Paris pour chercher un asile contre les démagogues. A la suite du 10 Août, il fut destitué de son grade d'officier général et mis

en accusation : il réussit à émigrer en Angleterre, et de là aux États-Unis, où il resta fixé pendant l'émigration.

20. *Monseigneur.* — Le duc d'Orléans.

21. *Vous allez à Strasbourg.* — Lauzun avait passé de l'armée du Nord à celle du Rhin, lorsque les commissaires de l'Assemblée nationale lui apportèrent les décrets du 10 Août, qui proclamaient la déchéance du Roi.

LETTRE

DE

AMÉLIE DE BOUFFLERS

DUCHESSE DE LAUZUN

ET DE BIRON

LETTRE

DE

LA DUCHESSE DE LAUZUN

AU DUC DE GONTAUT

(Novembre 1792.)

J'AI été fort touchée du désir que M. de Biron a montré de m'être utile. Je vous ai supplié de lui en témoigner ma reconnaissance. On voyait dans sa lettre combien il avait mis de soin à chercher les moyens de réussir, mais, n'étant point à Paris et ignorant l'excès de rigueur de l'Assemblée, il n'avait pas prévu que le mot d'*indulgence* produirait un effet contraire à son but et lui ferait manquer son objet [1].

Je n'ai point jusqu'ici été tourmentée à Paris, en aucune manière, mais la lettre de M. de Biron, inscrite dans les papiers publics, a été connue à Lyon et a excité des soupçons dans ma terre de Neuville, qui est dans ce département. On ne se doutait point jusque-là de ma courte absence, et on ne me parlait point de

certificats de résidence. A présent l'on m'en demande,
et comme je n'en puis envoyer à cause de cette absence
de deux mois, je suis obligée de chercher toutes sortes
d'excuses pour m'en dispenser. Je dis que j'ai voyagé,
à la fin de l'été, dans plusieurs municipalités de province, ce qui rend fort difficile de rassembler les différents certificats.

Je crains toujours qu'ils ne s'impatientent et qu'ils
ne confisquent ma terre. Dans cet état de choses,
comme ils me savent à Paris et qu'ils ignorent mon
voyage en Angleterre, il est à désirer, pour moi, que
M. de Biron ne leur en donne pas la certitude; et si,
dans son passage à Lyon pour se rendre à l'armée du
Midi, on lui fait quelques questions sur sa lettre à la
Convention, il me rendrait service de répondre qu'il
avait été trompé sur ma situation : qu'il me croyait
absente ; que je suis depuis longtemps à Paris et que
je ne suis point dans le cas de l'émigration. Ce témoignage pourrait peut-être diminuer l'impression défavorable de sa lettre, car M. de Biron, commandant
l'armée du Midi, doit avoir beaucoup d'influence
dans les départements voisins.

1. Voici la lettre du général Biron à la Convention :

Strasbourg, le 18 novembre de l'an 1er
de la République (1792).

« Citoyen président, j'ose vous demander, avec la plus vive
instance, de mettre sous les yeux de la Convention nationale
la note ci-jointe :

« Un fidèle soldat de la République ose demander aux représentants du peuple de fixer leurs regards sur l'affreuse position d'une femme, qu'un instant de délire, dont elle peut administrer les preuves, expose au malheur d'être rejetée du sein de la patrie. Citoyens, cette femme est la mienne. Séparé de biens, éloigné d'elle depuis quinze ans, je sens, pour la première fois, avec de douloureux remords, que, sans la distance mise entre nous par les circonstances, plus confiante, plus rassurée, fière peut-être du patriotisme de son mari, cette femme, plus malheureuse que coupable, n'eût jamais **mérité** d'attirer sur elle la sévérité des lois. Il appartient à un peuple libre d'être généreux plutôt que sévère, de pardonner à la faiblesse d'une femme plutôt que de la punir. Terrible dans ses efforts, dans ses jugements, pour le maintien de la liberté, il est indulgent, dès qu'il peut l'être. Citoyens, je vous demande générosité. Destiné, je l'espère, à porter vos armes et la liberté dans des contrées voisines, il n'y a point d'intérêt, sur la terre, qui puisse me faire abandonner le poste honorable que vous m'avez confié. J'ai donc le droit de dire, sans me permettre un choix : « Citoyens, qu'un de vous se lève et serve « de défenseur à ma femme, puisque je ne la puis défendre « moi-même ! » Ce droit, je le réclame, je l'exerce.

> « *Le citoyen général d'armée,*
>
> « BIRON. »

Cette lettre, aussi fière que touchante, fut écoutée en silence, et, personne n'ayant pris la parole pour appuyer ou pour combattre la requête de Lauzun adressée à la Convention, l'Assemblée passa à l'ordre du jour. Mais on fit droit cependant à la réclamation du général de l'armée du Rhin, et sans doute, par ordre du Comité de Salut public, la duchesse de Lauzun put sortir de prison. Elle ne voulut pas ou n'osa pas retourner en Suisse, où elle eût été du moins en sûreté. Elle resta donc très probablement à Paris, car, dans un procès qu'elle soutenait, comme épouse séparée, quant aux biens, du citoyen Lauzun, et comme propriétaire de la ci-devant terre de Neuville, contre les administrateurs du district de la campagne de Lyon, il ne lui fut accordé qu'un quart des biens-fonds qu'elle revendiquait, et ce jugement du 7 mars 1793 lui fut signifié, par le greffier de la municipalité de Neuville, à la date du 2 juin de l'an deuxième de la République[1].

Le résultat de ce procès civil prouve que, malgré son emprisonnement momentané, Mme de Biron n'était plus considérée comme ayant émigré en 1790, nonobstant son séjour à Lausanne avec la comtesse de Boufflers, sa tante. Elle résidait alors très probablement à l'hôtel de Biron, rue de Varennes, à l'entrée de la rue de Babylone. Elle ne fut sans doute décrétée d'arrestation que deux mois après l'entrée de son mari dans la prison de l'Abbaye; or, c'est au mois de juillet 1793 que Lauzun, qui s'était démis du commandement de l'armée de La Rochelle, se vit arrêté, par ordre du Comité de Salut public, au moment même où il revenait, malade, à Paris.

Lauzun était donc prisonnier à l'Abbaye, quand sa femme fut de nouveau arrêtée et conduite aux Jacobins, au mois d'octobre 1793. Horace Walpole l'annonce positivement dans une lettre à miss Berry, en date du 15 octobre[2] : « On dit que la pauvre duchesse de Biron est de nouveau arrêtée. »

Nous parlerons ailleurs du procès de Lauzun devant le tribunal révolutionnaire, de sa condamnation et de son exécution le 31 décembre 1793. Nous ne voulons nous occuper ici que de sa veuve, Amélie de Boufflers, qui, selon la plupart des dictionnaires biographiques, aurait subi le même sort, six mois après lui. Il nous paraît incontestable, au contraire, que la veuve de Lauzun, duc de Biron, ne fut ni condamnée ni exécutée, et survécut vingt-six ou vingt-sept ans à son mari.

M. Lacour, dans la notice intitulée : *Le Duc et la Duchesse de Lauzun,* en tête de son édition des *Mémoires du duc de Lauzun* (Paris, Poulet-Malassis, 1858, in-12), ne met pas en

---

1. Cette pièce curieuse est sous nos yeux. La femme de Lauzun, séparée de biens, mais non de corps, y est qualifiée : *Amélie Boufflers de Biron.*

2. *Lettres* d'Horace Walpole, édit. anglaise de 1866, p. 417.

doute l'exécution de cette malheureuse veuve : « Amélie de Boufflers monta sur l'échafaud, dit-il, six mois après son mari, et malheureusement, ce qu'on hésite à croire, victime d'une méprise. Les actes d'accusation étaient imprimés avec un protocole commun à tous : il n'y avait que quelques lignes à remplir; dans ce peu de lignes, la précipitation amenait parfois des erreurs. Selon Riouffe, la duchesse de Biron fut exécutée, « avec un acte d'accusation rédigé par son homme d'affaires ». Riouffe [1], en effet, après avoir signalé les erreurs de tous genres qui se produisaient dans les actes d'accusation et, par conséquent, dans les condamnations du tribunal révolutionnaire, dit que « la ci-devant duchesse de Biron, entre autres, monta au tribunal, avec un acte d'accusation rédigé par son homme d'affaires ». Nous croyons qu'il faut lire : *pour son homme d'affaires*, le nommé François Saunois, qui était « son agent et fondé de pouvoir ». Mais il est impossible qu'un acte d'accusation contre l'agent de la duchesse de Biron ait pu être transformé en acte d'accusation contre elle.

La seule chose qui nous paraisse certaine, c'est que la duchesse de Biron ne fut pas exécutée, le 27 juin 1794 (9 messidor an II), sur la place de la Révolution, comme l'affirme M. Wallon dans son *Histoire du Tribunal révolutionnaire*. Il est incontestable, au contraire, qu'elle échappa, d'une manière ou d'une autre, au supplice, quand bien même elle eût été condamnée à mort par le tribunal révolutionnaire, dans la matinée du 9 thermidor, avec sa tante F.-P. Leroye, veuve de l'ex-duc et maréchal de Biron, âgée de soixante et onze ans. « On vit alors, dit Riouffe qui était lui-même détenu à la Conciergerie, des hommes condamnés, par méprise de nom, le frère pour le père, le père pour le fils, la mère pour la fille. » Au reste, nous ne savons pas quelle fut la femme que le tribunal révolutionnaire condamna sous le nom d'*A.* ou d'*Adélaïde* Boufflers, veuve de l'ex-duc de Biron, âgée de quarante-huit ans, née à Paris. Le

---

1. *Mémoires d'un détenu, pour servir à l'histoire de la tyrannie de Robespierre*, ouvrage anonyme, publié en 1794, aussitôt après la chute de Robespierre.

Cousin Jacques, dans son *Dictionnaire néologique* [1], dit seulement que la femme de Lauzun monta au tribunal, quelque temps après l'exécution de son mari, « avec un acte d'accusation destiné pour son homme d'affaires ». On peut supposer que cette méprise grossière fut reconnue au tribunal, quoiqu'il n'y eût plus, à cette époque, de défenseurs ni d'interrogatoires des accusés, mais, néanmoins, on ne saurait admettre que ce tribunal, fût-il composé de bourreaux aveugles et sourds, ait osé condamner une femme, au lieu et place d'un homme.

Il existe différentes listes des personnes condamnées et exécutées ; aucune ne donne à la duchesse de Biron son véritable nom ; dans l'une : *Liste générale des individus condamnés* (n° VII), elle est désignée sous le nom de « BOUFFLERS (Amédée), ex-duchesse », sans qu'il soit dit qu'elle était la veuve du duc de Lauzun ou de Biron ; dans l'autre : *Liste générale et très exacte des noms, âges, qualités et demeures de tous les conspirateurs qui ont été condamnés à mort par le tribunal révolutionnaire* [2], elle est nommée « A. Boufflers, veuve de l'ex-duc de Biron, âgée de quarante-huit ans ». Le *Dictionnaire biographique et historique des Hommes marquants de la fin du XVIIIe siècle* (1800), modifie ainsi l'article qu'il lui consacre : « *Boufflers* (Adélaide), veuve du duc de Biron, âgée de quarante-trois ans, née et domiciliée à Paris, condamnée à mort le 9 messidor an II, comme convaincue d'être complice du traître Capet et de distribuer des sommes que ce tyran employait à soudoyer les *fanatiques,* à l'aide desquels on fomentait la guerre civile. » Ce n'était que la répétition d'une note de Prudhomme, publiée en 1796 [3], dans laquelle l'ex-duchesse de Biron est nommée aussi *Adélaïde,* et non *Amélie.*

Enfin, il y a un fait qui domine tous les autres et qui les annihile, sans les expliquer : Amélie de Boufflers, veuve de

---

1. *Dictionnaire néologique des hommes et des choses.* Paris, Moutardier, sans date, t. II, p. 105 et 247.

2. Paris, chez les citoyens Channaud, Marchand, etc., l'an III de la République. N° VII, p. 29.

3. *Individus envoyés à la mort judiciairement, révolutionnairement et contre-révolutionnairement pendant la Révolution.* Paris, 1796, 2 vol. in-8.

Lauzun, a vécu jusqu'en 1822 ou 1823. Mme de Genlis, qui l'avait bien connue dans leur jeunesse et qui a fait d'elle les éloges les plus sympathiques, raconte sa mort, à l'âge de soixante-seize ans, en 1824, et c'est dans ses *Mémoires* [1] qu'elle donne des détails si complets et si précis sur cette mort, qui venait d'avoir lieu, à Paris, presque sous ses yeux :

« La comtesse Amélie de Boufflers vient de mourir, à soixante-seize ans. Ayant perdu toute sa fortune, elle était réduite, depuis plusieurs années, à une pension de 1,500 livres !... Elle voulut demeurer dans la rue même où se trouvait le magnifique hôtel qui lui avait appartenu et dans lequel s'étaient écoulés les plus beaux jours de sa vie; elle se retira dans une petite chambre de blanchisseuse, au cinquième étage, et dont la fenêtre était en face de son ancien hôtel. Ne recourant à personne, elle se laissa oublier par tous ses anciens amis. Je n'étais pas de ce nombre. Je l'ai beaucoup rencontrée jadis dans sa jeunesse et dans la mienne, mais je n'ai jamais eu de liaison intime avec elle. Elle était encore dans l'opulence, quand je revins en France : je n'allai point la voir. J'appris vaguement, peu d'années après, que le dérangement de sa fortune l'avait forcée de vendre Auteuil, et, depuis cette époque, je n'entendis plus parler d'elle. Cependant je n'ai appris qu'avec une sorte de saisissement les détails de sa ruine et de sa fin déplorable.

« Deux femmes de chambre, bien dignes d'être citées (Mme Morta et Mme Martin) n'ont jamais voulu l'abandonner : elles l'avaient servie durant ses derniers jours prospères; elles lui ont été fidèles dans sa détresse et l'ont soignée jusqu'à la mort. Jeunes encore, ayant tous les talents désirables dans leur état, elles auraient pu se replacer avantageusement; la comtesse Amélie les en pressa plusieurs fois, en leur répétant ce mot touchant : « Je puis bien mourir toute seule !... » Elles restèrent non seulement sans gages, mais en

---

1. *Mémoires inédits de Madame la comtesse de Genlis sur le dix-huitième siècle et la Révolution française.* Paris, Ladvocat, 1825-26, 10 vol. in-8, t. VII, p. 377 et suiv.

mettant au mont-de-piété leurs robes, une partie de leur linge et tous leurs petits bijoux, pour soulager la misère de leur infortunée maîtresse. Un tel attachement doit sans doute adoucir les peines d'un cœur déchiré par l'ingratitude et par une foule de douloureux souvenirs.

« Un jour, Mme *** apprit avec étonnement l'extrémité où se trouvait réduite la comtesse Amélie, qu'elle avait jadis connue et perdue de vue depuis longtemps; elle se rendit aussitôt chez elle. Mme *** monta, avec un serrement de cœur inexprimable, les cinq étages du petit escalier tortueux qui conduisait sous le toit de cette humble habitation; elle entra avec effroi dans la petite chambre devenue l'unique asile de celle qu'elle avait vue jadis si animée, si fraîche, si brillante, faisant les honneurs d'une maison remarquable par son élégance et sa somptuosité! La malheureuse comtesse Amélie, languissamment couchée dans un fauteuil, la tête appuyée sur le sein de ses deux généreuses femmes de chambre ou pour mieux dire de ses deux seules amies, semblait ne plus attendre que les derniers instants d'une pénible existence!...

« Mme *** entreprit de lui offrir quelques consolations. L'air était pur et serein : elle lui proposa de l'aller respirer dans les champs. « Ma chère amie, lui dit la comtesse Amélie, quand on a été forcée de se réfugier ici, quand on peut voir, à toute heure, du haut de ces étages, la maison et les jardins où l'on a passé de si belles années, on ne peut, on ne doit sortir de ce triste réduit que pour aller dans la tombe! »

« Trois jours après cet entretien, elle n'existait plus. Elle ne mourut point sans quelque consolation : elle expira dans les bras de ses deux héroïques amies. Nulle pompe ne l'accompagna au cimetière du Père-Lachaise, mais les larmes de la plus tendre affection baignèrent son cercueil...

« Les dernières années de la comtesse Amélie durent sans doute exciter la plus tendre compassion, mais on peut dire, sans rien exagérer, que tout ce qu'elle a éprouvé de plus amer fut le fruit de ses inexcusables imprudences. »

La destruction des registres de l'état civil de Paris, dans les incendies du mois de mai 1870, ne permet plus de retrouver l'acte de décès de la duchesse de Biron-Lauzun ; et, ne sachant pas même positivement dans quelle église fut célébré son service mortuaire, nous n'aurions pu en chercher la mention dans les registres de la paroisse où ce service a eu lieu. Cependant il est probable que le corps de la défunte fut porté, de la rue de Varenne ou de la rue de Babylone, à l'église la plus voisine, qui est celle des Missions étrangères ; mais il ne sera pas impossible, d'après les indications précédentes, de découvrir la date exacte du décès et de l'inhumation au cimetière du Père-Lachaise.

APPENDICE

NOTICE HISTORIQUE

AVEC

LETTRES DIVERSES ET DOCUMENTS INÉDITS

POUR SERVIR DE SUPPLÉMENT

AUX

MÉMOIRES DE LAUZUN

———

LES *Mémoires de Lauzun* se terminent au 11 mars 1783, lorsque Lauzun s'embarquait, après la guerre d'Amérique, pour revenir en France. Au moment de partir, il avait reçu une lettre de la marquise de Coigny, lettre qui avait cinq mois de date, comme toutes celles qui lui étaient parvenues pendant son séjour aux États-Unis. C'est une remarque qu'il faisait lui-même avec un sentiment de regret et de tristesse. Après une longue absence, il était toujours aussi attaché à Mme de Coigny que le jour de leur séparation. Cependant il n'est pas présumable qu'il ait écrit pour elle ces *Mémoires* dont la dernière partie lui est consacrée, car Mme de Coigny avait trop de sérieux dans l'esprit, pour se plaire à ce récit varié d'aventures galantes. Il y a plus de raisons de supposer, comme on l'a dit, que Lauzun avait pris la plume pour donner satisfaction à la curiosité et à la fantaisie d'Aimée de Coigny, duchesse de

Fleury, qui désirait connaître l'histoire secrète de toutes les anciennes maîtresses de son amant.

C'est en 1821 que Ch.-J. Barrois publia les *Mémoires de Lauzun* (Paris, Barrois l'aîné, in-8), d'après une copie manuscrite que le hasard avait mise entre ses mains, car l'original, qui devait être parmi les papiers de l'ex-duchesse de Fleury, ne s'est pas retrouvé; mais plusieurs copies, avec quelques variantes ou quelques suppressions de texte, avaient circulé dans la société du faubourg Saint-Germain, où vivaient encore beaucoup de contemporains de Lauzun. Mmes Campan et Genlis protestèrent presque seules contre cette première édition, qui avait été saisie, sinon poursuivie en justice, à la requête de la famille de Gontaut. Néanmoins, l'authenticité de ces Mémoires fut généralement constatée et reconnue, d'autant plus qu'on n'y avait pas découvert la moindre erreur de fait, de nom ou de date.

Il ne s'agit pas de continuer ici ces Mémoires, depuis 1783 jusqu'à l'époque où finissent les lettres de Lauzun adressées à la marquise de Coigny et à Aimée de Coigny, c'est-à-dire en août 1792 et en février 1793. Un pareil travail ne devrait avoir pour objet que de bien établir que les relations, qui existaient simultanément entre les deux cousines et Lauzun, l'ami de l'une et l'amant de l'autre, n'avaient pas été interrompues durant ces dix années. Les renseignements à cet égard manquent tout à fait. Nous n'avons pas à nous étendre sur la carrière militaire de Lauzun dans le même laps de temps; ce serait un hors-d'œuvre qui aurait peu d'intérêt pour les lecteurs des lettres intimes de ses deux aimables et spirituelles correspondantes. Nous nous bornerons donc à publier, dans cet Appendice, plusieurs lettres inédites du comte de Narbonne, de Lauzun, de La Fayette, de Dumouriez, etc., qui se rapportent à deux circonstances importantes de la vie du général de Biron, circonstances que les lettres de la marquise de Coigny n'ont point assez éclaircies, savoir : le voyage de Lauzun à Londres, et la fatale retraite de Mons, en 1792. Nous donnerons ensuite quelques détails peu connus sur sa détention et sa mort pendant la Terreur.

« On pouvait sans doute, dit le duc de Lévis, dans ses *Souvenirs et Portraits*, reprocher au duc de Biron ses dissipations et son inconduite, mais ces torts de jeunesse pouvaient s'excuser, et il serait impossible de lui contester des qualités réelles, de la valeur, du zèle, de l'esprit, et des manières nobles et affables... Un concours de circonstances fatales entraîna M. de Biron dans l'abîme ; mais la principale cause de ses malheurs ne fut pas, comme on pourrait le croire, un amour ardent de la liberté et des idées exaltées de républicanisme. Avec une mauvaise tête, il avait l'esprit juste, ce qui n'est pas incompatible, et il connaissait les hommes ; mais, en prenant parti contre la Cour, il croyait pouvoir se venger d'une offense personnelle !... Il commença par se ruiner, et, dans l'âge mûr, des fautes graves et des erreurs funestes le conduisirent à sa perte [1]. »

C'est l'abbé Georgel, qui achèvera ce portrait avec une vive sympathie pour Lauzun, qu'il semble interroger dans la tombe, comme s'il voulait le forcer à déclarer que son ressentiment contre Marie-Antoinette et son aveugle dévouement à la cause du duc d'Orléans l'avaient poussé à devenir l'implacable ennemi de la Cour et de la royauté, le partisan avoué de la Révolution et le complice inconscient des révolutionnaires. Écoutons et méditons la prosopopée de l'abbé Georgel :

« J'ai particulièrement connu ce brave chevalier ; il m'honorait de son amitié, et il m'en a donné des preuves ; il était digne de figurer parmi ceux qui ont fait honneur au nom français. Sa taille de héros, les traits charmants de son attrayante et mâle physionomie n'étaient que les intéressants dehors de l'esprit le mieux cultivé, de l'âme la plus sensible et la plus bienfaisante. Après avoir brillé dans les Cours de Varsovie, de Pétersbourg et de Londres, où il avait étalé trop de magnificence et épuisé, avec des juifs et des usuriers, le fonds

---

1. *Souvenirs et Portraits*, 1780-1789, par le duc de Lévis, nouvelle édit. augmentée. Paris, Laurent-Beaupré, 1815, in-8, p. 195 et 191.

de quatre à cinq cent mille livres de rentes, il reparut à Versailles, pour y être les délices de la Cour par son amabilité. Il avait montré des talents militaires dans la guerre d'Amérique. Il était, à la Cour de Louis XVI, ce que fut jadis le fameux duc de Lauzun à celle de Louis XIV : il y prenait le même rôle et et y avait le même succès.

« Pourquoi, après avoir figuré avec tant d'avantages sur ce théâtre mobile des passions en effervescence, l'avons-nous vu épouser à toute outrance la haine du duc d'Orléans contre la Reine ? Pourquoi, nommé député de la Noblesse aux États généraux, s'est-il montré un des plus forcenés partisans de la faction d'Orléans et un des plus zélés coopérateurs du plan de Mirabeau ? Pourquoi, à la tête des armées de la République, après la mort du Roi, l'avons-nous vu séparer sa cause de celle du duc d'Orléans, qu'on traînait à l'échafaud, pour combattre, sur le Rhin, sur le Var et à la Vendée, les généreux défenseurs du trône de nos rois ? Pourquoi ? C'est qu'un abîme attire un autre abîme ; c'est qu'il est des passions qui, se voyant méprisées au moment de la plus grande fermentation, ne connaissent plus alors ni la voix de l'honnêteté, ni le frein du devoir ; c'est que quand on a une fois brisé et foulé aux pieds la barrière de la honte, on ne peut plus retenir ses pas sur le bord des précipices où l'on va tôt ou tard s'abîmer. Aussi, le duc de Biron, rappelé de la Vendée, a-t-il fini par périr sur l'échafaud : triste punition de l'aveugle frénésie qui lui avait fait vouer ses talents aux complots du duc d'Orléans, et ensuite aux funestes projets de ceux qui ont fait tomber sa tête sous la hache de la guillotine. Ceux que ses qualités personnelles avaient intéressés ont dû se réconcilier avec lui, en le voyant mourir en héros français. Monté sur l'échafaud, il s'écria : « Je mérite le supplice que je vais subir, parce que « j'ai été traître et infidèle à mon Roi[1]. »

On a vu, dans les lettres de la marquise de Coigny, qu'elle

---

[1]. *Mémoires pour servir à l'histoire des événements de la fin du XVIIIe siècle, depuis 1760 jusqu'en 1806-1810*, par un contemporain impartial. Paris, A. Eymery, 1817, 6 vol. in-8.

avait autant de défiance que d'aversion à l'égard du comte de Narbonne, qui avait été un des amis de Lauzun et un de ses compagnons de plaisir. L'antipathie de la marquise contre Narbonne provenait surtout de la liaison galante, qui s'était formée entre lui et Mme de Staël. Elle éprouvait, d'ailleurs, un sentiment de dédaigneuse jalousie vis-à-vis de cet heureux protégé de Madame Adélaïde, tante de Louis XVI, qui l'avait fait nommer ministre de la guerre, lorsque Lauzun, malgré ses talents militaires et son intelligence supérieure, languissait, pauvre et oublié, dans une espèce de disgrâce.

Au reste, l'abbé Georgel partageait le dédain et la mésestime de Mme de Coigny pour Narbonne, qu'il semble avoir jugé, dans ses *Mémoires*, d'après l'opinion de cette grande dame, sinon d'après celle de Lauzun lui-même :

« Le chevalier de Narbonne fut, en même temps que Dumouriez, un ministre de la guerre. C'était un aimable roué. (On donnait ce nom aux jeunes seigneurs de la Cour, affichés par leurs bonnes fortunes et par le scandale dont ils se plaisaient à les accompagner.) Ce ministre a fourni une preuve nouvelle que l'esprit sémillant des cercles était plus qu'insuffisant pour la direction d'affaires sérieuses et pour la conduite d'un ministère tel que celui de la guerre. Sa mémoire est flétrie par son ingratitude impardonnable envers Madame Adélaïde, sa bienfaitrice, et par ses liaisons intimes avec la fille du Génevois Necker, la méprisable baronne de Staël, espèce d'hermaphrodite morale, également fameuse par ses intrigues politiques et par le scandale de sa vie privée; enfin, par l'orgueil insupportable dont elle avait hérité avec les millions de son père. »

Lauzun, membre de l'Assemblée nationale depuis 1789, était allé en Corse commander les troupes de l'armée royale qui tenaient garnison dans cette île. Voici la lettre qu'il avait écrite à un ministre pour obtenir la continuation de ce commandement, qui n'avait pas d'autre avantage pour lui, que de l'éloigner de Paris, après l'instruction criminelle de l'insurrection des 5 et 6 octobre 1789, dans laquelle le Rapport du

Châtelet l'accusait d'avoir joué un rôle, sinon coupable, du moins très compromettant, de concert avec le duc d'Orléans.

A Paris, le 18 décembre 1790.

Monsieur,

J'ai l'honneur de vous envoyer une note relative à la Corse, qui me paraît mériter toute votre attention. Mon départ me paraît urgent, et il ne serait pas utile si je ne pouvais porter en Corse quelques-unes des décisions qui y sont attendues avec le plus d'impatience. Je vous supplie de vouloir bien me faire dire quand je pourrai aller prendre vos ordres sur cet objet.

Je suis avec respect,

Monsieur,
Votre très humble et très obéissant serviteur.

BIRON.

De retour à Paris, en toute hâte, lorsqu'il eut appris que l'Assemblée nationale avait décidé qu'aucun de ses membres ne pourrait accepter des places du Gouvernement, Lauzun, qui se souciait peu de retourner en Corse, déclara qu'il renonçait au commandement de cette île, puisqu'il tenait ce commandement de la nomination du roi. Il était alors maréchal de camp, employé près la 23e division de l'armée royale : il fut envoyé, le 22 juin suivant, par l'Assemblée, comme commissaire près les départements des Ardennes, de la Meuse et de la Moselle. Il passa cependant une partie de cette année 1791, à Paris, assistant aux séances de l'Assemblée, sans y prendre grande part. Il n'avait pas d'emploi actif et il devait se trouver alors dans une assez fâcheuse position de fortune.

Il était toujours un des hôtes invariables du Palais-Royal, où on le regardait comme une des plus fortes têtes du parti *orléanais*. « C'était surtout au retour de son exil, dit l'abbé Georgel en parlant du duc d'Orléans, c'était au milieu des orgies et des débauches nocturnes de sa maison de Mousseaux, près Paris, où il rassemblait ses partisans, que se formaient les complots dont nous avons vu successivement se développer les fils. C'est là que se trouvaient les ducs de Biron et d'Aiguillon, Mathieu de Montmorency, Sillery, etc., dont les noms sont livrés au jugement de la postérité. » L'hôtel de la marquise de Coigny était aussi un des centres les plus influents du parti d'Orléans, et Lauzun pouvait être considéré comme un habitué indispensable de ce salon politique, dans lequel le marquis de Coigny ne se montrait que le plus rarement possible.

Lauzun crut pouvoir compter sur un commandement militaire, sans avoir à le demander, quand son ami Narbonne devint ministre. « Ce fut en décembre 1791, dit le *Dictionnaire biographique des Hommes marquants* (Londres, 1800), qu'il parvint à cette place, que sa jeunesse, sa frivolité, son amabilité même, semblaient le rendre peu propre à remplir. A peine eut-il pris le portefeuille, que, entraîné par le besoin de faire de l'effet, il entreprit la tournée de toutes les places fortes et des frontières du côté de l'Océan et de l'Allemagne, traînant à sa suite Mme de Staël, alors sa maîtresse. A son retour, il présenta à l'Assemblée un rapport aussi faux qu'incohérent sur l'état militaire de la France. »

C'est seulement vers le 10 janvier 1792 que le ministre répondit à Lauzun, qui ne lui écrivait que pour réclamer son appui en faveur des adjudants qu'il avait eus sous ses ordres, pendant son commandement en Corse, où il témoignait encore le désir de retourner. Cette première lettre de Narbonne témoigne d'une sincère amitié pour Lauzun.

(10 janvier 1792?)

L'Évêque[1] te dira mieux que toutes les lettres du monde tout ce que nous voulons de toi. Un voyage de huit jours en Angleterre ne peut pas t'être désagréable et nous sera fort utile. Ce dont je te prie, c'est de n'y rester qu'un instant, quitte à y retourner. Rien n'est plus indispensable qu'un prompt retour.

Te voilà lieutenant-général[2]. Il y aura bien du malheur si nous ne trouvons pas le moyen d'avoir Dunkerque. Je suis bien sûr de ne pas trouver celui de te faire partir pour la Corse. Tu ne peux pas, dans de pareils moments, avoir ou faire semblant d'avoir cette fantaisie[3]. Ce que tu apprendras en Angleterre t'en démontrera davantage l'impossibilité.

Je te demande pardon de t'avoir à peine répondu un seul mot, depuis que je suis ministre. Mais tu imagines bien l'impossibilité où je suis de donner un moment à mes plaisirs. Tu devines sûrement aussi celle de faire ce que tu demandes pour les adjudants[4]. Les

---

1. Talleyrand, nommé évêque d'Autun le 1er octobre 1788, faisait partie de l'Assemblée nationale depuis l'origine de cette Assemblée ; il s'était démis de son évêché, le 18 décembre 1790, après avoir prêté serment à la Constitution civile du clergé. On ne l'appelait pas moins, dans l'intimité : *l'Évêque*.

2. On voit que c'est Narbonne qui l'avait fait nommer, par le Roi, lieutenant général.

3. L'objet de la mission secrète de Talleyrand et de Chauvelin en Angleterre étant d'obtenir la neutralité de cette nation dans la guerre que la France aurait à soutenir contre la coalition allemande et l'armée des émigrés, un commandement militaire paraissait inutile dans l'île de Corse, qui n'aurait pas à craindre l'attaque d'une flotte des coalisés.

4. Lauzun, en sa qualité d'adjudant général, pensait donc appeler à lui les adjudants qu'il jugerait capables de servir sous ses ordres.

généraux pourront employer qui ils voudront, et, comme cela seulement, tu pourras les mettre en activité utile.

Envoie-moi ce que tu as fait sur les gardes-côtes [1], et écris-moi, de Londres, je t'en prie, une très longue lettre qui me dise la vérité tout entière [2].

Je t'aime et t'embrasse de toute mon âme.

Lauzun s'était empressé de partir pour rejoindre Talleyrand et Chauvelin, qui l'avaient devancé. Le motif le plus impérieux de son empressement avait été de revoir la marquise de Coigny, dont il se trouvait séparé depuis cinq ou six mois. Le ministre de la guerre ne lui avait donné sans doute que des instructions verbales très sommaires. Aussi, Lauzun avait-il, avant son départ, adressé une lettre à Narbonne, pour obtenir un crédit assez considérable, non pas tant en raison des frais de son voyage que dans l'intention de subvenir aux dépenses qu'il était autorisé à faire en achetant des chevaux destinés à remonter la cavalerie de l'armée royale. Lauzun avait toujours été prodigue de son argent; il ne se montra pas plus économe de celui du Roi. Le ministre fut effrayé de l'énormité du crédit qu'on lui demandait dans un moment où les caisses de l'État étaient à peu près vides. Il s'empressa donc d'envoyer à Lauzun la réponse suivante, pour l'empêcher de signer des marchés au nom du ministre de la guerre, et de se compromettre ainsi par des dépenses immodérées.

---

1. Nous n'avons pas retrouvé le Mémoire que Lauzun avait fait sur les gardes-côtes, quoiqu'on puisse inférer de ce passage que ce Mémoire avait été imprimé.

2. Le principal objet de l'envoi de Lauzun à Londres était donc de lui offrir le moyen de juger la situation des affaires politiques, d'après les renseignements qu'il pourrait recueillir dans l'aristocratie anglaise, où il avait tant d'intimes relations. Lauzun était donc chargé d'une mission toute spéciale qui n'avait rien d'officiel.

(12 janvier 1792?)

J'ai imaginé avec raison, mon ami, qu'un petit tour en Angleterre serait excellent pour ta jeunesse[1], et j'espère bien que je ne me serai pas trompé, mais je le suis fort sur le prix dont tu me parles. Le major Maitland[2] mandait que ce serait à beaucoup meilleur marché. Et c'est d'après cela que sur-le-champ Doumerc[3] a envoyé à Londres un courrier à ses correspondants, pour savoir les propositions qu'il pourrait faire pour une fourniture de *tant de chevaux*. La réponse n'est pas encore arrivée. J'avais dit à l'É...[4] de t'expliquer tout cela ; de te dire que je te ferais part de ces propositions, pour que tu visses si elles étaient raisonnables, possibles, et même si tu voulais t'en charger. C'est d'après cela seulement que je pourrais trouver la raison et les moyens de t'ouvrir le crédit que tu croiras nécessaire.

---

1. Narbonne fait ici allusion à la liaison amicale de Lauzun avec Mᵐᵉ de Coigny, liaison qui n'était un secret pour personne. Il semble même faire entendre que cet amour-là était tout sentimental et romanesque.

2. Sir Maitland s'était distingué, en 1790, dans l'Inde, où il avait été nommé général-major, au commencement de la guerre des Anglais contre Tippo-Saëb. Il n'était encore qu'au début de sa carrière militaire. La lettre de Narbonne prouve que Maitland avait alors des relations avec des agents du ministère de la guerre, ou avec des officiers français qu'il aurait connus dans la guerre de l'Inde.

3. C'est sans doute Daniel Doumerc, qui avait eu la main dans les fournitures de l'armée du Roi, avant de partir pour l'émigration, après le 10 Août. Rentré en France après le 9 Thermidor, puisqu'il se fit nommer, en septembre 1795, député du département du Lot au Conseil des Cinq-Cents, il joua un rôle politique sous le Directoire et pendant l'Empire.

4. C'est toujours de Talleyrand qu'il est question sous le nom de *l'Évêque*.

Mais tu sais que ma position me commande toute la clarté imaginable[1]. Sais-tu bien, d'ailleurs, que, peut-être dans trois jours, je ne serai plus ministre. Je leur dis, demain, que, s'ils ne font pas tout ce qui est nécessaire pour la guerre, je donne ma démission. Mathieu[2] explique tout cela à l'E..., à qui je n'écris pas aujourd'hui.

Je t'aime et t'embrasse de toute mon âme.

Lauzun n'avait peut-être pas reçu, en temps utile, cette lettre si amicale et pourtant si pleine d'hésitations, de doutes et de réticences, car, peu de jours après son arrivée à Londres, il avait été poursuivi par un ancien créancier, et arrêté pour dettes; puis, conduit en prison où il resta plusieurs jours enfermé, avant d'avoir une caution suffisante, qui le fit remettre en liberté. Voy. les lettres VI à IX de la marquise de Coigny, pour connaître toutes les phases de ce triste épisode du voyage de Lauzun en Angleterre. On pourrait supposer, cependant, que Lauzun, mis en état d'arrestation pour des dettes de vieille date, qui remontaient à son premier voyage en Angleterre, avait écrit en toute hâte au ministre de la guerre, en le priant de lui ouvrir un crédit considérable, relatif à la mission secrète qu'il avait à remplir, mais en lui cachant la situation délicate où il se trouvait. Dans tous les cas, la lettre de Narbonne prouve qu'il n'en savait rien.

Quoi qu'il en soit, dès que Lauzun fut libre, après le dépôt

---

1. Narbonne semblait prévoir d'avance qu'il pourrait être, un jour, inquiété et poursuivi relativement à la partie financière de son administration pendant son passage au ministère de la guerre; ce qui eut lieu, en effet, après le 10 Août, mais il n'eut pas de peine à prouver que, s'il était entré au ministère, accablé de dettes, il en était sorti encore plus endetté.

2. C'est le vicomte Mathieu de Montmorency, qui était alors aide de camp du maréchal Luckner, en même temps que député à l'Assemblée nationale, et qui faisait partie de la société intime de la baronne de Staël.

d'une caution que lui avait fournie le prince de Galles (Voy.
les notes qui servent d'éclaircissement aux lettres de Mme de
Coigny), il se hâta de partir secrètement, de peur de se voir
exposé à de nouvelles poursuites de la part de ses créanciers,
et il eut le bonheur de revenir à Paris, sans accident. (Voy. la
lettre X de Mme de Coigny.) Il ne se montra pas immédiatement, et il prétexta un état de maladie, la jaunisse, qui aurait
motivé son retour précipité. Dès son arrivée, il avait adressé
une lettre de reproches à son ami Narbonne, qui s'empressa
de lui répondre, en cherchant à le consoler de sa mésaventure
de Londres.

(5 mars 1792?)

J'ai été trop cruellement affecté de ta peine, mon
ami, pour pouvoir être sensible à autre chose qu'au
bonheur de te savoir de retour.

Ta lettre, j'en suis sûr, quand je te la montrerai, te
paraîtra bien injuste, mais te voilà, et je ne me plains
pas.

Certainement, il faut que tu aies une légion. Tu
sais à présent que c'est un des plus beaux corps que
l'on puisse commander, et tu me pardonneras, je
l'espère, d'insister pour que tu la prennes[1]. Quant au
lieu de la résidence, le maréchal de Rochambeau[2] te

---

1. « De concert avec Dumouriez, trois armées furent créées (par Narbonne, ministre de la guerre), la première en Flandre, la seconde sur la
Meuse, la troisième sur le Rhin. Le comte de Rochambeau et le baron de
Luckner, promus au grade de maréchaux de France, devaient avoir le
commandement, l'un de l'armée de Flandre, l'autre de celle du Rhin ;
celui de l'armée de la Meuse fut confié au marquis de La Fayette. La
nomination de ce général, peu agréable aux Jacobins, devint, par la démarche qu'il fit après le 20 juin, le motif de leur haine contre le ministre. »
Mémoires de l'abbé Georgel, t. III.

2. Lauzun avait été sous les ordres du général de Rochambeau dans la
guerre d'Amérique, et il eut l'honneur de le remplacer, lorsque ce général

donne à choisir entre Valenciennes et Douai, et moi, je te propose, si tu le veux, de ne prendre ni l'un ni l'autre, et de commander les troupes qui sont rassemblées sur les frontières du Piémont. En attendant, M. de Rochambeau écrit à d'Harville[1], qui est à Valenciennes, de te céder le commandement, si tu le préfères.

On dit que tu es malade, que tu as la jaunisse. Ne te laisse pas abattre sous une contrariété qui n'a donné lieu qu'à dire de toi ce que tout le monde en pense, c'est-à-dire beaucoup de bien. Surtout, je te conjure de me parler avec l'amitié et avec la confiance que j'ai le droit d'exiger de toi, quand il est question de ce qui peut t'intéresser.

Je t'aime et t'embrasse de tout mon cœur.

Au moment même où Narbonne adressait cette lettre à Lauzun, le ministère était en pleine dislocation : une brouille irréconciliable avait éclaté entre le ministre de la guerre et Bertrand de Molleville, ministre de la marine, que son collègue accusait d'être hostile à la Constitution. Il fallait que l'un ou l'autre donnât sa démission, et ce fut Narbonne qui reçut son congé : le 8 mars, il avait fait publier dans les feuilles publiques trois lettres des généraux en chef, Luckner, Rochambeau et La Fayette, qui lui exprimaient leurs regrets à l'occasion des bruits qu'on faisait courir sur sa retraite, et le 9,

fut rappelé en France. Ils étaient donc l'un et l'autre dans les meilleures relations, après avoir servi la même cause avec le même dévouement.

1. Le comte d'Harville, maréchal de camp au service du Roi, commandait, au commencement de 1792, un camp retranché sous Valenciennes. Devenu ensuite général républicain, il fut employé dans les Pays-Bas, sous Dumouriez, et servit constamment, pendant les campagnes suivantes, à l'armée de Sambre-et-Meuse.

le Roi lui envoyait l'ordre de remettre son portefeuille au chevalier de Grave. (Voy. la lettre XI de Mme de Coigny.)

La nomination de Lauzun comme maréchal de camp n'en
fut pas moins maintenue, et le chevalier de Grave tint à honneur de remplir les promesses de Narbonne à l'égard de son
ami. Voilà comment Lauzun alla remplacer le général d'Harville au camp retranché de Valenciennes, afin de pouvoir se
placer sous les ordres du maréchal de Rochambeau, dès l'ouverture de la campagne, qui devait commencer, aussitôt que
l'armée du duc de Brunswick aurait fait irruption en France.
Lauzun avait donc déjà pris ses mesures, pour mettre en mouvement, au premier signal, les troupes qu'il commandait.
Voici une lettre qu'il écrivit au maréchal de Rochambeau, en
vue des opérations militaires qui se préparaient :

Valenciennes, 24 avril 1792.

Monsieur le maréchal,

Je me suis assuré que je trouverais au Quesnoy
tout ce qui me serait nécessaire en artillerie, et beaucoup au delà. Je ne pense pas qu'il soit encore nécessaire de faire donner aucun ordre à l'Artillerie.

Comme je n'ai pas de temps à perdre pour me rendre à Lille et que Monsieur votre fils[1] sera ici aujourd'hui pour dîner, vous pourriez, Monsieur le maréchal, le charger, si vous le jugez à propos, de parler
au directeur général des subsistances, tant pour les

---

1. Donatien-Marie-Joseph de Vimeur, vicomte de Rochambeau, né
en 1750, servit en qualité de maréchal de camp dans la campagne de
1792, sous les ordres de Lauzun. Il se conduisit avec autant de valeur
que d'intelligence, à la retraite que l'armée française fut obligée de faire,
le 29 avril, après une attaque malheureuse contre la ville de Mons. Après
avoir pris part brillamment à toutes les guerres de l'Empire, il fut tué à
la bataille de Leipzig.

moyens de vivre que pour ceux de transport. Je partirai, dès que j'aurai les ordres que M. Jarry[1] doit faire signer à Monsieur le maréchal.

Je supplie Monsieur le maréchal d'agréer mon respect.

Le lieutenant général,
BIRON.

Pendant que Lauzun se disposait ainsi à marcher sur Mons, il reçut une étrange lettre de Dumouriez, ministre des affaires étrangères, lequel lui envoyait, à l'insu du ministère de la guerre, tout un plan de campagne, qui amena l'échec de la division que commandait Lauzun. Celui-ci avait eu l'imprudence de se fier aux indications tout à fait erronées que contenait cette lettre, qui semblerait avoir été écrite pour le pousser à sa perte. On sait, cependant, qu'il l'avait communiquée au maréchal de Rochambeau et que ce dernier n'avait pas deviné le piège que Dumouriez leur tendait. Voici la lettre perfide et vraiment inexplicable du ministre des affaires étrangères :

A Monsieur de Biron.

Paris, le 26 avril, après midi (1792).

Me voilà bien content, mon ami; vous allez commencer, et je compte que vous coucherez après-demain à Quiévrain. Reconnaissez bien une position, qui, je crois, est sur la droite; il y en a aussi une, qui est sur la gauche, en se rapprochant de Condé.

---

1. M. de Jarry, qui suivit d'abord le parti de la Révolution, fut employé, comme maréchal de camp, à l'armée du Nord, en 1792; contraint d'évacuer Courtray, le 29 juin, il fit incendier les faubourgs de la ville pour couvrir sa retraite. Il se rattacha plus tard au parti royaliste, après le 10 Août, et alla prendre du service dans l'armée vendéenne.

Caressez bien les paysans ; prêchez à vos soldats la fraternité, même pour les prêtres et moines, pour n'avoir pas trop l'air propagandiste. Trois gros détachements, après-demain, sur votre front et vos flancs ; force proclamations et caresses aux déserteurs.

Caressez également toutes les sectes de révolutionnaires, Charost et Walkiers, Wonkistes et aristocrates. Pourvu qu'on se révolutionne et qu'on fasse masse et, par conséquent, qu'on effraye l'ennemi, le reste sera l'affaire du temps. Tâchez d'insulter Mons, surtout si vous avez espoir sur les bourgeois et sur la garnison ; quelques bombes en feront l'affaire. Ses murailles sont vieilles, nues jusqu'au pied et de terre de tourbe.

Formez vos légions, en route même, et, en attendant, mettez les déserteurs en subsistance dans vos bataillons nationaux et de ligne.

L'escadre russe ne peut pas sortir de la Baltique avant six semaines. Du 10 au 15, le maréchal doit être dans Bruxelles, où vous serez du 2 au 4.

Dès que La Fayette sera sur Liège et le maréchal en route pour Bruxelles, vous en partirez pour Anvers, surtout si vous apprenez que les Prussiens veulent marcher sur Louvain. J'espère qu'ils ne seront pas à temps. Vous repasserez l'Escaut à Anvers et vous vous porterez sur Ostende. Je vous destine cette besogne, quoi qu'en dise le bon maréchal, qui prend pour une intrigue ce qui n'est que l'œuvre de la raison, car vous ignoriez parfaitement mon plan.

Vous devez être, du 12 au 15, devant Ostende, que

vous bombarderez, s'il ne se rend pas. Songez que votre avant-garde sera alors grossie de dix ou douze mille Belges ou déserteurs. J'espère bien que, du 15 au 20, Ostende et Niewport seront à vous; que vous nous ôterez ce prétexte de corsairages. Vous y laisserez suffisante garnison, et vous porterez sur Louvain, etc.

Dès que vous aurez pris Mons, mon ami, mandez-le au maréchal et marchez en avant, en y laissant seulement une arrière-garde, qui vous rejoindra à Bruxelles, où vous marcherez rapidement. En arrivant dans cette capitale, les Etats vous enverront une députation, pour vous offrir de l'argent. C'est au bon *Marais* [1] de traiter avec eux, sans vous engager à rien. D'ailleurs, envoyez-les-moi à Paris : je traiterai toute la partie politique et l'amalgame de tous ces partis, pour arriver à une Constitution et à une forme de Gouvernement. Liège donnera moins de difficultés.

Nous avons bu à votre santé, avec La Touche et Chabanon. Je vous embrasse. Je crois que vous ne doutez pas de mon cœur, ni de ma tête.

Je viens d'en f..... une au roi de Sardaigne : il sera attaqué, du 15 au 20, s'il fait le bougre. Pressez toujours le bon maréchal de vous suivre. Il doit avoir donné tous ses ordres à la deuxième ligne, pour la

---

1. Nous ne doutons pas que ce nom, mal orthographié dans la lettre de Dumouriez, ne soit celui de Maret (Hugues-Bernard), qui devint duc de Bassano sous l'Empire et qui était alors employé dans la diplomatie. Maret, comme chef de division au ministère des Affaires étrangères, avait acquis la confiance du ministre Dumouriez.

porter sur Valenciennes. Dès que vous serez maître à Mons, il doit y laisser une garnison, pour ne pas vous affaiblir.

Soyons des foudres, cela est nécessaire, contre les Autrichiens, et plus encore contre les clubs et les oisifs de Paris. Il faut entraîner la nation. Je m'en rapporte à vous pour me sentir et me seconder[1].

Tous les renseignements que Dumouriez donnait à Lauzun sur la campagne qui allait s'ouvrir étaient absolument faux et ne pouvaient avoir été fournis que par des espions vendus à l'ennemi. Lauzun, qui se portait sur Mons avec son corps d'armée, ne s'aperçut que trop tôt de l'insuffisance de ses forces contre l'armée autrichienne, mais il n'était plus temps de reculer. Pendant sa marche, en avant du village d'Ornu, il envoya la lettre suivante au maréchal de Rochambeau, par le chef d'état-major Alexandre Berthier, qui avait combattu avec eux en Amérique et qui devait devenir, un jour, maréchal de l'Empire.

A la Barrière, en avant d'Ornu, dimanche à 4 heures
après midi (29 avril 1792).

Monsieur Berthier rendra compte à Monsieur le maréchal de ce qui s'est passé aujourd'hui. Il ne nous est parvenu ni déserteur, ni Brabançon! Les ennemis paraissent disposés à défendre, avec des forces que l'on peut juger assez considérables, une très belle position vis-à-vis et en avant de nous.

---

1. Biron communiqua au maréchal de Rochambeau cette lettre, en copie conforme a l'original, et le général la fit entrer à sa date, dans le recueil des correspondances qu'il reçut du 15 avril 1792 au 18 mai suivant.

Je vais tâcher de donner de mes nouvelles à M. Dillon. Monsieur le maréchal voudra bien en faire donner à M. de La Fayette. Je vais passer ici la nuit. J'emploie plusieurs moyens pour avoir des nouvelles de Mons. J'espère que quelqu'un réussira. Je donnerai demain de mes nouvelles à Monsieur le maréchal.

Je le prie d'agréer mon respect.

Le lieutenant général

BIRON.

P.-S. L'ennemi paraît, dans ce moment, sur les hauteurs de Berteaumont.

En ce moment même, le maréchal de camp Arthur Dillon, qui était sorti de Lille avec un corps de troupes pour se porter sur Tournay, venait d'être assassiné par ses propres soldats, criant à la trahison et mis en déroute par les Autrichiens, sans avoir tiré un coup de fusil. Le maréchal de Rochambeau apprenait cette désastreuse nouvelle, par une lettre, datée de Lille, le 29 avril, à onze heures du matin, que lui adressait l'aide de camp du malheureux Dillon :

Les troupes de M. Dillon, chassées dans Lille, dans la déroute la plus horrible. Moitié des hommes et des chevaux, morts et blessés, sur la route, de fatigue et des coups. M. d'Aumont monte à cheval, pour rassembler ce qui reste des seconds bataillons, et la garde nationale, pour empêcher que l'ennemi ne poursuive jusque sur la place d'armes les battus. On crie à la trahison !

Je suis victime de ces indignes calomnies, et je crains
que M. Dillon n'y ait pas échappé.

CHAUMONT.

Les misérables qui avaient assassiné Dillon pendirent son aide
de camp Chaumont. Les scènes déplorables qui se passaient
à Lille faillirent se renouveler à Valenciennes, après la retraite
du corps d'armée, que commandait Lauzun et qui s'était ré-
volté contre ses chefs devant Mons, en les accusant de trahir
la République. Le général La Fayette était bien loin de prévoir
cette double catastrophe, lorsqu'il écrivait au maréchal de
Rochambeau la lettre suivante, datée de Givet, le 30 avril.

J'ai l'honneur de prévenir M. le maréchal de Rochambeau, que la moitié du corps destiné pour Bouvines y sera aujourd'hui; le reste demain. Le corps
de Longwi sera aussi formé. Nous sommes donc en
mesure, et lorsque je serai à Bouvines, la communi-
cation s'établira plus facilement.

On se fortifie à Namur. Je ne sais rien d'assez certain sur la garnison pour le mander d'une manière
précise. Mais demain j'aurai des renseignements et
les enverrai par un courrier, ou, s'ils avaient assez
d'importance, par un officier. Les Liégeois sont en
fermentation : leur prince a laissé maltraiter des secré-
taires de la légation française, qui se sont repliés sur
mon camp.

Ma seconde colonne n'a pu se mettre en mouvement aussi vite que la détermination du Conseil; mais,
du 4 au 15, les troupes arriveront successivement sur

la position de Dun, et je les ferai venir à moi, par
divisions, pour me renforcer à mesure qu'il y aura
possibilité physique.

Je joins ici une lettre pour Biron et prie Monsieur
le maréchal d'agréer mon tendre hommage.

L. F.

Le lendemain, La Fayette avait reçu les plus tristes nouvelles des deux corps d'armée de Biron et de Dillon. Il écrivait au maréchal de Rochambeau cette lettre, datée de Givet,
le 1er mai 1792, l'an IV de la Liberté :

J'ai reçu, Monsieur le maréchal, la lettre que vous
m'avez fait écrire par M. de Fleury, et j'y vois avec
beaucoup de peine que M. de Biron a été forcé de se
replier et que M. de Dillon a été repoussé. Il n'y
avait que la crainte de compromettre ces corps déta-
chés de votre armée, qui pût me décider à fatiguer les
troupes aussi extraordinairement que je l'ai fait et à
dépasser notre frontière, dans le dénuement de moyens
où je suis ; mais, puisque les troupes de Flandre se sont
repliées, je crois inutile de m'approcher de Namur avec
la totalité de mon corps d'armée, jusqu'à ce que ma
subsistance et les moyens indispensables de transport
soient assurés.

Le 10e régiment de chasseurs s'est porté hier à Bouvines, où il a poussé les hussards autrichiens, dont
quatre ou cinq ont été tués ou pris. Ce matin, M. Gou-
vion y a pris poste avec 3,000 hommes. Son mouvement, qui devait avoir lieu hier, a été retardé par indispensable nécessité. Le reste des troupes y aurait été

également porté aujourd'hui, si je ne me trouvais pas dans l'impossibilité de me procurer des chevaux et chariots, de transporter des équipages et mes tentes, en cas d'attaque; ce qui, si j'étais repoussé, nous exposerait à une perte fort désagréable.

On n'a point envoyé ici une partie des choses dont j'avais besoin, et je n'y possède que ce que j'avais amené avec moi de Metz. J'aurais été cependant bivaquer à Bouvines, avec mes douze mille hommes, si vous aviez encore eu du monde dans les Pays-Bas; mais, puisque ces détachements sont revenus sous vos places, je puis sans inconvénient attendre vingt-quatre heures ou deux jours, avant de joindre mon avant-garde.

Il n'y a ici rien de bien important. Les ennemis ne paraissent pas y avoir un corps de forces considérables, mais le château de Namur me paraît un morceau très difficile à prendre; nous n'avons ni le temps ni les moyens d'un siège, et ce n'est pas un ouvrage qu'on puisse facilement enlever l'épée à la main.

Les dispositions du peuple sont bonnes de ce côté-ci, à ce que l'on prétend, et je fais ce que je puis pour le travailler en notre faveur; mais il peut y avoir loin encore, de cette bienveillance d'un parti, à des secours efficaces ; le pays de Liège est très bon.

Je regrette bien, Monsieur le maréchal, que le Gouvernement ne nous ait pas laissé le temps de rassembler nos armées, avant de déclarer la guerre, et j'ai été aussi surpris que vous de la promptitude avec laquelle ce plan de campagne a été fait.

J'espère, Monsieur le maréchal, que vous aurez la bonté de me mander tout ce qui intéresse les mouvements de mon armée, et particulièrement si MM. Biron et Dillon doivent bientôt entrer dans les Pays-Bas. Si les mouvements de ces corps n'attiraient pas l'attention des ennemis, ils tomberaient tous sur moi, et d'après la pénurie de toutes choses où on nous laisse dans le campement que je réunis à Dun, je ne sais quand les troupes destinées à être ma seconde colonne pourront me joindre. Je la ferai arriver aussitôt que je pourrai.

Je m'arrange pour que toutes les troupes qui sont ici, composant environ douze mille hommes, soient réunies vendredi à Bouvines ; mais, si je reçois un mot de vous qui me fasse juger que leur présence y est nécessaire plus tôt, je partirai sur-le-champ, sans tentes, et en me passant de ce qui nous manque.

Je demande à votre bonté pour moi, Monsieur le maréchal, de m'envoyer le règlement que vous avez fait pour votre armée, ainsi que la loi nous y autorise. Le plan de campagne qui m'a mis en marche est arrivé si subitement, que je n'ai pas eu le temps de m'en occuper, et je ne m'en repens pas, parce qu'en copiant le vôtre, je serai sûr d'avoir mieux que ce que j'aurais fait. Je vous prie en grâce de ne pas tarder à me rendre ce service.

Adieu, Monsieur le maréchal ; agréez mon tendre hommage.

Le général d'armée,
La Fayette.

Il faut lire le Rapport de Lauzun sur la retraite de Mons, pour connaître tous les détails de cette triste affaire, dans laquelle le malheureux général faillit être victime d'une insurrection de ses propres soldats qui l'accusaient de les avoir trahis. Ce Rapport est adressé au chevalier de Grave, ministre de la guerre.

A Valenciennes, ce 2 mai 1792, l'an IV
de la Liberté.

Monsieur,

J'ai l'honneur de vous rendre compte qu'en conséquence des ordres que vous m'aviez adressés de la part du Roi, j'ai été occuper, le 28 avril, le camp de Quiévrechain, près Quiévrain, avec la division dont je joins ainsi l'état. Je me suis emparé, le 29, du village de Quiévrain, sans obstacle, et j'y ai laissé un bataillon de gardes nationales, et j'ai marché vers Mons, sur trois colonnes, celle de droite passant par Quiévrechain et devant me joindre vers Ornu, celle de gauche passant par Crépin et devant se rallier à moi près Ornu. Je suis arrivé jusqu'à Boussu, sans rien rencontrer que quelques voyageurs, qui m'ont annoncé un grand mouvement de troupes autrichiennes.

L'avant-garde des hussards a été fusillée et chargée par des hulans et des chasseurs tyroliens, dans le bout du village de Boussu. Quelques hussards ont été blessés, et M. Cazanove, lieutenant-colonel du 3e régiment de hussards, ayant eu son cheval tué, a été pris. J'ai dispersé les hulans, par quelques coups de canon, et j'ai continué à marcher.

J'en ai trouvé un bataillon plus considérable, en avant de la barrière d'Ornu, appuyé par un corps de chasseurs, qui m'a longtemps fusillé et que j'ai souvent fait taire à coups de canon. J'ai pu voir clairement que les hauteurs en avant de Mons étaient occupées par un corps de troupes fort considérable, et que celle de Berteaumont, par laquelle je devais attaquer Mons, paraissait retranchée et garnie de batteries. Cette position étant de plus grand avantage et très facile à défendre par des troupes fraîches contre des troupes fatiguées, et ne trouvant pas dans les miennes exténuées par la chaleur toute la force indispensable pour une pareille attaque, je crus devoir les laisser reposer et attendre quelques nouvelles positives de Mons, que j'avais droit d'espérer.

L'ennemi, que je pouvais juger beaucoup plus nombreux que moi, faisait des manœuvres qui annonçaient l'intention de tourner ma droite. Je m'occupai de la garder et de la rendre très forte par beaucoup de détachements avantageusement postés. Je pris une position, et M. Berthier, adjudant-général, jugea, comme moi, que celle des Autrichiens était inattaquable; que je ne pouvais le risquer, sans compromettre entièrement le corps entier qui était à mes ordres; mais il pensa, comme moi, que je pouvais attendre, sans danger, des nouvelles du corps français dirigé sur Tournay.

Vers les cinq heures du soir, les ennemis attaquèrent un poste de ma droite, au village de Vasmes, gardé par quatre compagnies de grenadiers

et un piquet de cavalerie; M. Gigault, capitaine au
49ᵉ régiment d'infanterie, manœuvra avec tant d'intelligence et de fermeté, qu'il repoussa vigoureusement
les Autrichiens, avec perte de dix ou douze hommes,
et il n'eut, lui, qu'un homme blessé.

Quelques-uns de mes postes fusillaient continuelle-
ment avec les chasseurs tyroliens; je ne perdais personne, et de temps en temps je leur tuais du monde à
coups de canon.

Je reçus alors information, par M. le maréchal de
Rochambeau, de la défaite du corps français envoyé
vers Tournay, et je pensai à me retirer sur-le-champ.
Je ne pus exécuter ce dessein, les troupes étant épuisées de fatigue et de besoin. On n'avait pu empêcher
les soldats, harassés par la chaleur, de jeter presque
tous leur pain. Les chevaux de troupe et d'artillerie n'a-
vaient point eu de fourrage. Je n'avais pas été joint par
le détachement de l'hôpital ambulant, qui m'avait été
destiné; je voyais les dangers incalculables d'une
retraite de nuit, tentée par des troupes épuisées, devant des troupes fraîches.

Je me déterminai donc à donner quelques heures de
repos aux miennes et à chercher les moyens de faire
manger les hommes et les chevaux. Vers dix heures
du soir, je vis les 5ᵉ et 6ᵉ régiments de dragons
monter à cheval, sans que j'en eusse donné l'ordre, et
se porter avec précipitation sur la gauche du camp, où
il se mit en bataille et immédiatement après en colonne.
J'arrivai à toutes jambes pour demander ce qui occa-
sionnait un mouvement si bizarre, et je fus emmené

par cette colonne, que je cherchais à arrêter et qui s'en allait au grand trot, en criant : « Nous sommes trahis ! » Je fis plus d'une lieue, avec elle, sans parvenir à m'en faire obéir. J'y réussis enfin. Je la reformai dans une plaine, entre Boussu et Ornu. Je lui fis honte de cette honteuse démarche, et, à trente ou quarante dragons près, je ramenai le reste au camp.

M. de Dampierre avait retenu la plus grande partie de son régiment (le 5e de dragons). Les fuyards arrivèrent jusqu'à Valenciennes, en criant toujours qu'ils avaient été trahis et que j'avais déserté à Mons. Je n'ai pu pénétrer le criminel mystère de cette alarme. J'ai su seulement, sans savoir qui, que l'on avait fait monter les dragons à cheval, en répandant qu'un gros corps de cavalerie était dans le camp.

Le 3o, au point du jour, je commençai ma retraite, et je donnai le commandement de mon arrière-garde à M. de Rochambeau, maréchal de camp, et à M. de Froissy, colonel du 3e régiment de hussards, sous ses ordres. Je ne puis donner trop d'éloges à la conduite ferme et intelligente de M. de Rochambeau, et je trouve quelque consolation à déclarer publiquement que je lui dois, ainsi qu'à M. de Froissy, le bonheur d'avoir fait ma retraite jusqu'à Quiévrain, sans avoir été entamé le moins du monde.

J'arrivai à Quiévrain avec la tête de l'arrière-garde, et j'y trouvai M. Fleury, maréchal de camp, que M. de Rochambeau y avait envoyé au-devant de moi. Je l'y laissai et je fus mener l'armée à son ancien camp de Quiévrechain. Elle n'y était pas encore tout entière, que le bataillon de gardes nationales qui gardait Quiévrain en fut déposté par les hulans, qui vinrent tirer des coups de pistolet jusque sur le front du camp. Les troupes commencèrent alors, dans le plus grand désordre, une fusillade qui n'avait point d'objet, les hulans s'étant promptement retirés, mais qui fut très difficile à arrêter.

M. Fleury fit marcher le 68e régiment, pour s'emparer de Quiévrain ; mais, malgré l'intrépidité de cet officier général, dont le cheval fut tué, criblé de coups de fusil, et qui fut blessé lui-même, il ne put y parvenir. Le désordre augmentait dans la ligne, et le soldat, hors d'état de combattre, voulait retourner à Valenciennes.

Je crus que le seul moyen de ne pas perdre le camp était d'attaquer Quiévrain une seconde fois et de le garder, à quelque prix que ce fût. J'y menai moi-même le 49e régiment d'infanterie, qui, après des prodiges de valeur, se rendit maître de Quiévrain et en chassa les ennemis. Mais il fallait du secours pour s'y maintenir. J'avais droit alors de croire que je pourrais conserver le camp et que nous n'aurions pas la douleur de l'abandonner à l'ennemi, et je me hâtai d'aller chercher deux bataillons d'infanterie, pour les mener à Quiévrain, mais je les trouvai tellement épuisés de fatigue, qu'il me fut impossible de les ramener, et je retournai chercher à Quiévrain le brave 49e régiment, avec lequel je rentrai après toute l'armée.

On pouvait craindre à Valenciennes ce qui était

arrivé à Lille. Je crus devoir employer le reste de mes forces à prévenir de grands malheurs, et ne pas devoir me dérober à la justice ou à la fureur du peuple et du soldat, dont toute la colère se portait sur les officiers généraux. Je fus, seul, droit à l'hôtel de ville, me réunir aux corps administratifs, pour maintenir l'ordre, ce qu'on pouvait difficilement espérer : je reçus des marques d'estime consolante des habitants et, quoique avec beaucoup de peine, je fus encore écouté par le soldat.

Il était d'une extrème importance de déblayer Valenciennes de la quantité de troupes qui s'y étaient réfugiées, dont quelques-unes ne voulaient pas sortir. Nous y avons réussi, et tout est tranquille.

Les ennemis ont perdu, par les coups de fusil, plus de monde que nous, mais nous en avons perdu morts de faim et de fatigue. J'ai appris, en rentrant, que M. le maréchal de Rochambeau s'était porté, avec toute sa cavalerie, sur les hauteurs de Sainte-Sauve, près Valenciennes, pour favoriser notre retraite, et qu'il avait établi son quartier général à Sainte-Sauve. J'ai été y prendre ses ordres. Il m'a chargé du déblaiement de Valenciennes, et n'a pas désapprouvé ce que j'avais fait pour le commencer.

Le camp a été pillé par les hulans, nos effets de campement perdus et nos équipages. J'entrerai, sous peu de jours, dans de plus grands détails. Je resterai près de M. de Rochambeau, tant qu'il me jugera utile. Je n'ai rien à me reprocher. Je ne crois pas que personne attaque ma conduite. Si elle excitait

le plus léger soupçon d'un tort, je demanderais avec
instance d'être jugé par une Cour martiale, et, dans
tous les cas, je ne puis plus continuer à servir, que
comme soldat, tant que ma patrie sera en danger.

J'aurai l'honneur de vous donner de plus grands
détails sur nos pertes, que je ne connais pas encore
bien.

Je dois observer que j'ai trouvé le pays entièrement déclaré contre nous; pas un patriote ne nous a
donné de nouvelles, pas un ne nous a joints, pas un
déserteur ne nous est arrivé. Nos malheurs ne doivent
pas m'empêcher de rendre justice à la valeur et à
l'intelligence de M. de Beauharnais, dont l'infa-
tigable activité m'a été fort utile. Je dois rendre
aussi les comptes les plus avantageux de MM. de
Foissac et de Pontavice, adjudants généraux, ainsi que
de MM. de Pressac et Levasseur, mes aides de camp.
Ce dernier est blessé d'un coup de feu à la jambe.
M. Du Puch, officier d'artillerie de la plus grande
distinction, a été légèrement blessé au bras.

Je ne connais pas de bataillon de grenadiers plus
brave, plus ferme, plus soumis aux ordres qu'on lui
donne, que le deuxième du département de Paris.

Je désirerais avoir mis plus d'ordre dans le compte
que je vous rends, mais je suis épuisé de fatigue et de
chagrin, et c'est tout ce que je peux.

MM. de Chartres et de Montpensier ont marché avec moi comme volontaires et ont essuyé, pour
la première fois, beaucoup de coups de fusil, de la
manière la plus brillante et la plus tranquille.

En l'absence de M. le maréchal de Rochambeau,

*Le lieutenant-général employé dans l'armée
du Nord,*

BIRON.

Au maréchal de Rochambeau.

2 mai 1792, l'an IV de la Liberté.

Monsieur le maréchal,

Le Roi a reçu la lettre par laquelle vous lui deman-
dez d'accepter votre démission du commandement
de l'armée du Nord. Sa Majesté ne verrait votre
retraite qu'avec regret, mais elle m'ordonne de vous
mander que, puisque votre santé l'exige, vous pouvez
profiter, pour ce moment, du congé qu'elle vous
accorde.

Le ministre de la guerre,

P. DE GRAVE.

P.-S. Lorsque vous vous absenterez, Monsieur le
maréchal, le Roi a décidé que M. de Biron prendrait
le commandement des troupes qui sont campées.

Le malheureux chevalier de Grave, accusé par Dumouriez
de tous les désastres de l'armée de Flandre, avait renoncé, le
8 mai, à son ministère, que Dumouriez espérait lui enlever, et

qui fut donné à Servan, officier du génie, frère du célèbre avocat général du Parlement de Grenoble. C'est ce nouveau ministre de la guerre, qui communiqua à l'Assemblée nationale, dans la séance du 10 mai, la noble et généreuse lettre de Lauzun, que son prédécesseur lui avait fait remettre, en cessant d'être ministre. La lecture de cette belle lettre émut l'Assemblée, mais ne souleva aucune discussion, et l'on passa à l'ordre du jour.

Le maréchal de Rochambeau, en se retirant à Valenciennes, pour y attendre les ordres du Roi, avait, à plusieurs reprises, sollicité et pressé Lauzun de prendre le commandement en chef de l'armée du Nord. Rien ne put vaincre la détermination de Lauzun, qui opposait un refus irrévocable aux instances du maréchal, et qui, en signant cette déclaration solennelle, témoigna de l'abnégation la plus patriotique.

Mon opinion, dans mon honneur et ma conscience, d'après la lettre du ministre de la guerre (en date du 4 mai) qui m'a été communiquée par M. le maréchal de Rochambeau, est que son armée peut être considérée comme perdue, s'il la quitte dans cet instant, même momentanément. Je ne me sens point les talents nécessaires pour remplacer ses grands talents militaires. Je servirai, sans murmurer, sans balancer, sous mes cadets, si cela peut être utile à la chose publique, mais rien ne me fera consentir à commander l'armée du Nord et à me charger d'une responsabilité au-dessus de mes forces.

Valenciennes, le 3 mai 1792.

Le lieutenant général,
BIRON.

Le maréchal, impatient de voir arriver son successeur, qui n'était pas même encore désigné, avait écrit une foule de lettres à ses amis, pour se défendre d'avoir la moindre responsabilité dans les fâcheux événements de l'ouverture de la campagne, attendu qu'il avait été contraint et forcé de suivre un plan qui lui était imposé par le Conseil des ministres, et il attribuait à l'aveuglement de Dumouriez, sinon à son infernale malice, le désastre de la retraite de Mons. Il apprit enfin qu'il serait remplacé par le maréchal Luckner, et le chevalier de Grave, en sortant du ministère, se plut à lui rendre pleine justice, en s'excusant de lui avoir envoyé un plan aussi mal combiné, et qu'il désapprouvait, comme lui.

Voici la lettre que Dumouriez, le meneur de toute cette intrigue, fit écrire, par le Roi, au maréchal de Rochambeau.

Paris, le 9 mai 1792, l'an IV de la Liberté.

Je suis fâché, Monsieur le maréchal, que vous ayez donné une désapprobation aussi publique et aussi forte à un plan arrêté dans mon Conseil et sous mes yeux. Je vous ai permis, comme vous me l'avez demandé, de quitter le commandement de l'armée. Vous réitérez encore cette demande, dans une lettre, que vous envoyez au président de l'Assemblée nationale, par un courrier, sans me rendre aucun compte. Cependant j'apprends, par une lettre que m'a adressée la municipalité de Valenciennes et d'après des lettres particulières, que l'armée reprend confiance en vous et que la plupart des officiers supérieurs menacent de donner leur démission, si vous les abandonnez. Je ne peux pas approuver que la confiance personnelle des officiers supérieurs pour vous l'emporte sur le service de la patrie et sur le salut public. Vous êtes trop bon juge en véritable honneur et en patriotisme, pour approuver et soutenir de pareilles erreurs. Je suis persuadé que vous vous servirez de votre influence sur vos officiers, pour les ramener à leur devoir, et pour leur prouver, par votre exemple, que le service de la patrie, surtout dans des temps aussi difficiles, ne doit pas tenir à des affections personnelles.

Je ne doute pas, Monsieur le maréchal, en attendant l'arrivée du maréchal Luckner, qui doit venir vous remplacer, d'après votre désir de vous reposer, que vous n'employiez tous les moyens, pris dans votre expérience, pour ramener la discipline dans les soldats et la confiance dans les officiers. Vous serez secondé par les décrets, donnés par l'Assemblée nationale, pour la punition des coupables et pour la récompense de ceux qui se sont bien conduits dans les malheureuses aventures des 29 et 30 avril. Je n'ai pas besoin de vous faire de recommandation particulière à cet égard : votre patriotisme vous en fait une loi, et je ne doute pas que vous ne remettiez à Monsieur le maréchal Luckner une armée bien organisée et remplie du civisme et de la discipline, que vous lui aurez inspirés.

Louis.

Lauzun n'avait pas un reproche à se faire, mais l'opinion de l'armée du Nord devenait si menaçante contre lui, qu'il se crut obligé de quitter Valenciennes, avant l'arrivée de Luckner, à cause des dangers qu'il courait au milieu de ces bandes indisciplinées, qui criaient à la trahison, et qui assassinaient leurs officiers. Il revint à Paris, pour se justifier des ineptes accusations que ses ennemis avaient répandues contre lui et pour demander du service dans une autre armée. « Votre position me fait mourir d'impatience et d'inquiétude, lui écrivait Mme de Coigny. Je crains vos ennemis autant que je les méprise. » Il faut lire et comprendre les Lettres XVI et XVII de la marquise de Coigny, pour se rendre compte de tout ce que Lauzun avait à craindre. Enfin, il obtint, le 17 juillet, dans l'armée du Rhin, une position analogue à celle qu'il avait eue dans l'armée du Nord.

Mais, à peine était-il arrivé à son quartier général de Strasbourg, que la Révolution du 10 août vint lui créer de nouveaux embarras et de nouvelles difficultés. Il ne protesta pas, néanmoins, contre cette Révolution, soit qu'il pensât que la Cour trahissait la cause nationale, soit qu'il crût n'avoir plus de devoirs à remplir qu'envers la patrie, après la déchéance du Roi et la chute de la royauté : il jura fidélité au nouveau Gouvernement. Aussi, les commissaires de l'Assemblée nationale, envoyés à l'armée du Rhin pour recevoir le serment républicain des officiers et des soldats, ne manquèrent-ils pas de faire en ces termes l'éloge du général Biron, dans leur lettre du 17 août, adressée à l'Assemblée : « Nous n'avons pu ne pas voir que l'armée du général Biron est travaillée dans tous les sens par les plus dangereuses intrigues. Le général Biron seul la contient contre la séduction, par l'ascendant que lui donnent sa droiture, son courage et son dévouement sans bornes à la cause qu'il a embrassée et dans laquelle il a constamment marché sans dévier un seul instant. »

La dernière lettre de Mme de Coigny à Lauzun est de la même date que cette lettre des commissaires Carnot, Coustard, Prieur et Riller, qui attestaient n'avoir trouvé, chez l'ancien duc de Biron, qu'un bon et sincère républicain. Il est impossible de ne pas se dire que le général Biron, depuis cette époque, a dû interrompre sa correspondance avec la marquise de Coigny, qui, toute républicaine qu'elle pouvait être, se trouvait mise hors la loi comme émigrée ; or, pour un fonctionnaire de la République, et surtout pour un général d'armée, c'était se perdre infailliblement que de correspondre

avec une émigrée. Mme de Coigny gardait à Lauzun une si
fidèle amitié, un si affectueux attachement, qu'on doit lui
faire honneur du douloureux sacrifice qu'elle dut s'imposer
en cessant d'écrire à son plus cher ami. Ce fut là certainement
une cruelle souffrance que Lauzun eut à supporter jusqu'à sa
mort, quoique des nouvelles lui arrivassent de Londres par
voie indirecte, pour lui rappeler, de temps à autre, qu'il
avait en Angleterre la moitié de sa vie, la confidente de
toutes ses pensées d'autrefois et la compagne de tous ses
rêves d'avenir. On n'aura pas de peine à se persuader que
l'existence, à travers cette longue et muette séparation, lui
était devenue à charge, et que, pour s'en délivrer, il se jetait résolument dans tous les périls de la guerre, puisqu'il
avait à remplir son rôle de général en chef, au service de cette
horrible et sanglante République, à laquelle il s'était voué
comme une victime destinée à la mort.

Il n'eut malheureusement pas l'occasion de se distinguer par
des actions d'éclat, à la tête de l'armée du Rhin, qui était
une armée d'observation et de défense, plutôt qu'une armée
offensive et conquérante. On le déplaça, vers la fin de 1792,
lorsque cette armée se repliait sur Cassel et Mayence, après
l'évacuation de Francfort, que les Prussiens avaient repris;
il fut envoyé à l'armée de Savoie, pour succéder au général Anselme, qui la commandait; là, il se rangea volon-
tairement sous les ordres du général Custine, qu'on avait
détaché avec lui de l'armée du Rhin; ils eurent ensemble des
succès en Italie et achevèrent la soumission du comté de
Nice.

Au mois de mai 1793, les Jacobins de la Convention imagi-
nèrent, pour l'éprouver ou le perdre, de le mettre en présence
de l'insurrection vendéenne, et le firent nommer général en chef
de l'armée des côtes de la Rochelle. Il fit encore son devoir
de général républicain, mais peut-être en gémissant : il reprit
Saumur et chassa de Parthenay les Vendéens, que Marat et
Roger Fonfrède l'accusaient de ménager. Il ordonna l'arrestation de l'odieux Rossignol, qui l'avait dénoncé comme un
royaliste déguisé, et qui voulut le faire mettre en accusation

par les meneurs du parti révolutionnaire. Lauzun n'attendit pas qu'on lui donnât un successeur à l'armée de l'Ouest; il envoya sa démission au ministre de la guerre, le 10 juillet 1793, et vint à Paris, pour répondre, en personne, à ses accusateurs. Il fut aussitôt arrêté et conduit à la prison de Sainte-Pélagie, puis transféré dans celle de l'Abbaye.

Bon-Saint-André, au nom du Comité de Salut public, avait demandé à la Convention, dans la séance du 14 juillet, le rappel du général Biron, sans l'accuser toutefois d'une façon catégorique : « Hier, vous avez pris une mesure à l'égard de Westermann et ordonné à votre Comité de Salut public de nous faire un rapport sur la conduite du général en chef de l'armée des côtes de La Rochelle, Biron. Nous ne pouvons pas nous dissimuler qu'il n'y a pas d'accusation positive contre ce général, mais on lui reproche de n'avoir pas déployé toute l'activité nécessaire aux opérations dont il est chargé, et cependant nulle guerre n'en a exigé une plus continuelle. Les commissaires de la Convention font, à ce sujet, des rapports unanimes qui tous reprochent à Biron une lenteur dans ses opérations, qui peut compromettre les intérêts de la République. Gasparin, pendant sa commission près cette armée, a appris du général Biron lui-même que ses fréquentes incommodités, ses attaques de goutte et sa santé extrêmement usée le rendent peu propre aux fonctions importantes dont la République l'a chargé. Il est cependant un principe certain, dont ne doivent jamais s'écarter ceux qui tiennent dans leurs mains les rênes du gouvernement, c'est que toujours les hommes doivent être proportionnés aux choses. Puisque Biron lui-même se reconnaît insuffisant pour la place que vous lui avez confiée, s'il la trouve au-dessus de ses forces, votre Comité nous propose de décréter que le ministre de la guerre sera tenu de rappeler le général Biron. »

Le rappel fut voté, sans observation, et on apprenait, dans la même séance, que Lauzun avait été mis en arrestation et se trouvait déjà détenu à Sainte-Pélagie.

On ne saurait douter que le pauvre prisonnier n'ait reçu, et plus d'une fois, des lettres et des consolations de la mar-

quise de Coigny, dans la prison de l'Abbaye, où il avait été
transféré, malade et presque infirme. La goutte et les rhuma-
matismes dont il souffrait depuis cinq mois lui permettaient à
peine de se mouvoir, et s'il réussit à donner de ses nouvelles
à sa dernière amie, qui ne pouvait venir le soigner dans sa
prison, même en demandant à rester prisonnière avec lui, il
n'espérait plus la revoir, et il se tenait dès lors prêt à monter
sur l'échafaud, avec tous les hommes de cœur, qui avaient
salué la Révolution de 1789 comme une ère de liberté et de
réforme sociale.

Il adressa une lettre à la Convention, pour demander à être
jugé incessamment, afin qu'il lui fût permis d'aller rétablir à la
campagne sa santé délabrée. La lecture de cette lettre aussi
simple que digne eut lieu dans la séance du mercredi 4 septembre 1793. Son ancien ami Lecomte-Puyraveau osa prendre
la parole pour appuyer la demande de Lauzun : « Je demande,
dit-il, que Biron ait la même faveur 'que vous avez déjà ac-
cordée à Anselme et à Ferrand, contre lesquels il pouvait y
avoir des soupçons aussi graves que contre Biron. Sur leurs
demandes, leur détention à l'Abbaye a été convertie en une
détention chez eux. Je crois que vous devez à l'humanité, de
faire pour Biron, qui est malade, ce que vous avez fait pour
Anselme et Ferrand, et je demande que Biron soit en arrestation chez lui, sous bonne et sûre garde. »

L'Assemblée semblait disposée à bien accueillir la proposition de Lecomte-Puyraveau, lorsqu'une voix s'éleva de la Montagne, pour réclamer la question préalable : « Biron est
suspect pour ses sentiments et pour ses actions, dit un con-
ventionnel dont le nom ne fut pas inscrit au procès-verbal ; il
doit rester dans les prisons, comme tous les autres, jusqu'à
son jugement. » Et la question préalable fut adoptée.

Le duc d'Orléans, qui était arrêté depuis le 7 avril, fut
condamné par le tribunal révolutionnaire, et mis à mort, le
6 octobre 1793. Lauzun devait avoir le même sort : traduit
devant le sanglant tribunal, il fut condamné, « pour avoir favo-
risé les Vendéens », disait l'acte d'accusation dressé par Fou-
quier-Tinville. « Lorsqu'il descendit pour aller à la mort, dit le

Dictionnaire biographique et historique des Hommes marquants de la fin du XVIIIe siècle (Londres, 1800), il salua les prisonniers avec une sorte de dignité chevaleresque, et leur dit : « Ma foi! mes amis, c'est fini! Je m'en vais! »

La *Galerie historique des Contemporains*, dont les deux premiers volumes furent publiés à Francfort en 1817 et 1818, est le seul ouvrage dans lequel on trouve des détails sur Lauzun, à la suite de sa condamnation par le tribunal révolutionnaire. Ces détails méritent d'être recueillis. « Son intrépidité, dit l'auteur anonyme de l'article Biron, ne se démentit point dans ses derniers moments. Il se fit apporter des huîtres et deux bouteilles de vin blanc, dans l'intervalle qui s'écoula entre l'instant où son arrêt de mort venait de lui être prononcé et celui où il devait marcher au supplice. Il mangea avec autant d'appétit que de gaieté, fit boire deux verres de vin au guichetier Langlois, qui le servait pendant ce funèbre repas; fit devant cet homme quelques plaisanteries sur le genre de supplice qu'il allait subir, et lui versait un nouveau verre de vin, à l'instant où l'exécuteur entra.

« Bien, mon ami! lui dit Biron : je suis à vous; laissez-moi finir mes huîtres; je ne vous ferai pas attendre longtemps. Vous devez avoir besoin de forces, au métier que vous faites? Vous allez boire un verre de vin avec moi.

« Se tournant alors vers Langlois, il lui dit, avec cette grâce qui était naturelle à ses moindres discours :

« — Va chercher un verre, Langlois.

« Celui-ci obéit. Pendant ce temps, s'établit entre le duc et l'exécuteur un langage assez court sur l'instrument du supplice. Langlois revint ; le duc remplit de nouveau le verre du guichetier, le sien, et celui de l'exécuteur.

« — Maintenant, mon ami, partons! dit-il, en se levant.

« Mais la toilette du supplice restait encore à faire, et cette circonstance fut la seule qui parut causer au duc quelque émotion. Cependant il reprit toute sa tranquillité, en sortant de la Conciergerie, pour se placer sur la fatale charrette. Un calme profond régna sur son visage, jusqu'au pied de l'échafaud, sur lequel il monta avec fermeté.

« Quelques biographes ont jugé à propos de mettre dans sa bouche une sorte d'amende honorable à laquelle il ne songea jamais. »

Malgré ces semblants affectés d'insouciance presque cynique, Lauzun était certainement préoccupé, au moment de périr, du sort de deux personnes qu'il laissait dans les prisons à la merci du tribunal révolutionnaire : sa femme, la duchesse de Biron, qu'il se repentait, dit-on, d'avoir abandonnée, après l'avoir longtemps négligée et dédaignée, et une de ses maîtresses, sa Zilia ou sa Nigretta, cette charmante Aimée de Coigny, qui « ne voulait pas mourir encore » dans l'élégie de *la Jeune Captive*, qu'André Chénier avait composée en son honneur, et qui chantait toute la journée, en attendant le bourreau. Elles furent délivrées, l'une et l'autre, par le 9 Thermidor, et survécurent longtemps à Lauzun, qu'elles avaient pleuré toutes les deux et qu'elles n'oublièrent jamais. Quant à la marquise de Coigny, qui était toujours en émigration à Londres, on peut supposer qu'elle avait fait des tentatives et des efforts désespérés, pendant la détention de son ami le plus cher, pour retarder son jugement, pour favoriser son évasion, pour l'arracher à l'échafaud. Elle ne réussit pas à le sauver, et ne se consola jamais de sa perte, après une longue et cruelle séparation, qui lui paraissait sans doute, suivant sa propre expression, « la mort placée au milieu de la vie ».

FAC-SIMILÉS

DES LETTRES AUTOGRAPHES

DE LA MARQUISE DE COIGNY

D'AIMÉE DE COIGNY, DUCHESSE DE FLEURY

DE MADAME DE BUFFON

ET DE LA DUCHESSE DE LAUZUN

LETTRE DE Mme LA MARQUISE DE COIGNY A LAUZUN

Hertford Street n° 16 Mayfair ce 20

je n'espère pas que [illegible] d'arpens les premiers
à lire nos lettres, les nôtres arrêtent
[illegible] tems en chemin qui me [illegible]
[illegible] s'y arrêtent pour que j'en
[illegible] jour elles ne s'y tiennent pas jusqu'à
s'y confettjour, car je vous avouerai
[illegible]
exemple que si telle chose je deviendrai
plus anti révolutionnaire qu'aucun aristocrate !
j'ai soupé hier à côté de quelqu'un qui
[illegible] grand, il a nom M. Sheridan,
nous avons beaucoup causé de vous, d'abord
il priait de l'état des choses, il en est beaucoup
ardent et espère encore de s'entre tout lui

lui paraît si peu perdu en France qu'elle
espérait qu'ils en gagneront quelque chose
en Angleterre, La province de Manchester
vient de voter des remerciements à M. Payne
pour son admirable livre. il parle
beaucoup des droits du peuple des vices
de la représentation et successivement me
disait-il, la lumière luira dans les
chambres du ministère encore un peu de
temps et vous verrez — je me suis particulièrement place
a excepter
tant sa conversation il y a une âme
dans son esprit et un esprit dans son
âme qui vivifie toutes ses expressions il

comuniquer toutes ces impressions
je crois véritablement qu'il est l'homme
de peu de promettre ; mais quittons
ce genre fabuleux pour nous remettre
un peu terre à terre, de bonne foi
croiriez vous que la france dans de
si grandes et de si terribles circonstances
puisse choisir une si petit genie ;
et sommes nous à la guerre enfin,
si comme dans le militaire par
la faute de Mr Joseph ; ah
vraiment pour avoir de ces
ministres là il n'y a aucun outil
qu'il ne débauche et ne prenne . est-il

vrai qu'autrefois devant — ces reproches reçus

qu'on lui a fait ses douleurs de Lafayette

on prétend que par ses soins ils

reçoivent plus qu'un cœur et que chez eux

âme heureusement à ceux d'eux

ils ne feront qu'un appel — expression

d'esprit on vous envoye ici le petit

Chauvelin p[ou]r Ambassadeur il

[professe] et les D. [excuse]

je trouve que c'est trop et trop peu

pour lui il ne doit être ni le

représentant de la France ni le

mannequin d'un autre ne le pensez

vous pas que pensez vous de bonne

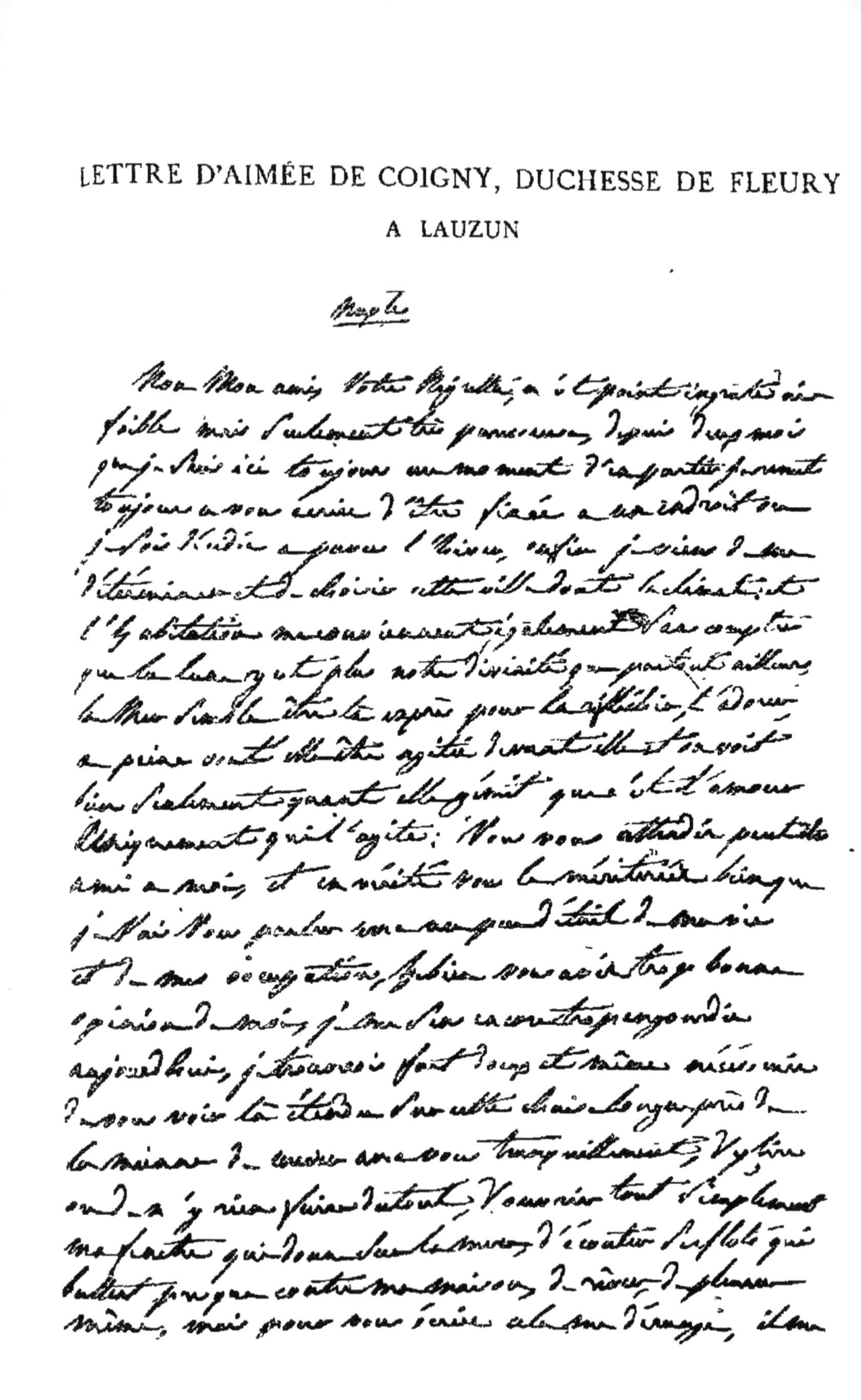

LETTRE D'AIMÉE DE COIGNY, DUCHESSE DE FLEURY
A LAUZUN

Naples

faut [..] la lumière d'abord et j'aime mieux
l'obscurité pour écouter la Mer, puis, je vous
parlerai toute seule pendant une [heure] sans que vous
ayiez seulement l'air de m'entendre et avant que
vous m'avez répondue, puis j'serai effritée d'une
manière et vous l'êtes [..] l'autre, je [..] que
j'[ai] en quoi [..] s'[..] et [..] tout, il n'[..]
[..] point le même [..] [..] que vous
n'êtes pas là, cette [maudite] révolution, vous
[..] vous fait agir quand j'[..] j'vous t[..] la
tête peut être et moi je l'ai oublié, j'[..] [..]
[..] d'[..] et je la [..] en sa [..] j'[..]
pas aujourd'hui [..] mes [..] vous et
le bonheur d'[..] vous [..] la [..]
[..] la [..] en [..] je [..] peut être
mieux d[..] en l'attendant je vous avoue que
j'ai[..] pas reçu votre papier [..] [..] fleurs,
d'[..] écrivez moi bien souvent, car j'aime
beaucoup vos lettres [..] la politique

LETTRE DE Mme DE BUFFON, A LAUZUN

Paris ce 2 aout 1792.

Je vous ai promis de vous donner de mes nouvelles, et même de —
Remplir 3 ou 4 pages en votre faveur, comme voici le —
moment où chacun est plus scrupuleux de tenir ce qu'il promet,
je vais commencer mon récit, et ne parlerai de vous, de moi,
et à nos amis communs, qu'après vous avoir donné un +
extrait fidèle des différents événements de la capitale.
Les chevaliers du poignard, faibles soutiens de Louis XVI —
après avoir été, les uns pris et renfermés, les autres tués —
Les autres se cachèrent, pour se rendre introuvables,
Ont encore eu la douleur — de voir, ou de savoir, que —
L'on a mis leur gros chef au temple — où il est avec —
Sa femme, sa fille, et le prince royal, et la M^{de} —
Élisabeth. — on n'entre dans le tour qu'avec une permission
de Mr Pétion. — Si nous connaissions de l'esprit au —
Roy, nous pourrions prendre son impatience, pour —
du courage. — il se promène dans son jardin, on calcule
combien de pieds qu'il a en tel sens, ou en tel autre,
il mange et boit bien — et joue au ballon avec —
Son fils. — La Reine est moins calme dit-on. elle n'a
depuis hier aucune dame auprès d'elle. — M^{de} de
Lamballe, tourelle St aldegonde, tourzel, encore deux autres
dont je n'ai pu savoir le nom. — Ont été transférées

à la force — il y a Selon le relevé des Sections de Paris
six mille cinq cents personnes de péri dans la journée
du 10 — le complot de la Cour, étoit atroce et gauche
comme à l'ordinaire; — il faut avouer que nous avons
une étoile préservatrice, et qu'avec, bien de l'argent
bien des ruses, bien des moyens ils ont toujours —
si fort précipité leurs projets — que le succès qu'ils attend
a toujours été pour nous; les plus fougueux Aristocrates sont
furieux contre le Roy. de ce qu'ils se sont laissés
couper le col pour lui, et que bravement, il s'en
est allé trouver les députés; trop heureux que l'assemblée
ait bien voulu lui permettre de dormir, et de manger
auxquels d'elle — on assure qu'il y a quatre mille personnes
d'arrêtés et compromis plus ou moins dans cette
malheureuse affaire; on doit demain guillotiner au
Carousel — on assure que Mr. père, et de la Porte —
seront les premiers. — on cherche partout. Mr de
Narbonne. Lacuretz, et du Chatelet, — ils sont —
dans Paris, et c'est la crainte qu'eux, et d'autres,
que l'on en veut pas laisser aller ni partir
que l'on ne délivre aucun passeport — — au milieu
de ces aventures, Paris est calme pour ceux qui ne tripotent
point — j'oubliais de vous dire que Mde d'Ossun est
à l'Abbaye — celles qui sont à la force ne savent

point pas combien de temps ; et la cidevant princesse
est sans femme de chambre, elle se soigne elle même,
pour une personne qui se trouve mal devant
une _ouvrage_ en peinture c'est une rude position.
On ne voit pas une Belle dame dans les rues je voule
cependant Russe mon cocher qui épouvante les hauteurs
de paris avec son chapeau ! — j'ai été hier à l'opera
les aboyeurs, étaient occupés de mon seul service,
j'avais le vestibule pour moi, et Roland mon
domestique — faisoit promenade solitairement —
dans le couloir. Cependant la salle étoit pleine
Vous saurez par les papiers — les choses dont je ne
Vous parle pas — Vous avez sans doute Vu
que Sulau à été expédié dans l'affaire du 10. —
au cours après Mr Lafayette. je ne sais — s'il
c'e deffendra avec une partie de son armée —
ou s'il sera renvoyé à paris. Voilà encore
un événement marquant, mais que j'ignore —
les fourberie de ce general. — prouvera assez —
la fureur — du plus franc et du moins ambitieux
des citoyens — notre ami philippe. —
Vous savez que lorsque Mr Luckner à appris —
le décret de suspension — il a dit — Sacristié !
moi que Si jacobi — pourvu que Mr La fayette

avait pas eu le tems de vouloir travailler sa figure
de penser. —— il y a —— dans de la vie du sac
qui avoit des yeux culottes de velours noirs. ——
Disoit son beau frere! —— qui a assuré, notre
ami. qu'elle rêvoit toujours et qu'elle mourroit
de peur — elle est fort drole dit-on dans sa
frayeur. quoi qu'elle n'ayant rien qui l'agitte
personnellement. —— Mais sa amie! elle —
n'en peut respirer. ——

je veux cesser mon bavardage j'ai longtems mon —
sa gayement: c'est un plaisir avec vous —
je vous ai voué il y a longtemps, et pour deux, —
amitié. reconnoissance, et un tendre intérêt, —
je vous desire du Bonheur. des Succès. de la —
Santé, et de l'argent ———

je m'en porte à merveille —— j'espere tout de cette crise
pour le Bonheur. et la Santé de mon ami ——
on n'en parle pas même en bien! — c'est très heureux
il a je crois une conduite peu pieuse —— et j'espere
qu'un jour. on saura l'apprécier ——

toutes ces inquiets amis sont dans un moment
de presse pénible, il y en a bien quelques uns
qui ont eu la bassesse de chercher à se faire cher
à fuir — nous sommes bien Bon — mais pas Bête
chacun la méthode est pour soi abrégé à travailler —
Mr de l'ancienne. c'est tout pas à faire

LETTRE DE LA DUCHESSE DE LAUZUN
AU ~~MARQUIS~~ DUC DE GONTAUT

J'ai été fort touchée du desir que M^{de} de
Biron a ~~montré~~ de m'être utile, je vous
ai supplié de lui en témoigner ma reconnoissance
on voyoit dans sa lettre combien il avoit mis
de soin à chercher les moyens de reussir
mais n'etant point à Paris et ignorant les regles
de rigueur de l'assemblée il n'avoit pas
prevû que le mot d'indulgence produiroit
un effet si contraire à son but, et lui feroit
manquer son objet — je n'ai point jusquici
été tourmentée à Paris en aucune maniere,
mais la lettre de M^{de} de Biron insérée dans les
papiers publics a été connue à Lyon et a excité
des soupçons dans ma terre de Neuville qui
est dans ce departement, on ne se doutoit point
jusques la de ma courte absence et on ne
me parloit point de certificats de residence
à present l'on m'en demande, et comme j'ai
rien pus envoyer à cause de cette absence de

deux mois, je suis obligée de chercher toutes
sortes d'excuses pour m'en dispenser, je dis
que j'ai voyagé à la fin de l'été dans plusieurs
municipalités de province, ce qui rend fort
difficile de rassembler les différends certificats
je crains toujours qu'ils ne s'impatientent et
qu'ils ne confisquent ma terre — dans cet
état de choses comme ils me savent à Paris
et qu'ils ignorent mon voyage en Angleterre
il est à désirer pour moi que M. de Biron
ne leur en donne pas la certitude et 2° dans
son passage à Lyon pour se rendre à l'armée
du Midi, on lui fait quelques questions
sur sa lettre à la convention, il me
rendrait service de répondre qu'il avait été trompé
sur ma situation, qu'il me croyait absente
que je suis depuis longtemps à Paris, et que
je ne suis point dans le cas de l'émigration
ce témoignage pourrait peut-être diminuer l'impression
défavorable de la lettre, car mr de Biron

commandant l'armée du Midi doit avoir beaucoup
d'influence dans les départemens voisins

ADDITIONS
ET RECTIFICATIONS

ADDITIONS

ET RECTIFICATIONS

PAGE 7, NOTE 2.

Au lieu de : « Il s'agit de Frédéric-Auguste, prince de Galles... », lisez : « Il s'agit de Georges-Frédéric-Auguste... ».

PAGE 14, LIGNE 6.

Ajouter, en note, après ces mots : « Prendre un amant, c'est abdiquer » :

Si nous citons ici un passage des *Mémoires* du comte Alexandre de Tilly (Paris, 1828, in-8, t. Ier, p. 290), relatif à la marquise de Coigny, c'est pour protester contre la malveillance et l'injustice de l'auteur de ces *Mémoires*, qui avait à se venger sans doute des dédains de la spirituelle amie de Lauzun, qu'il accusait d'être devenue laide. Le portrait de Mme de Coigny la défend assez d'une pareille accusation.

« La marquise de C..., dit-il, femme d'esprit, jadis plus que galante, immorale à l'excès, est pourtant la même qui, au moment où les *Liaisons dangereuses* parurent (en 1782), fit fermer sa porte à M. de Laclos, qu'elle avait reçu souvent, disant à son suisse : « Vous connaissez bien ce grand mon-

39

sieur maigre et jaune, en habit noir, qui vient souvent chez moi? Je n'y suis plus pour lui; si j'étais seule avec lui, j'aurais peur! » Elle crut apparemment qu'il avait calqué sur elle Mme de Merteuil : elle n'avait guère mieux valu qu'elle et était devenue aussi laide. Il y a d'elle un mot excellent, qu'on a attribué mal à propos à Mme de Créqui : « Ce n'est, parbleu! pas une bête que le baron, c'est un sot. » C'est aussi d'elle, je crois, que la maréchale de Luxembourg disait : « Elle a toujours les yeux comme nous avons tant de plaisir à les avoir quelquefois. »

Quand le comte de Tilly écrivait ses *Mémoires*, à Berlin, en 18o3 ou 18o4, la marquise de Coigny n'avait pas plus de quarante-six ans, et elle était encore belle.

Mme de Coigny fut entourée d'adorateurs, comme le prince de Ligne le dit positivement dans une des lettres qu'il lui écrivait, de la Crimée, en 1786; mais il ne laisse entendre nulle part qu'elle eût des amants. Elle avait cependant excité trop de jalousies et de haines à la Cour, par son franc parler et ses terribles coups de langue, pour n'être pas en butte à des méchancetés et à des calomnies. Nous trouvons une cruelle épigramme contre elle, dans une revue politique et littéraire de la Restauration, *la Semaine* (Paris, Firmin Didot, 1824, in-8, t. Ier, p. 357), où François de Neufchâteau publiait des poésies diverses du XVIIIe siècle, sous le titre de *Muse de l'ancienne Cour.*

A Mme LA MARQUISE DE COIGNY

Par un de ses amants disgraciés.

Vous voltigez de conquête en conquête.
Plus vous fuyez, plus nous nous éloignons.
Pour moi, je cours de coquette en coquette :
Chemin faisant, nous nous retrouverons.

PAGE 19, LIGNE 13.

Ajoutez, après l'alinéa :

Un des correspondants ordinaires du prince de Ligne à la Cour de France, l'aimable et spirituel chevalier de l'Isle, capitaine au régiment de Champagne, était aussi un des plus fervents admirateurs de la marquise de Coigny. « Le chevalier de l'Isle, dit F. Barrière [1], avait du goût, un esprit vif, une conversation piquante : ces agréments et l'amitié de MM. de Coigny, qui aimaient et qui savaient honorer les talents, le firent admettre dans la société de la duchesse de Polignac. » Mme de Coigny, qui n'était pas encore en froid et en délicatesse avec la reine, tenait le premier rang dans cette brillante société, qu'elle charmait par sa belle humeur et par ses heureuses saillies. Le chevalier de l'Isle parle souvent d'elle, dans les lettres qu'il adressait au prince de Ligne, de 1781 à 1783, surtout à l'époque où Lauzun faisait la guerre en Amérique. La marquise, durant l'absence de son ami, se montrait le moins possible à Versailles ou à Marly, et préférait aller passer des soirées intimes, à l'hôtel de Soubise, avec le prince et la princesse de Guéménée, les grands amis de Lauzun. C'était là que le chevalier de l'Isle la rencontrait souvent. Dans une lettre du 30 mars 1781, il nous apprend que le prince de Ligne envoyait toujours à sa chère marquise un des premiers exemplaires de ses ouvrages. Ses Mémoires sur le roi de Prusse Frédéric II avaient paru à Berlin, à la fin de 1781, mais presque en cachette : « Vous ne m'aviez pas dit que votre livre était imprimé ? lui écrit le chevalier de l'Isle. Devinez où je l'ai trouvé hier, pour la première fois ? Sur la cheminée de Mme de Coigny, qui me le prêtera, dit-elle, quand elle l'aura lu ; ce sera bientôt, car je la vois le lire avec autant d'avidité qu'une autre femme de son âge lit *Acajou*. »

---

1. *Tableaux de genre et d'histoire peints par différents maîtres, ou Morceaux inédits sur la Régence, la jeunesse de Louis XV et le règne de Louis XVI*, recueillis et publiés par F. Barrière. Paris, Ponthieu, 1828, in-8, p. 224. La correspondance du chevalier de l'Isle est imprimée dans ce recueil ; voy. p. 240, 252, 262, 270, 274 et 302.

Le 21 mars 1782, la marquise de Coigny est à Versailles, mais ce n'est pas pour paraître à la Cour, et le chevalier de l'Isle écrit au prince de Ligne : « Mme de Coigny, qui est ici pour voir saigner sa sœur Monbazon, qui entre dans le neuvième mois de sa grossesse, me charge de mille tendresses pour sa mouchette (la fille du prince de Ligne), qu'elle se réjouit d'embrasser, vers le mois de juin, en allant à Spa, où rien, dit-elle, ne pourra l'empêcher d'aller, cette année, passer deux mois. » Le chevalier ne ménage pas ses expressions pour faire savoir au prince que la reine n'ira pas, à cause de ses *petits bobos* « s'établir de sitôt dans la demeure humide de Marly ». Il ajoute en style de capitaine de dragons : « Partant, mon cher prince, ne fondez rien sur ce voyage, et si vous aviez formé le projet d'y violer Mme de Simiane ou Mme de Coigny, tenez-vous pour averti qu'il faut chercher un autre théâtre à vos emportements. » C'est le chevalier de l'Isle que Mme de Coigny charge d'annoncer l'accouchement de sa sœur au prince de Ligne : « Je reste à Paris, dit-il, pour garder, conjointement avec Mme de Coigny, sa petite sœurette, qui nous a mis au monde une fille, sans cris, sans douleurs, comme la Vierge Marie; elle s'en porte si bien, que vous la croiriez dans son lit uniquement pour s'y reposer. Elle et sa sœur vous font leurs compliments, et Mme de Coigny embrasse mouchette, qu'elle exhorte à l'attendre jusqu'au 15 du mois prochain, pour aller à Spa. »

Dans une lettre écrite le 8 septembre 1782, le chevalier parle de la mort prochaine de Mme de Dillon, une des meilleures amies de Lauzun, qui était encore à l'armée de Washington. « Votre pauvre petite Dillon, dit-il, va mourir; femme vraiment regrettable et dont la perte affligera particulièrement Mme de Coigny, qui, tout en arrivant de Cirey, m'a demandé si j'en savais des nouvelles. Je lui ai dit celles que je recevais pour vous, à l'instant même, et chacun de nous a pleuré sa Dillon. » L'année suivante, au mois de juin, Mme de Coigny était allée passer huit jours en Angleterre avec Mme de Châlons, qui devait, peu de temps après, épouser en secondes noces le duc de Coigny, veuf depuis 1757. Le duc de Polignac, et peut-être Lauzun, revenu d'Amérique depuis le mois d'avril, s'étaient joints à une joyeuse *bande*, pour faire ce voyage de huit jours. Cette année-là, Mme de Coigny ne devait point aller à Spa, où elle avait passé une partie du mois de juillet, l'année précédente, avec sa fille Fanny et son amie la comtesse Diane de Polignac. Mais elle se proposait de se rendre à Fontainebleau, quand la Cour y serait, dans les premiers jours d'octobre, et le chevalier de l'Isle écrivait au prince de Ligne pour l'inviter à s'y rendre aussi, afin de répondre aux vœux des belles dames qui ne demandaient qu'à lui offrir à l'envi une cordiale hospitalité : « Mais Mme de Lamballe, mais Mme la comtesse Diane, mais Mme d'Ossun, mais Mme de Coigny, qui se proposent d'avoir des maisons à bouche que veux-tu, vous nourriront de reste, tout Gargantua que vous êtes. » On pourrait croire que le prince de Ligne était jaloux de Lauzun, car le chevalier de l'Isle ne le nomme pas une seule fois dans cette correspondance, où il semble parfois avoir écrit sous la dictée de la marquise de Coigny.

Page 3₂, ligne 8.

Après ces mots : « Aux journées des 5 et 6 octobre 1789, dans lesquelles furent sérieusement compromis le duc d'Orléans et Lauzun », ajoutez la note suivante :

Voici en quels termes Lauzun parle de ces journées des 5 et 6 octobre 1789, dans ses *Lettres sur les Etats généraux de* 1789, publiées par Maistre de Roger de la Lande (Paris, librairie nobiliaire de Mme Bachelin-Deflorenne, 1865, in-8, p. 39) :

Du lundi 5 octobre. ÉVÉNEMENT PARTICULIER.

« Un repas, donné par messieurs les gardes du corps du roi au régiment de Flandre, arrivé depuis peu ici, ainsi qu'à la bourgeoisie de cette ville, et le manque de pain à Paris, ont donné lieu à cette capitale d'envoyer ici une très grande quantité de femmes, pour en demander à l'Assemblée nationale. Ces femmes sont arrivées à cinq heures et demie du soir ; elles sont entrées à l'Assemblée, et, n'ayant pu avoir de solution, elles se sont portées au Château, voulant parler au Roi. Messieurs les gardes du corps, par une résistance outrée, s'indisposèrent tous les esprits, en général, et soit que Paris s'y attendît, ou qu'il voulût réprimer tant d'insolence, vingt ou trente mille hommes arrivèrent, sur les onze heures et demie du soir. Messieurs les gardes du corps se retirèrent alors où ils purent. Les uns s'enfuirent dans les bois, où ils sont encore ; les autres, dans le Château ; soixante-treize ont été faits prisonniers, par la milice parisienne ; plusieurs ont perdu la vie, pendant cette bagarre. Les vainqueurs se sont emparés de leurs armes et de leurs guidons. »

Du mardi 6 octobre. Suite de l'événement.

« Le matin, toute cette milice s'est portée vers le Château. Toutes les cours en étaient investies. Elle a demandé que le Roi vienne à Paris. Sa Majesté s'est présentée à elle et a déclaré que son intention était d'y aller effectivement, mais à condition que toute sa famille l'y accompagnerait ; ce qui a été généralement applaudi par des acclamations de *Vive le Roi.* Elle a défilé de suite, devant lui, au son des instruments militaires et de la décharge de ses armes et même du canon. Il est enfin parti, à une heure, accompagné de la Reine, de Monsieur, de Madame et ses enfants. Il est arrivé, entre huit et neuf heures, à l'Hôtel de ville. Il a été fort bien reçu. La Reine l'a été moins mal que l'on ne craignait. Ils ont été coucher aux Tuileries. Le Roi ayant fait part de son départ à l'Assemblée nationale, celle-ci vient de décréter que, pour cette session, elle était inséparable de sa personne, et a nommé une députation pour l'accompagner. »

Page 34, ligne 31.

Après ces mots : « Mme de P... (la comtesse Diane de Polignac) », ajoutez cette note, extraite des Mémoires inédits du comte de Rochechouart (Louis-Victor-Léon), né en 1788, mort en 1858 :

« Diane de Polignac (née en 1748) était la sœur du duc de

Polignac, mari de l'amie de Marie-Antoinette. Elle n'a jamais été mariée, mais portait le titre de *Madame*, comme chanoinesse. C'était une femme d'un grand esprit et de beaucoup d'amabilité. Elle fut célèbre par certaines aventures galantes, dont, malgré son peu de beauté, elle fut l'héroïne. »

PAGE 41, LIGNE 16.

L'abbé Guillon (*Mémoires pour servir à l'histoire de la ville de Lyon*. Paris, Baudouin, 1824, 3 vol. in-8, tome II, p. 44), parle d'un officier du génie, nommé *Fontenilles*, qui, en 1793, faisait partie de l'armée républicaine qui assiégeait Lyon. Il suppose que cet officier était le même que Paulinier de Fontenilles, qui, devenu chef de bataillon du génie, se trouva, en mars et avril 1796, sous les ordres de Bonaparte, aux batailles de Voltri, de Montelesimo et de Montenotte, dont il a laissé un journal très curieux, qui est dans les archives du ministère de la Guerre. Les sympathies républicaines de la marquise de Coigny nous donnent à penser que cet officier et M. de Fontenilles, nommé dans les Mémoires de M. Clermont de Gallerande, pourraient bien être le même personnage. Paulinier de Fontenilles, dont la carrière militaire devait s'arrêter au grade de lieutenant-colonel du génie, ne resta pas sans doute dans les mêmes relations d'amitié avec la marquise de Coigny, lorsqu'après les Cent-jours il devint secrétaire général du ministère de l'intérieur, sous le vicomte Lainé, et, plus tard, député royaliste et religieux. Il s'occupait de littérature, et il fit imprimer quelques poésies adressées à ses amis.

PAGE 70, NOTE 11.

Il est certain que la marquise de Coigny n'avait peut-être pas tort d'attribuer à la *feue reine*, c'est-à-dire à Marie Leczinska, le fameux mot : « *Vous m'en direz tant!*» qui fut attribué depuis à Marie-Antoinette, parce qu'elle l'avait répété, sans en rappeler l'origine. Voici ce que Barrière rapporte, dans ses

Tableaux de genre et d'histoire (Paris, Ponthieu 1828, in-8), où il a inséré une *Conversation de Mme la duchesse de Tallard*, empruntée à un manuscrit, dont il n'indique pas la source (page 94 et suiv.).

« Il n'y a pas longtemps que la Reine, se retirant dans son intérieur, avec la duchesse de Villars, le président Hénault et le maréchal de Lamothe, elle lui dit : « Voyons, Monsieur le maréchal, comment vous parviendrez à me conter, sans me scandaliser trop fort, une aventure que la duchesse de Villars voulait bien que je susse, et que personne n'a voulu m'apprendre, car vous savez qu'elle est bonne personne et ne se permet pas de médire du prochain. Mais elle a excité ma curiosité. Voyons, tâchez de la satisfaire, sans la punir par vos gaietés. — Qu'est-ce donc? — On dit que M. le prince de Soubise a donné cent mille écus à Mme de L'Hospital. Comment une femme se donne-t-elle pour cent mille écus? — Mais, reprit le maréchal, M. le prince de Soubise lui en a donné beaucoup davantage. D'abord, une maison superbe et toute meublée... Votre Majesté conviendra que cela devient différent. — Différent, sans doute, reprit la Reine; mais je ne sais, fût-ce un million... — Hé bien! reprit le maréchal, mettez-en trois, si vous voulez... — Oh! dit la Reine, vous m'en direz tant!... »

« Le mot est indubitable, ajouta Mme de Tallard. Je le tiens du maréchal et du président Hénault. Vous pouvez le trouver peu majestueux, dans la bouche de Sa Majesté; et peut-être a-t-il le droit de vous surprendre dans celle de la Reine : car, si jamais femme ne fut meilleure ni plus aimable, jamais reine ne fut plus vertueuse. »

PAGE 81, NOTE 7.

Il faut lire, en original, dans le recueil publié par M. Arneth, les deux remarquables lettres, dans lesquelles l'empereur Joseph II reproche, dès 1775, à sa sœur Marie-Antoinette de « se mêler d'une infinité de choses qui ne la regardent pas » et de ne point « modérer sa gloriole de briller aux dépens du Roi ». .

─────────

Page ı ıo, note ıı.

Le vicomte de Noailles, intime ami de la marquise de Coigny et de Lauzun, était à la fois le plus léger et le plus généreux des hommes. (Voy. ci-dessus, page ı27, la note biographique qui le concerne.) Ce fut lui, qui, dans la nuit mémorable du 4 août 1789, prit l'initiative de l'abolition du régime féodal en France. Voici en quels termes Lauzun raconte ce grand événement historique, dans ses *Lettres sur les Etats généraux de* 1789 (Paris, librairie nobiliaire de Mme Bachelin-Deflorenne, 1865, in-8, page 23) :

« La séance a repris à huit heures du soir. Elle a produit la plus mémorable soirée de l'empire français. Un cri général et confus s'est fait entendre, pour appuyer la motion de M. le vicomte de Noailles, qui a proposé l'abolition des droits féodaux, comme le seul moyen de consoler et apaiser le peuple. Tous les Ordres ont concouru, par un vœu général, à cette proposition, qui bientôt a entraîné le sacrifice de tous les privilèges, tant des particuliers nobles, que ceux des provinces. Tous ces députés ont dit les annoncer de la part de leurs commettants, dans l'espoir de n'être pas démentis. On s'est séparé à une heure du matin, après avoir mis en délibération le sommaire des divers sacrifices offerts : il a été adopté à l'unanimité. A la fin de cette séance, le Roi a été proclamé *Restaurateur de la liberté française.* »

L'auteur, l'initiateur de cette immense reforme politique, qui accéléra le mouvement révolutionnaire, en changeant tout à coup le régime social de la France, devait être, quelques mois plus tard, un des premiers promoteurs de l'émigration de la noblesse française.

─────────

PAGE 195, NOTE 2.

Une lettre du chevalier de l'Isle, au prince de Ligne, lettre datée du 16 septembre 1783 (Voy. les *Tableaux de genre et d'histoire peints par différents maîtres*, publiés par F. Barrière. Paris, Ponthieu, 1828, in-8, page 298 et suiv.), nous offre une charmante description du château de Mareuil et de ses jardins, à cette époque, c'est-à-dire une année avant le mariage d'Aimée de Coigny avec le duc de Fleury. Voici cette description :

« Ma plus longue station a été à Mareuil, chez M. le comte de Coigny, bon seigneur, qui veut que, à commencer par lui, tout le monde soit bien accueilli, bien traité, bien nourri, bien libre, bien heureux, dans son grand château, grand assurément, trop grand pour les réparations qu'exige son entretien. Mais ce n'est pas le comte qui l'a fait bâtir : c'est ce phénomène historique, cette duchesse d'Angoulême, morte presque de nos jours (en 1718). Quand je dis de nos jours, ce n'est pourtant, grâce à Dieu, ni des vôtres ni des miens; c'est, par exemple, de ceux du vieux comte de Montfort, que vous avez tant vu dans la Galerie, dans l'Œil-de-bœuf, dans la Chapelle, dans tous les lieux où se voit un major des gardes. Il a connu, même reçu longtemps, en qualité de voisin, Mᵐᵉ la duchesse d'Angoulême. Il m'en contait, l'autre jour, mille détails, et je croyais rêver, en écoutant un homme me parler *de visu* (je ne sais s'il ne faut pas dire *de visâ*) de la belle-fille d'un roi mort en 1574, son mari étant né des amours de Charles IX et de Marie Touchet; car, comme le disait fort bien Mᵐᵉ Amelot, qui possède à fond l'histoire de France, nos rois ont toujours un peu donné dans le cotillon.

« Le comte de Coigny a mieux fait : il a donné dans les jardins anglais ou plutôt dans les jardins naturels. C'est ce qu'avec les plus grandes beautés est, par excellence, le jardin de Mareuil. Nulle part on n'y peut voir le travail des hommes; il semble que ce soit depuis mille ans qu'une source abondante mugit, bouillonne et s'échappe d'un amas de rochers, pour tomber, s'étendre et couler, pure comme le cristal, dans un lit dont le gazon qui forme les bords a la finesse, la douceur et le lustre du velours. Aucune ruine, aucune antiquité menteuse, n'y présente aux yeux l'affligeante image de la destruction ; au contraire, une multitude d'arbres vénérables, encore pleins de vigueur, semblent donner aux habitants de cet asile ce doux espoir d'être, comme eux, respectés par le temps; et la végétation des quatre parties du monde, rassemblée dans cette terre hospitalière, s'y développe avec tant de complaisance, que Salomon, qui connaissait tout, depuis le cèdre jusqu'à l'hysope, ne pourrait, s'il revenait occuper le trône d'Israël depuis si longtemps vacant, faire un voyage plus intéressant que celui de Mareuil, ni qui pût mieux le mettre à même de montrer la vaste étendue de ses connaissances. »

TABLE DES MATIÈRES

APPENDICE

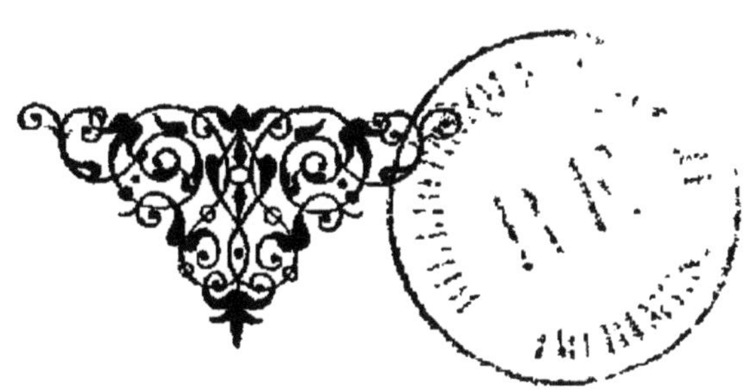